江苏省社会科学基金项目"行政给付诉讼裁判类型研究"［批准号：17FXB001］

行政给付诉讼类型研究

◎ 杨东升 著

东南大学出版社
SOUTHEAST UNIVERSITY PRESS
·南京·

图书在版编目(CIP)数据

行政给付诉讼类型研究 / 杨东升著 . — 南京：东南大学出版社，2020.12
 ISBN 978-7-5641-9373-7

Ⅰ. ①行… Ⅱ. ①杨… Ⅲ. ①行政诉讼-研究-中国 Ⅳ. ①D925.304

中国版本图书馆 CIP 数据核字(2020)第 265281 号

行政给付诉讼类型研究 Xingzheng Geifu Susong Leixing Yanjiu

著　　者	杨东升
出版发行	东南大学出版社
地　　址	南京市四牌楼 2 号　邮编:210096
出 版 人	江建中
责任编辑	张丽萍
网　　址	http://www.seupress.com
经　　销	全国各地新华书店
印　　刷	南京京新印刷有限公司
开　　本	700 mm×1000 mm　1/16
印　　张	15.75
字　　数	372 千字
版　　次	2020 年 12 月第 1 版
印　　次	2020 年 12 月第 1 次印刷
书　　号	ISBN 978-7-5641-9373-7
定　　价	48.00 元

本社图书若有印装质量问题,请直接与营销部联系。电话(传真):025-83791830。

愿将本书诚挚献给我的伴侣李月娣女士、吾儿杨一夫

特别感谢
泰州市地方法治研究中心(智库)资助
江苏省"333高层次人才培养工程"资助
泰州学院高层次人才基金项目资助

序 PREFACE

行政诉讼类型历来是行政诉讼最为核心的问题之一,也是行政诉讼制度精细化发展的重要标志之一,行政诉讼类型的完善有助于实现公民权利的无漏洞救济。现行《中华人民共和国行政诉讼法》以下简称《行政诉讼法》采取"非明定主义"立法模式增补了给付诉讼类型,为公民实现公法上的给付请求权提供了完整的救济模式。给付诉讼类型的增补与完善无疑弥补了"撤销诉讼"的局限性,但又囿于撤销诉讼的审理规则无法套用于给付诉讼类型。给付诉讼类型应具备特别的诉讼构成要件及其审理规则,但目前配套的司法解释并未给出明确指引。因此,从行政诉讼审判实务出发,需要进一步明确给付诉讼类型相关审理规则及其诉讼程序。

诉种的不完善必然导致迂回式的判决,行政争议得不到彻底解决。行政诉讼制度从诉讼类型的逻辑分类上应包括撤销诉讼、确认诉讼、给付诉讼三种基本类型,诉种的完备才能满足和实现原告的诉求。现行《行政诉讼法》用行政行为取代具体行政行为,实质上扩大了可诉的对象。行政机关在行政管理过程中的全部作为和不作为,行政行为的类型涉及的抽象行政行为、具体行政行为、内部行政行为、外部行政行为、合法行政行为、违法行政行为、单方行政行为、行政协议行为、法律行为、事实行为等都可作为被诉对象。大量的行政不作为、行政事实行为依赖于给付诉讼类型实现权利救济。一般给付诉讼的"兜底性诉讼"功能,可以将请求行政机关作出除具体行政行为以外的几乎其他所有行政行为,特别是行政事实行为都纳入司法审查的范围。

给付诉讼类型有利于公民权利全面有效保护。"有权利必有救济,有救济,斯为权利"。公民合法权益受到公权力的侵害,应有广泛、无漏洞的有效的救济途径。诉请司法救济,不仅要保障公民有向法院提出主张的权利,而且还要能够让公民权利获得有效保障。传统行政救济都是对权力的控制,用于执行职责的救济必须有所不同。新《行政诉讼法》扩大了行政诉讼的受案范围,所有行政行为、行政契约、事实行为、行政允诺等均在可诉之列,并相应提供了适当并且完备的判决类型予以使用。传统的撤销诉讼、确认诉讼主要针对具体行政行为的合法性问题作出判决,具体行政行为之外的其他行为,特别是行政不作为、行政事实行为,一般都依赖于给付诉讼类型实现权利救济。给付诉讼类型是回应公民实现公法上的给付请求权的典型诉讼类型。

现行《行政诉讼法》通过制度设计,特别是通过一般给付诉讼的增加、课予义务诉讼的完善,建立了给付诉讼类型的完整框架。针对行政机关的行政不作为,或者诉请给付事实行为,原本无法通过撤销诉讼达到诉讼目的,现通过给付诉讼类型可以实现其诉讼目标。

给付诉讼有着与撤销诉讼不同的诉讼机理。单纯的撤销诉讼并不能达到强制被告作出原告所申请给付的行政行为;而给付判决一经作出,如果被告不履行法定给付义务或者不履行法定职责的,就可以强制执行。给付诉讼救济主要是为了保护原告的个人权利,并非保障行政行为的客观合法性原则。因此,给付诉讼对于权利保障具有其他诉讼类型无法替代的优势。现《行政诉讼法》增补的给付诉讼类型,其诉种机能与撤销诉讼不同:给付诉讼不是请求法院撤销违法的行政行为,而是诉求法院判令行政机关履行特定的法定职责或者给付义务。毫无疑问,相较撤销诉讼,给付诉讼更能够直接满足原告的诉讼期待。

我国行政诉讼制度历经了超过30年的发展,行政诉讼类型化朝着精细化方向发展已具备条件。行政诉讼的具体诉求已经变得多样化和具体化,这些变化都需要新的行政诉讼制度设计及其审理规则作出回应,尤其需要针对行政诉讼类型异同制定各自的诉讼程序及其审理规则,以建立全面无漏洞的权利救济体系。行政诉讼类型化不但不会增加法官的审判难度,反而有助于固定行政争议焦点、完善案件审理流程,确定适当的司法审查范围,能够为法院快速、准确地进行行政审判各个环节的操作奠定坚实的基础。[①]

行政诉讼类型化并不会因为类型化程度高而对原告救济产生不利。即便原告选择错误的诉讼类型,法官在明确原告的诉讼目的后,也会通过阐明义务协助原告变更为对其更为有利的适当诉种。再者,行政诉讼类型化有利于法官对原告诉求的适法性、胜诉要件进行全面把握,更有利于达到原告的最终诉讼目的。行政诉讼类型化不会给原告和法官带来诉累,相反,诉讼类型的完整性,可以通过法官阐明选择适当的诉种来解决公法上的争议。

现行《行政诉讼法》仅通过"诉判关系"建立了给付诉讼类型的框架结构,但并未明确规定给付诉讼类型的具体审理规则和诉讼程序。给付诉讼类型的适用范围、特别要件、举证责任、判决内容、裁判基准时、诉讼类型选择适用等审理规则尚未明确,审理规则的具体化、明确性、格式化才是实现从给付判决种类向给付诉讼类型迈进的必要条件。

在新行政诉讼环境中,研究并完善给付诉讼类型相关审理规则及其诉讼程序,能够丰富和发展行政给付诉讼的裁判制度,为审判实务提供格式化、规范化的审理规则和诉讼程序。同时能够促进我国诉讼类型化发展。随着给付行政的发展以及行政行为形态的多样化,原告提起给付诉讼将会越来越多。

通过对给付诉讼类型的理论和实务进行研究,完善其裁判规则及其诉讼程序,以达到保障公民更广泛的权利以及有效解决行政争议问题的目的。给付诉讼类型作为一项"兜底性诉讼",能够发挥全面解决行政争议的救济作用。

根据给付标的的不同,给付诉讼类型可分为"履行特定法定职责"的课予义务诉讼和"依法负有给付义务"的一般给付诉讼。针对依法履行法定职责的行政不作为,原告可以提起课予义务诉讼,诉求判决行政机关作出原告所需的具体行政行为。一般给付诉讼作为课予义务诉讼的"补充功能"的诉讼类型,针对除请求作出具体行政行为之外的金钱给付以及其他事实行为的给付。具有实体裁判

---

① 参见李广宇、王振宇:《行政诉讼类型化:完善行政诉讼制度的新思路》,载《法律适用》2012年第2期。

功能的履行法定职责判决和给付义务具有广泛的适用性。应发展出一套独立的区别于撤销之诉的司法救济制度,以保障权利救济的有效性和周延性。

课予义务诉讼和一般给付诉讼有各自的适用范围、诉讼功能、特别要件、判决内容、裁判基准时、与其他诉种的选择适用等审理规则及其诉讼程序,我国司法实务上有关给付诉讼类型的审理规则和诉讼程序的阙如,必然给给付诉讼类型的实体审判应用带来困难。既然行政诉讼法已架构了给付判决类型,那么就应该建立与之相对应的给付诉讼类型的相关审理规则。本书的写作目的在于明确给付诉讼类型的审理规则和诉讼程序,以实现从给付判决种类向给付诉讼类型精细化方向发展的迈进。

目录 CONTENTS

导论 ·· 1
  第一节 选题概况 ··· 3
    一、选题背景 ··· 3
    二、研究价值 ··· 13
    三、研究内容 ··· 14
  第二节 研究现状 ··· 17
    一、域外研究 ··· 17
    二、国内研究 ··· 18
  第三节 研究方法 ··· 21
    一、研究框架 ··· 21
    二、研究方法 ··· 23
    三、创新与不足 ··· 24

第一章 给付诉讼类型概论 ·································· 27
  第一节 给付诉讼的概述 ······································ 29
    一、给付诉讼的概念 ·································· 29
    二、给付诉讼的制度功能 ··························· 30
    三、给付诉讼的分类 ·································· 34
    四、给付诉讼子类型的比较 ······················· 42
    五、给付诉讼的"三分法"批判 ················ 47

第二节　给付诉讼类型的立法现状 ………………………………… 50
　　一、《行政诉讼法》修订前 ………………………………………… 51
　　二、《行政诉讼法》修订后 ………………………………………… 55

第三节　从给付判决种类到给付诉讼类型 ………………………… 62
　　一、给付诉讼类型化的必要性 …………………………………… 62
　　二、给付诉讼类型化的功能 ……………………………………… 65
　　三、给付诉讼类型化的条件 ……………………………………… 68
　　四、给付诉讼类型化的路径 ……………………………………… 69

第四节　给付诉讼类型的待解问题 ………………………………… 71
　　一、"给付内容"有待明确 ………………………………………… 71
　　二、课予义务诉讼是否必经先行程序 …………………………… 72
　　三、给付诉讼类型的特别要件尚未规定 ………………………… 73
　　四、给付诉讼类型的选定规则有待明确 ………………………… 74
　　五、给付诉讼的裁判基准时为何 ………………………………… 74

第二章　课予义务诉讼 …………………………………………… 75

第一节　课予义务诉讼的概述 ……………………………………… 77
　　一、课予义务诉讼的意义 ………………………………………… 77
　　二、课予义务诉讼的功能 ………………………………………… 78
　　三、课予义务诉讼的适用范围 …………………………………… 81

第二节　课予义务诉讼的特别要件 ………………………………… 86
　　一、拒绝履行行政行为之诉 ……………………………………… 87
　　二、拖延履行行政行为之诉 ……………………………………… 95

第三节　课予义务诉讼的判决 ……………………………………… 98
　　一、诉有理由的要件 ……………………………………………… 98
　　二、裁判时机成熟 ………………………………………………… 103

第四节　课予义务诉讼的判决内容 ………………………………… 108
　　一、具体判决 ……………………………………………………… 109
　　二、答复判决 ……………………………………………………… 109

第五节　课予义务诉讼的裁判基准时 ……………………………… 114

一、课予义务诉讼裁判基准时的"大原则" …………………… 115
　　二、课予义务诉讼的裁判基准时的另外规定 ………………… 115
　　三、我国课予义务诉讼的裁判基准时规定 …………………… 117
　第六节　课予义务诉讼的强制执行 …………………………………… 120

第三章　一般给付诉讼 ……………………………………………………… 123
　第一节　一般给付诉讼的概述 ………………………………………… 125
　　一、一般给付诉讼的意义 ……………………………………… 126
　　二、一般给付诉讼的功能 ……………………………………… 128
　　三、一般给付诉讼的适用范围 ………………………………… 129
　第二节　一般给付诉讼的立法例 ……………………………………… 135
　　一、域外立法例 ………………………………………………… 135
　　二、我国法上的一般给付诉讼类型 …………………………… 135
　第三节　一般给付诉讼的特别要件 …………………………………… 138
　第四节　一般给付诉讼的判决 ………………………………………… 141
　　一、诉有理由的要件 …………………………………………… 141
　　二、一般给付诉讼的判决内容 ………………………………… 145
　第五节　一般给付诉讼的争议问题 …………………………………… 147
　　一、预防性不作为之诉 ………………………………………… 147
　　二、规范颁布之诉 ……………………………………………… 152
　　三、公法上结果除去请求权之诉 ……………………………… 159
　第六节　一般给付诉讼的特别要件 …………………………………… 164
　　一、给付原因须基于行政法律关系 …………………………… 164
　　二、给付内容排除具体行政行为 ……………………………… 166
　　三、存在权利保护的必要性 …………………………………… 167
　　四、须不属于撤销诉讼并为请求的给付 ……………………… 168

第四章　给付诉讼类型之选择适用 ………………………………………… 169
　第一节　给付诉讼类型选定的前提 …………………………………… 171
　　一、法官阐明义务 ……………………………………………… 172
　　二、诉讼类型的分类 …………………………………………… 174

三、诉讼类型之间的关系 …………………………………… 179
　　四、诉讼类型选定的原则 …………………………………… 181
　第二节　课予义务诉讼之选定 …………………………………… 183
　　一、课予义务诉讼与撤销诉讼 ……………………………… 183
　　二、课予义务诉讼与确认诉讼 ……………………………… 190
　　三、课予义务诉讼与一般给付诉讼 ………………………… 190
　第三节　一般给付诉讼之选定 …………………………………… 199
　　一、一般给付诉讼与撤销诉讼 ……………………………… 199
　　二、一般给付诉讼与确认诉讼 ……………………………… 200
　　三、一般给付诉讼与课予义务诉讼 ………………………… 201

第五章　我国给付诉讼类型的理解与适用 ……………………………… 203
　第一节　课予义务判决——《行政诉讼法》第七十二条 ……… 205
　　一、何为"不履行" ………………………………………… 206
　　二、"法定职责"的依据何在 ……………………………… 207
　　三、对"一定期限"的理解 ………………………………… 209
　　四、无裁量余地的课予义务诉讼 …………………………… 210
　　五、有裁量余地的课予义务诉讼 …………………………… 211
　　六、裁判时机成熟 …………………………………………… 211
　第二节　一般给付判决——《行政诉讼法》第七十三条 ……… 212
　　一、一般给付诉讼的客体范围 ……………………………… 213
　　二、一般给付诉讼的备位功能 ……………………………… 219

结语 ………………………………………………………………………… 223

参考文献 …………………………………………………………………… 227

后记 ………………………………………………………………………… 239

导　论

第一节 选题概况

一、选题背景

行政诉讼类型历来是行政诉讼最为核心的问题之一,也是行政诉讼制度精细化发展的重要标志之一,行政诉讼类型的完善有助于实现公民权利的无漏洞救济。新《中华人民共和国行政诉讼法》(以下简称《行政诉讼法》)采取"非明定主义"立法模式增补了给付诉讼类型,为公民实现公法上的给付请求权提供了完整的救济模式。鉴于新《行政诉讼法》通过"诉判关系"将广义上的给付诉讼类型区分为特别给付诉讼(课予义务诉讼)和普通给付诉讼(一般给付诉讼)两种子类型框架模式,本书的研究对象采用"给付诉讼类型的广义概念",研究范围涵盖特别给付诉讼的子类型课予义务诉讼和一般给付诉讼。给付诉讼类型的增补与完善无疑弥补了"撤销诉讼"的局限性,以"撤销诉讼中心主义"的旧行政诉讼制度,难以适应现代国家中的行政任务和行政行为多样化的救济需要。在以撤销诉讼为中心的诉讼类型下,尽管行政行为的合法性审查得到了解决,但原告基于公法上的给付请求权拟提起的给付诉讼,未必能够实现其诉讼目的。旧行政诉讼救济方式中的撤销诉讼的目的在于维护客观法规范,判决方式的单一性增加起诉过程中原告选择的负担,极有可能成为限制原告诉权的法定依据,这既无助于提高对行政的司法统制的有效性,也无助于公民的实体权利救济。值得肯定的是,给付诉讼类型的增补弥补了撤销诉讼诉种的功能,但又囿于撤销诉讼的审理规则无法套用于给付诉讼类型,给付诉讼类型应具备特别的诉讼构成要件及其审理规则,从审判实务的需求出发,也需要进一步明确给付诉讼类型相关审理规则及其诉讼程序。

行政诉讼救济的广度和深度,依赖于行政诉讼类型功能机理的实现。新《行政诉讼法》增加"解决行政争议"的立法宗旨,这就意味着未来"解决行政争议"将被定位为行政诉讼的基本功能和属性,而不再局限于旧法时代的"监督行政机关依法行使行政职权"的单一目的,未来行政诉讼法的基本功能定位应兼顾保护行政相对人的合法权益的主观诉讼以及保障行政机关依法行政的客观诉讼相结合的模式。给付诉讼对建立保护相对人合法权益的主观诉讼,全面实现公法上的请求权具有重要的诉讼机能。因此,新《行政诉讼法》解决行政争议的立法目的的实现,给付诉讼类型将发挥其重要功能。

(一) 给付诉讼类型有利于实现新的立法宗旨

新《行政诉讼法》增加"解决行政争议"的立法宗旨,为"保护公民合法权益"提供了制度支撑,同时也为构建给付诉讼类型的审理规则和诉讼程序留足了空间。旧《行政诉讼法》是一个比较典型的客观法架构,法院对行政行为的合法性进行事后评价,这种事后评价具有不彻底性和滞后性。只有在针对行政争议,特别是在既要针对行政行为的合法性,还要针对原告的实际诉讼请求的情况下,才能起到保护公民合法权益的目的。新《行政诉讼法》明确以"解决行政争议"为立法宗旨,能达到保护公民合法权益与监督行政机关依法行政的双重目标。面对强大的行政权力,行政侵权在现实社会中大量存在,公民权利得不到保护的现象也普遍存在,这就决定了新《行政诉讼法》必须以权利救济为主要目的,解决行政争议必须关注公民的实际诉讼请求。譬如,以工伤认定案件为例,原告提起诉讼的目的在于获得工伤补偿金,而根据旧《行政诉讼法》,法院可以作出的判决种类只有维持、撤销或者重作等判决类型,但这些判决并不能让原告实现其获得补偿的目的,还需要复杂的工伤等级评定、劳动仲裁甚至民事诉讼、执行等程序才能实现其诉讼目的。显而易见,诉种的不完善必然会导致迂回式的判决,导致争议得不到彻底解决。

行政诉讼立法宗旨的变迁为给付诉讼类型的应用留足了空间。旧《行政诉讼法》强调以行政行为的合法性审查为目的的撤销诉讼,对于其他诉讼类型的规定并不完善。然而健全的行政诉讼制度从诉讼类型的逻辑分类上应包括撤销诉讼、确认诉讼、给付诉讼三种基本类型,诉种的完备才能满足和实现原告的诉求。"解决行政争议"的外延和内涵需要各类诉讼类型来支持原告的诉讼请求,才能达到诉讼目标的实现。[①] 新《行政诉讼法》增加并完善的给付诉讼类型有利于实

---

① 参见江必新:《新行政诉讼法专题讲座》,中国法制出版社2015年版,第5页。

现公民的诉求和行政争议的全面解决。解决和化解行政争议,就必然要关注公民的实际诉讼请求,并借助适当的诉讼类型予以救济,从而达到保障公民合法权益的目的。给付诉讼类型最为关注的是公民基于公法上的给付请求权,而这类请求权的实现,实质上依赖于给付诉讼类型的诉讼程序以及审理规则的构建。

(二)给付诉讼类型能够满足新的受案范围

旧《行政诉讼法》时代,可诉的行政行为限于具体行政行为。新《行政诉讼法》将"具体行政行为"统一修订为更为宽泛的"行政行为",使得可诉的行政行为不再局限于具体行政行为,而是包括行政机关在行政管理过程中的全部作为和不作为,行政行为的类型涉及抽象行政行为、具体行政行为、内部行政行为、外部行政行为、合法行政行为、违法行政行为、单方行政行为、行政协议行为、法律行为、事实行为等。传统的撤销诉讼不能完全满足于公民权利保护的诉求,大量的行政不作为、行政事实行为依赖于给付诉讼类型实现权利救济。譬如,针对行政机关拒绝履行其法定职责、拒绝给付法定义务的,公民基于公法上的给付请求权可以要求行政机关作出作为或不作为。再如,对属于给付诉讼类型的子类型的一般给付诉讼而言,根据其具有的"兜底性诉讼"功能,可以将请求行政机关作出除具体行政行为以外的几乎其他所有行政行为,特别是行政事实行为都纳入司法审查的范围。随着未来一般给付诉讼类型的精细化发展和相关理论的完善,甚至于可以将行政机关诉请相对人作出给付、行政机关主体之间的给付,内部行政法律争议通过一般给付诉讼主张并实现权利救济。

随着国家职能和国家任务的转变,需要行政诉讼类型的完整性以实现对行政活动方式多样性的司法救济。在现代行政诉讼裁判权范围内,并非仅仅针对某种特定形式的行政行为,而是对具有公法性质的所有形式的行政行为引发的行政争议,都要给予法律救济的机会。至于行政行为的形式(具体行政行为、行政事实行为、行政协议、行政允诺、行政法上的意思表示等)只有针对请求权利保护的方式,选择适当的行政诉讼类型予以救济才具有意义。增补的给付诉讼类型与撤销诉讼、确认诉讼诉种的完备,完全可以满足扩大了的行政诉讼受案范围的需要。针对原告的具体诉求,总可以通过上述诉种达到原告权利救济的目的。

(三) 给付诉讼类型有利于公民权利全面有效保护

有权利必有救济,有救济,斯为权利。公民合法权益受到公权力的侵害,应有广泛、无漏洞的有效的救济途径。诉请司法救济,不仅要保障公民有向法院提出主张的权利,而且还要能够让公民权利获得有效保障。旧《行政诉讼法》对行政诉讼的审判权采取列举主义,仅能对违法行政行为提起撤销诉讼加以救济。公共机构有许许多多的法律职责,它们有义务采取行动,相反,法律权力给它们做或者不做的自由裁量。到目前为止所探讨的救济都是对权力的控制,用于执行职责的救济必须有所不同。[①] 新《行政诉讼法》扩大行政诉讼的受案范围,所有行政行为、行政契约、事实行为、行政允诺等行政行为均在可诉之列,并相应提供了适当并且完备的判决类型予以使用。传统的撤销诉讼、确认诉讼主要针对具体行政行为的合法性问题作出判决,具体行政行为之外的其他行政行为,特别是行政不作为、行政事实行为,一般都依赖于给付诉讼类型实现权利救济。给付诉讼类型是回应公民实现公法上的给付请求权的典型诉讼类型。新《行政诉讼法》通过制度设计,特别是通过一般给付诉讼的增加、课予义务诉讼的完善,建立了给付诉讼类型的完整框架。针对行政机关的行政不作为,或者诉请给付事实行为的,原本无法通过撤销诉讼达到诉讼,现通过给付诉讼类型可以实现其诉讼目标。这无疑对公民权利的全面保护更进了一步,新《行政诉讼法》增补给付诉讼类型,使得判决内容能够充分回应公民与政府之间的各类行政争议问题。

行政诉讼制度的目的在于为公权利提供有效无漏洞的司法救济,以权利救济的全面性和有效性设计完备的诉讼类型,成为实现诉讼目的的重要手段。虽然大量的行政案件涉及行政行为的合法性审查问题,但公民更关注其合法权益能否得到司法的有效救济。行政诉讼程序提供给人民一个完整有效的权利救济的保障,它不只是具有主观公权利性质的程序基本权,也是一个客观价值决定,更是一种制度性保障[②],其含义应包括权利救济的完整性保障以及权利救济的实效性保障。现代行政法体系正以干预行政和给付行政"双核心"为中心而展开,由此带来的便是行政任务和行政活动的多样化。这种行政行为方式和行政任务

---

① 参见韦德:《行政法》,徐炳、楚建译,中国大百科全书出版社1997年版,第268页。
② 参见翁岳生:《行政诉讼法逐条释义》,五南图书出版股份有限公司2002年版,第82页。

的变化引发的公民权利损害,以撤销诉讼为中心的传统行政诉讼制度并不能满足对所有各式各样的行政活动进行审查的需求,行政诉讼类型作为权利保护的防线,也要与时俱进地作出变革,以回应权利救济的现实需求。

给付诉讼有着与撤销诉讼不同的诉讼机理。单纯的撤销诉讼并不能达到强制被告作出原告所申请给付的行政行为;而给付判决一经作出,如果被告不履行法定给付义务或者不履行法定职责的,就可以强制执行。给付诉讼救济主要是为保护原告的个人权利,并非保障行政行为的客观合法性原则。因此,给付诉讼对于权利保障具有其他诉讼类型无法替代的优势。新《行政诉讼法》增补给付诉讼类型,其诉种机能与撤销诉讼不同:给付诉讼不是请求法院撤销违法的行政行为,而是诉请法院判令行政机关履行特定的法定职责或者给付义务。毫无疑问,相较撤销诉讼,给付诉讼更能够直接满足原告的诉讼期待。

(四)给付诉讼类型的审理规则有待建构

是否需要在新《行政诉讼法》中明确给付诉讼类型较有争议,尽管行政诉讼类型化对原告及法官的业务能力都有挑战,但这并不妨碍理论界及司法实务界对行政诉讼类型化发展方向的支持。譬如,旧《行政诉讼法》时代已有学者提出应规定行政诉讼类型的建议。[1] 司法实务界也逐渐开始关注行政诉讼类型的研究,甚至于用全部行政诉讼类型来分析特定的行政行为的救济方式。[2] 新《行政诉讼法》时代,也有学者建议从主观公权利救济的分析视角提出我国行政诉讼类型的构建设想。[3] 行政诉讼类型化的支持者,将行政诉讼对权利救济请求缺乏回应,对行政权力的行使方式缺乏针对性,审判方式缺乏科学性,行政争议得不到实质性解决等归因于现行制度中行政诉讼类型的阙如,并认为行政诉讼类型的建构及其完备性对于形成无漏洞的权利救济机制、对实质性解决行政争议、提高行政审判质量均有益处。[4] 何海波教授曾在《理想的〈行政诉讼法〉——〈中华人

---

[1] 参见马怀德:《完善〈行政诉讼法〉与行政诉讼类型化》,载《江苏社会科学》2010年第5期;马怀德、吴华:《对我国行政诉讼类型的反思与重构》,载《政法论坛》2001年第5期。

[2] 参见李广宇、王振宇:《行政诉讼类型化:完善行政诉讼制度的新思路》,载《法律适用》2012年第2期;江必新、梁凤云:《政府信息公开与行政诉讼》,载《行政法学研究》2007年第5期。

[3] 参见邓刚宏:《我国行政诉讼类型的构建——以主观公权利救济为分析视角》,载《学海》2007年第2期。

[4] 参见李广宇、王振宇:《行政诉讼类型化:完善行政诉讼制度的新思路》,载《法律适用》2012年第2期。

民共和国行政诉讼法〉》中,从"受案范围、诉讼时效、审查标准、处理方式、诉讼程序"等环节针对不同诉讼类型作了特别规定。①

持"否定论"的学者们的观点有:行政诉讼类型化所带来的专业性难度不利于原告对诉讼类型的选择与把握,也不适应现阶段法官的审判能力。例如,应松年教授认为,纵然行政诉讼类型化可以使诉讼的目标和要求更加明确、精细,有利于法院审理案件,提高案件审判质量,但对缺乏专业知识的普通公民而言,在起诉时选择适当的诉讼类型并不容易,选择不对,将面临被驳回的风险,或者增加法官阐明义务的负担。现阶段并不是一个便民措施,还不如提起诉讼时,直接要求撤销、改变、确认、赔偿、补偿、给付等等。② 杨伟东教授认为,行政诉讼类型化可能带来的僵化与程序复杂化,给当事人提起诉讼和获得救济带来不便甚至不利。考虑到现阶段行政诉讼法的发展以及法官的审理能力,现阶段在国内推行行政诉讼类型化应持谨慎态度。③ 新《行政诉讼法》如果引入行政诉讼类型化,"不利于保护原告权益""考验法官的能力""对现有立法作大的变动不易"。④

笔者对此持"肯定态度"。毕竟我国行政诉讼制度历经30多年的发展,行政诉讼类型化朝着精细化方向发展已具备条件。行政诉讼的具体诉求已经变得多样化和具体化,这些变化都需要新的行政诉讼制度设计及其审理规则作出回应,尤其需要针对行政诉讼类型异同制定各自的诉讼程序及其审理规则,以建立全面无漏洞的权利救济体系。行政诉讼类型化不但不会增加法官的审判难度,反而有助于固定行政争议焦点、完善案件审理流程、确定适当的司法审查范围,能够为法院快速、准确地进行行政审判各个环节的操作奠定坚实的基础。⑤ 我国新《行政诉讼法》未明确规定诉讼类型,尽管可以根据新《行政诉讼法》第五十四条的判决种类倒推出诉讼类型分类,但新《行政诉讼法》并没有明确各种诉讼类型

---

① 参见何海波:《理想的〈行政诉讼法〉——〈中华人民共和国行政诉讼法〉学者建议稿》,载《行政法学研究》2014年第2期。
② 参见应松年:《行政诉讼法与行政复议法的修改和完善》,中国政法大学出版社2013年版,第10页。
③ 参见杨伟东:《行政诉讼架构分析——行政行为中心主义安排的反思》,《华东政法大学学报》2012年第2期,第117页。
④ 参见杨伟东:《关于"行政诉讼法设置特别程序"的说明》,载应松年:《行政诉讼法与行政复议法的修改和完善》,中国政法大学出版社2013年版,第112页。
⑤ 参见李广宇、王振宇:《行政诉讼类型化:完善行政诉讼制度的新思路》,载《法律适用》2012年第2期。

应当具备的起诉要件、特别要件、举证责任、裁判基准时、判决内容等审理规则,诉讼类型仍然会面临诸多理论和实务的困难。"原告在起诉时只需要以诉讼请求表示不服即可完成起诉要件,并不需要考虑正确的诉种",这似乎有利于原告起诉,但其实不然。第一,即便原告选择错误的诉讼类型,法官在明确原告的诉讼目的后,也会通过阐明义务协助原告变更为对其更为有利的适当诉种;第二,行政诉讼类型化更有利于法官对原告诉求的适法性、胜诉要件进行全面把握,更有利于达到原告的最终诉讼目的。

再从诉讼类型化程度较高的国家和地区审视发现,并没有因为类型化程度高而对原告救济产生不利。譬如在德国,"发现'起诉不合法'几乎随处可见,因为德国《行政法院法》所规定的诉讼种类多样化的结果,必然要求当事人起诉时,配合其请求裁判的事项,选择'正确、有效'的诉讼种类,此一选择,涉及行政行为的种类的认定、行政行为与为所欲为种类的关系、诉之声明与诉讼种类间的关系、诉讼种类彼此间的关系与界限等等,对于专业法律人而言有时并非毫无困难的判断,而其中任何环节判断错误,都可能造成起诉不合法的结果。"① 如果原告选择了错误的诉讼种类,法院有义务通过阐明,为当事人选择或转换一个适当的诉讼类型。对于任何侵犯公民权利的行政违法行为,都应当有一个适当的诉讼种类可供选择。诉的种类并不是封闭的,立法者可能规定适当的诉种,同时诉讼种类的体系也是开放性的,通常情况下,任何一种所谓的"特殊"的诉种,最终都是可以归入到形成之诉、给付诉讼、确认诉讼之中。② 透过德国经验发现,诉讼类型化程度并没有像我国学者所担忧的那样,会给原告和法官带来诉累,相反,诉讼类型的完整性,可以通过法官阐明选择适当的诉种来解决公法上的争议。

新《行政诉讼法》仅通过"诉判关系"建立了给付诉讼类型的框架结构,但并未明确规定给付诉讼类型的具体审理规则和诉讼程序。纵然行政诉讼类型化可以使诉讼目标更明确、审判更加具有针对性,新《行政诉讼法》仍然没有明确给付诉讼类型的适用范围、特别要件、举证责任、判决内容、裁判基准时、诉讼类型选择适用等审理规则。审理规则的具体化、明确性、格式化才是实现从给付判决种

---

① 参见彭凤至:《德国行政诉讼制度及诉讼实务之研究》,"行政法院"印行 1998 年版,第 2 页。
② 参见弗里德赫尔穆·胡芬:《行政诉讼法》,莫光华译,法律出版社 2003 年版,第 204—205 页。

类向给付诉讼类型迈进的必要条件。

（五）从给付判决种类走向成熟的给付诉讼类型

新《行政诉讼法》仅有给付类判决的规定，而给付判决的裁判规则及其诉讼程序的完善，既是司法审判实践的内在要求，同时也是实现从给付类判决向给付诉讼类型完善的必然要求，新《行政诉讼法》为实现从给付判决种类向给付诉讼类型的跨越提供了"环境"。

1. 在实然层面上，新《行政诉讼法》为给付诉讼类型的审理规则留下了足够的空间

首先，新《行政诉讼法》用行政行为全面取代具体行政行为的概念，扩大了可诉的行政行为范围，形式多样的行政行为应依赖于不同的诉讼类型予以救济。譬如，行政不作为依赖于课予义务诉讼才能实现原告公法上的给付请求权，事实行为的给付依赖于一般给付诉讼才能实现公法上的给付请求权。如果针对上述诉求原告提起撤销诉讼就不能达到诉讼目的。可见，给付诉讼类型与撤销诉讼、确认诉讼的诉种的完整性有利于实现公民权利救济的有效性和周延性。

其次，新的"诉判关系"为给付诉讼类型提供了建构框架。《最高人民法院关于适用〈中华人民共和国行政诉讼法〉的解释》（法释〔2018〕1号）第六十八条第2项规定："请求判决行政机关履行特定法定职责或者给付义务。"该"诉讼请求"分别对应于新《行政诉讼法》第七十二条的课予义务判决和第七十三条的一般给付判决。新《行政诉讼法》通过"诉判关系"将给付诉讼类型细分为课予义务诉讼和一般给付诉讼两个子类型，前者诉请行政机关履行特定的法定职责，后者请求行政机关履行法定的给付义务，行政诉讼实体法上的分类为建构给付诉讼类型的子类型提供了制度框架。

最后，新《行政诉讼法》强化了对原告诉讼请求的回应，判决种类更具有针对性、具体性。对于能够明确判定行政机关履行特定的职责和给付义务的，应当首先选择明确的判决，便于原告的合法权益得到有效的救济，避免判决语焉不详、含糊其词，避免行政机关拖延或推诿。[①]给付判决的相关议题在本质上也属于给付诉讼类型的研究范畴，但在司法实务中如何建立给付诉讼类型，明确给付诉讼

---

① 参见江必新、梁凤云：《新行政诉讼法司法解释理解与适用》，中国法制出版社2015年版，第6页。

应遵守的规则、审查标准、处理方式等问题,也是给付判决种类的司法适用所绕不开的议题。遗憾的是,2018年最新相关司法解释并没有明确细化诉讼类型化的审理规则。正如章志远教授所言,在未来新制度的贯彻实施中,司法机关无疑应当肩负时代发展所赋予的神圣使命,不断通过个案的审理和经验的累积,进一步丰富诉讼类型审理规则的设计,最终实现行政诉讼类型的明定主义的改造。① 新《行政诉讼法》及其司法解释并未明定课予义务之诉和一般给付诉讼类型的具体适用规则,给付诉讼类型在司法实务中的审理规则和诉讼程序的不明确性必然会给审判实务带来操作上的困难,审判实务中更需要对给付诉讼类型的适用范围、特别要件、举证责任、裁判基准时、诉权滥用的预防、判决内容、诉讼类型的选择适用等审理规则予以明确化、格式化。

2. 在应然层面上,行政诉讼类型是改变公权利救济不力的关键环节

过去我国诉讼非类型化带来的公民权利救济不力的现状,主要表现为新型行政诉讼案件的增多没有新的诉讼类型作出回应。行政诉讼制度实施超过30年,行政诉讼解决争议的功能与原告的期待仍有差距。从行政案件的上诉、再审、申诉等数据资料分析,行政审判尚无法做到让人民满意,当事人的权利诉求并没有得到充分有效的救济。旧《行政诉讼法》只规定了人民法院对被诉具体行政行为的合法性审查,而没有规定是否要审查原告请求权是否成立、理由是否具备。针对行政不作为的诉讼,法院仅指出行政不作为的存在,并笼统地判令行政机关履行法定职责,而不从正面指出行政机关是否负有履行特定内容的法定职责。这种不以诉讼请求为中心的行政诉讼制度,将原告的请求搁置一旁,实质上无益于原告的权利救济。在某些特定的诉讼案件中,被诉具体行政行为被撤销并非原告起诉的最终目的,原告只是要求判令行政机关作出对己有利的行政行为。在判决撤销的同时,只有在特定的情形下才会责令行政机关重新作出行政行为,一旦法院仅作撤销判决,原告的行政争议就无法得到解决。即使法院再判决重新作出行政行为,但责令行政机关重新作出行政行为,也仅是一种"答复判决",行政机关对如何作出具体行政行为仍存在行政裁量空间和判断余地。如果没有"具体判决",又会迫使行政争议重新回到行政程序中,从而导致行政诉讼程

---

① 参见章志远:《行政诉讼类型化时代的开启》,载《中国审判》2015年第10期。

序的"空转"。解决撤销诉讼的弱点、建立行政诉讼类型制度、完善给付诉讼类型无疑是重要一环。只有基于不同的诉讼请求,按照一定的逻辑分成不同的诉讼类型,再分别适用不同的诉讼门槛、审查规则、标准以及判决方式才能有效解决行政争议问题。诉讼类型化的实质就是将审理规则及其诉讼程序予以格式化,实现当事人起诉和法院裁判的规范化运作。就两大法系国家和地区而言,尽管行政诉讼类型的规范模式存在"明定主义"和"非明定主义"的差别,且行政诉讼类型的发展趋势也不尽相同,但对类型化的处理本身仍应是两大法系共有的现象。从比较法的视角来看,行政诉讼类型化有利于实现权利救济的有效性和完备性、促进行政诉讼审理规则设计走向精细化发展方向,有效消解司法权与行政权的紧张对立。①

3. 实现给付判决种类向行政诉讼类型迈进具有可能

历经超过30年发展的行政诉讼制度,从自身机制的完善发展来看,也需要回归诉讼制度本身,同时也需要实现从粗放式向精细化发展,特别是完善诉讼类型的技术细节。行政诉讼类型的域外立法技术为给付诉讼类型程序性设计和审理规则的设定积累了丰富的经验,完全可以在现行的行政诉讼实定法基础上探索出给付诉讼类型的具体审理规则和诉讼程序,并使之格式化。

周全而有效的救济,并非单纯依靠判决种类的设立就能实现,要保障该制度的有效性,必须首先对如何建构诉讼类型本身做深入细致的研究,确立合理的诉讼类型的划分标准,厘定不同诉讼类型之间以及行政诉讼和其他行政救济手段之间的功能划分。旧行政诉讼时代,对撤销诉讼已经积累了相当多的实践经验及其审理规则,在实务中对撤销诉讼及其裁判规则的把握已经成熟。未来行政诉讼类型建构的重点应该在给付诉讼类型这一新型诉讼类型上,因为给付诉讼类型涉及落实从客观法保护至主观权利救济转变的重要诉讼目标的实现,同时还涉及更为广泛和多样化的行政行为种类的救济。

综上所述,在现有课予义务判决和一般给付判决种类划分的基础上,对与其相关的适用范围、特别要件、裁判基准时、举证责任、判决内容以及诉之关系等审理规则和诉讼程序进行研究,是实现从给付判决种类向给付诉讼类型迈进的必

---

① 参见章志远:《行政诉讼类型化时代的开启》,载《中国审判》2015年第10期。

由之路。况且,在新行政诉讼法立法宗旨的明确、受案范围的扩大、判决种类的细分等有利的立法环境中,建构给付诉讼类型并明确其审理规则的内在环境和外部条件已趋向成熟。

二、研究价值

新《行政诉讼法》增补了给付诉讼类型,与之相关的审理规则及其诉讼程序必然会成为司法裁判的重要议题。鉴于现行行政诉讼审理规则皆为针对撤销诉讼,并不能完全套用于给付诉讼类型,因此,在新行政诉讼环境中,研究并完善给付诉讼类型的相关议题对于新行政诉讼的适用与解释有一定的价值和意义。

1. 回应行政诉讼法新设制度——给付诉讼类型

给付诉讼类判决为新《行政诉讼法》增补的判决类型,撤销诉讼和确认诉讼的法律适用规则和程序不能完全适用于给付诉讼类型,其法律适用方法仍需借鉴域外立法和司法裁判经验,丰富和发展行政给付诉讼的裁判制度,为审判实务提供格式化、规范化的审理规则和诉讼程序。

2. 促进我国诉讼类型化发展

形成之诉和确认诉讼主要针对干涉行政,裁判规则相对成熟,但随着给付行政的发展以及行政行为形态的多样化,给付诉讼能够满足形态多样的行政行为的救济。新《行政诉讼法》虽然增加了给付类判决类型,但在司法实务中如何适用以及给付诉讼的相关裁判规则都是亟待解决的问题。本研究拟借鉴德国、台湾地区等的经验,结合审判实务经验,来完善给付诉讼类型的相关裁判规则和适用方法。

3. 完善权利救济的全面性

为保障权利救济的无漏洞和有效性,需要发展给付诉讼类型理论和司法实务应用,以提升给付诉讼裁判类型的充分应用,以保障公民更广泛的权利以及解决更多的行政争议问题。给付判决类型作为一项"兜底性诉讼",能够发挥全面解决行政争议的救济作用。《最高人民法院关于适用〈中华人民共和国行政诉讼法〉的解释》(法释〔2018〕1号)第六十八条第2项以及与之对应的新《行政诉讼法》第七十二条、第七十三条之间的"诉判关系",将给付诉讼类型依给付标的区分为"履行特定法定职责"的课予义务诉讼和"依法负有给付义务"的一般给付诉讼,以全面实现原告公法上的给付请求权。针对依法履行法定职责的行政不作为,原告可以提起课予义务诉讼,诉请判决行政机关作出原告所需的具体行政行为。一般给付诉讼作为课予义务诉讼的"补充功能"的诉讼类型,针对除请求作出具体行政行为之外的金钱给付以及其他事实行为的给付。例如,诉请退还多征收的税款,诉请行政机关给付行政承诺内容,诉请行政机关履行行政合同,诉请行政机关给付公法上的不当得利、公法上的无因管理之债、预防性不作为、政府信息给付、"黑名单"公示的取消、收回事实声明等。

4. 确保给付行政依法进行

给付诉讼同样离不开对被诉行政行为的合法性审查,合法性审查原则是贯穿于各类行政诉讼类型的主线。给付诉讼分为一般给付诉讼和课予义务诉讼。在这两种子类型中,被告是否负有给付义务,涉及被诉的不作为行为的合法性审查,特别是涉及被诉行政机关的法定职责、法定给付义务等合法性事项的审查。[①]将所有给付行政纳入司法审查,赋予公民权利救济的渠道,全面保障公民诉权。在公民权利意识日渐增强、各种给付行政不断增加的时代,未来各类给付诉讼也会日渐增多。赋予公民权利救济,给付行政将从政府的"恩惠"走向"基本权利"的保护。在传统行政法中,撤销判决是司法审查的主要手段,基于司法审查的功能,即使在现代行政法中,撤销判决的地位仍然不可动摇。但是,在给付行政引起的行政救济中,尤其是具有实体裁判功能的履行法定职责判决和给付义务具有广泛的适用性。给付行政在未来行政法的发展过程中,应发展出一套独立的司法救济制度,以保障给付行政的依法开展。

三、研究内容

(一) 研究目标

司法对行政的监督功能已不再满足于维持客观法秩序,确保法律法规的正确适用,开始更多地强调保护当事人的主观公权利,保障公民公法上的请求权。新《行政诉讼法》通过增加原告给付诉讼请求以及给付判决种类以应对扩大了的

---

① 参见江必新:《新行政诉讼法专题讲座》,中国法制出版社 2015 年版,第 15 页。

可诉行政行为范围。从"非明定主义"立法模式不难发现,给付诉讼被区分为课予义务诉讼和一般给付诉讼,分别就不同的诉讼对象予以救济,以实现原告的公法上的请求权。

行政诉讼法的修订内容体现出判决种类化的趋势,形成了以撤销判决、变更判决、给付判决、履行判决、确认判决、行政协议类型判决的判决种类,这些判决种类基本上都可纳入形成之诉、给付诉讼、确认诉讼的三大基本诉讼类型。[①] 但判决种类化并不等同于诉讼类型化,诉讼类型化还有待于审判实践中通过个案的积累,归纳总结出不同的诉讼请求、审理规则、诉讼程序,才能最终实现诉讼类型的精细化发展与类型化建构。[②]

旧《行政诉讼法》以撤销诉讼为中心,撤销诉讼只针对具体行政行为的合法性进行审查,相关审查和裁判规则并不能完全适用于给付诉讼类型。因此,在我国行政诉讼法上如何适用课予义务诉讼和一般给付诉讼,需要围绕给付诉讼子类型各自的功能、适用范围、特别判决要件、判决理由、裁判基准时、判决内容、与其他诉种的选择适用等诉讼程序及其审理规则展开,以期待未来给付诉讼类型的建构,是为本书写作重点和研究目标所在。

(二) 研究内容

本书结合我国新《行政诉讼法》增补的给付诉讼的"诉讼请求"以及给付判决种类,从权利保护的必要性、诉讼经济原则、司法对行政监督的界限、广泛无漏洞的司法救济等原则,参照借鉴德国、台湾地区的立法经验以及实务判例见解,分别就我国给付诉讼类型的子类型,特别给付诉讼(课予义务诉讼)和普通给付诉讼(一般给付诉讼)两类子类型的功能、适用范围、特别判决要件、判决理由、裁判基准时、判决内容、起诉时效、与其他诉种的选择适用等诉讼程序及其审理规则展开论述,为建构我国行政诉讼法上的课予义务诉讼和一般给付诉讼的审理规则和诉讼程序提供理论参考。

---

① 参见谭宗泽、杨靖文:《行政诉讼功能变迁与路径选择——以法与治的关系为主线》,载《行政法学研究》2016年第4期。
② 参见谭宗泽、杨靖文:《行政诉讼功能变迁与路径选择——以法与治的关系为主线》,载《行政法学研究》2016年第4期。

(三) 拟探讨的关键问题

本书拟探讨的关键问题在于实现我国行政诉讼法上的给付类判决向给付诉讼类型的转化,并试图建立我国行政诉讼法尚未明确规定的给付诉讼类型相关诉讼审理规则,因此,本书的重点基于围绕课予义务诉讼和一般给付诉讼两个亚类型的制度意义与功能、适用范围、特别判决要件、裁判基准时、起诉期限、判决内容、强制执行、与其他诉种的选择适用等问题展开讨论。

1. 我国行政诉讼法上从给付判决种类到给付诉讼类型应具备的条件,以及需要明确的诉讼审理规则有哪些。

2. 针对扩大的可诉行政行为,同为实现公法上的给付请求权,区分课予义务诉讼以及一般给付诉讼的适用范围,拟采用德国法、台湾地区所谓"行政诉讼法"上的经验,以给付内容是否为具体行政行为为划分标准进行论述。

3. 原告提起课予义务诉讼、一般给付诉讼必须满足的特别裁判要件。特别诉讼要件又要针对其不同的亚类型而有所区别,同时还需要针对特殊个案明确特有的裁判规则。

4. 课予义务诉讼与一般给付诉讼的裁判基准时的确定原则以及特定个案的裁判基准时的确定。

5. 针对给付内容的特殊性,论述规范颁布之诉、预防性不作为之诉、结果除去请求权之诉在一般给付诉讼中如何应用。

6. 以给付诉讼类型为中心,论述四种诉讼类型的选择适用的前提条件、法官阐明义务、选择适用的原则,分别论述课予义务诉讼与撤销诉讼、确认诉讼之间,课予义务诉讼与一般给付诉讼之间,以及一般给付诉讼与撤销诉讼、确认诉讼之间的选定理论。

第二节 研究现状

一、域外研究

给付诉讼最早为德国《行政法院法》创设,后由日本、台湾地区移植引入诉讼实务,台湾学者对德国行政给付诉讼类型研究颇多。德国学者胡芬在《行政诉讼法》①一书中对给付诉讼类型的亚类型课予义务诉讼、一般给付诉讼、停止作为之诉的适当性、诉权、特殊的适法条件进行了系统性研究。台湾学者吴绮云在《德国行政给付诉讼之研究》②、彭凤至在《德国行政诉讼制度及诉讼实务之研究》③中对德国《行政法院法》中同属于给付诉讼类型的两个亚类型课予义务诉讼和一般给付诉讼进行了系统性论述,内容涉及两种亚类型的适用范围、实体判决条件、判决内容、与相关诉讼类型的关系与界限等。台湾地区自1999年修法新增课予义务诉讼和一般给付诉讼,经过20余年的审判实践,积累了大量的给付诉讼裁判案例,为本研究提供了大量案例素材,相关研究也基本上对给付诉讼的类型进行分述,并没有笼统的给付诉讼类型的研究④。给付诉讼类型多集中于亚类型的特别诉讼要件⑤、举证责任、判决内容、裁判基准时⑥、亚类型与其他诉讼类型之间的选择适用⑦等问题。德国、台湾地区的理论研究成果与实务判决见解,为我国建

---

① 参见弗里德赫尔穆·胡芬:《行政诉讼法》,莫光华译,法律出版社2003年版。
② 参见吴绮云:《德国行政给付诉讼之研究》,"司法院"印行1995年版。
③ 参见彭凤至:《德国行政诉讼制度及诉讼实务之研究》,"行政法院"1998年版。
④ 参见林石猛:《行政诉讼类型之理论与实务》,新学林文化事业有限公司2004年版。
⑤ 参见吴庚:《行政争讼法论》,三民书局2014年版,第169—199页;陈敏:《行政法总论》新学林出版有限公司2013年版,第1397—1429页;蔡志方:《行政救济与行政法学(四)》,正典出版文化有限公司2004年版,第245—283页。
⑥ 参见张文郁:《浅论课予义务诉讼之判决基准时——评"最高行政法院"2009年度判字第822号判决》,载《台湾法学》2010年第146期。
⑦ 参见蔡志方:《行政救济与行政法学(四)》,正典出版文化有限公司2004年版,第311—373页;程明修:《课予义务诉讼与一般给付诉讼间选择之争议问题分析》,载行政诉讼研讨会:《行政诉讼研讨(一)》,台湾法学出版股份有限公司2012年版,第159页。

构给付诉讼类型相关审理规则提供了理论支撑。但我国行政诉讼法以及行政程序与上述国家和地区皆有所不同,譬如,行政复议前置条件的不同、中国行政程序法的阙如等。因此,需要结合我国行政诉讼法的特定环境以及未来行政复议法的修订、行政程序法的立法等,有选择地进行给付诉讼制度的移植、借鉴与改造。

二、国内研究

给付诉讼类型并未得到实体法上的确认,但通过"诉判关系"建立起来的课予义务判决和一般给付判决的亚类型开始引发理论和实务界的关注。国内关于给付诉讼的亚类型的研究多半停留于课予义务诉讼和一般给付诉讼的必要性、可行性、各自的适用范围等宏观性问题的探讨上。至于给付诉讼类型的特别要件、裁判基准、举证责任、判决内容等具体性审理规则及其诉讼程序鲜见深入细致的研究。关于给付诉讼亚类型的研究成果多集中于以下几个方面。

(1) 给付诉讼类型的必要性、可行性研究。譬如,有学者认为,行政诉讼法修订前诉讼类型关系未予明确,各种诉讼类型适用的范围不合理。[①] 学界对我国行政诉讼类型的可行性必要性的考察[②],司法实务界基于审判实务需求,对给付诉讼类型的应用亦有较多研究[③]。

(2) 给付诉讼子类型的分类标准。行政诉讼类型的分类标准基本有:以"诉讼请求的内容"为标准;[④] 以"诉讼请求内容为基本标准,辅以被诉行政行为的类

[①] 参见袁曙宏、李洪雷:《我国行政诉讼制度的完善》,载《行政法论丛(第 4 卷)》,法律出版社 2001 年版。

[②] 参见马怀德:《完善〈行政诉讼法〉与行政诉讼类型化》,载《江苏社会科学》2010 年第 5 期;章志远:《行政诉讼类型化模式比较与选择》,载《比较法研究》2006 年第 5 期;章志远:《重构我国行政诉讼类型之设想》,载《河南省政法管理干部学院学报》2004 年第 6 期;陈惠菊:《行政诉讼类型化之研究》,中国政法大学 2008 年博士论文。

[③] 参见李广宇、王振宇:《行政诉讼类型化:完善行政诉讼制度的新思路》,载《法律适用》2012 年第 2 期;何君:《行政诉讼类型化标准的比较分析》,载《山东审判》2009 年第 2 期;龙非:《行政诉讼类型法定化之反思——基于比较法分析的视角》,载《行政法学研究》2016 年第 6 期;陈立如:《行政诉讼类型化研究之现状述评与类型重构》,载《中国司法》2013 年第 6 期;王涛:《基于我国行政诉讼类型的现状思考》,载《人民司法》2002 年第 11 期;李蕊:《不履行法定职责案件若干问题的思考》,载《人民司法》2009 年第 7 期。

[④] 参见章志远:《行政诉讼类型构造研究》,法律出版社 2007 年版。

型和行政争议的性质";①以"行政处理为标准"将给付诉讼类型划分为给付诉讼和课予义务诉讼;②"以主观公权利为出发点,将防御权和受益权两个维度作为划分标准"。③

(3) 给付诉讼的子类型。通说将我国行政诉讼类型仿民事诉讼法分为撤销诉讼、给付诉讼、确认诉讼,在此基础之上再根据给付标的的不同,将广义概念的给付诉讼类型区分为特别给付诉讼(课予义务诉讼)和普通给付诉讼(一般给付诉讼)两类子类型。④ 以上学者的研究前提基本上建立于对诉种作撤销诉讼、课予义务诉讼、一般给付诉讼和确认诉讼的"四分法"分类逻辑上。学理上的"四分法"结合了"诉讼请求的内容"以及"被诉行政行为的种类"的分类标准,符合修订后的行政诉讼法诉讼类型的发展的基本趋向,系为本书研究的基础,特别是研究四大诉讼类型之间的选择适用问题的基础。

司法实务部门偏好从行政诉讼判决的亚种类为研究出发点,以此倒推行政诉讼种类。譬如,江必新、梁凤云将行政诉讼判决分类为"形成类判决""给付类判决""确认类判决"三大类,在此基础上又将给付类判决根据给付内容的不同区分为"一般给付判决""课予义务判决"和"禁令判决"加以研究。⑤ 也有学者认为,以行政判决类型反推行政诉讼类型化构建的致命缺陷在于没有厘清权利救济的结构,行政诉权、诉讼请求、行政判决的逻辑关系不符合行政诉讼类型化的基本理论,应该以主观公权利作为划分诉种的逻辑起点,分析行政诉讼类型的内在逻辑及其制度建构。⑥ 尽管从判决种类倒推行政诉讼类型不符合分类上的逻辑,但关于判决种类的前期研究成果的积累有利于给付诉讼类型的适用范围、特别判决要件、诉有理由、裁判基准时、判决内容等审理规则的研究。

---

① 参见王珂瑾:《行政诉讼类型化研究》,山东大学出版社 2011 年版。
② 参见熊勇先:《行政给付诉讼研究》,武汉大学博士论文,2010 年。
③ 参见邓刚宏:《我国行政诉讼类型的构建——以主观公权利救济为分析视角》,载《学海》2007 年第 2 期。
④ 参见章志远:《行政诉讼类型构造研究》,法律出版社 2007 年版;章志远:《行政诉讼类型构造研究》,法律出版社 2007 年版;吴华:《行政诉讼类型研究》,中国人民公安大学出版社 2006 年版。
⑤ 参见梁凤云:《行政诉讼判决之选择适用》,人民法院出版社 2007 年版,第 128 页;梁凤云:《行政诉讼判决研究》,中国政法大学博士论文,2006 年,第 89 页。
⑥ 参见邓刚宏:《我国行政诉讼类型的构建——以主观公权利救济为分析视角》,载《学海》2007 年第 2 期。

(4) 立法例方面。《行政诉讼法(学者建议稿)》曾从"受案范围、诉讼时效、审查标准、处理方式、诉讼程序"等环节针对不同诉讼类型作特别规定,尝试从实体上明确规定不同的诉讼类型。① 然而,新《行政诉讼法》并没有明文规定行政诉讼类型。新《行政诉讼法》采取"非明定主义"的立法模式初步建立了给付诉讼类型制度,学者们开始关注给付诉讼类型化的研究。并普遍结合原告的"具体诉讼请求"以及《行政诉讼法》第七十二条、第七十三条判决种类,分别对课予义务诉讼与一般给付诉讼类型进行研究。② 我国现阶段关于给付诉讼类型的研究偏重于德国、台湾地区的实务与理论,对我国现行的给付诉讼的相关审理规则的理论建构研究较少。但新《行政诉讼法》对给付诉讼类型的补充完善与亚类型的分类,为研究具体审判规则提供了空间。

行政诉讼类型化是未来行政诉讼发展的方向,对增补的行政给付诉讼类型进行研究,有利于公民基于公法上的请求权实现其权利救济目的,从而实现合法权益的保护。因此,可以预见给付诉讼类型会得到更加广泛的应用,与之相关的审理规则研究也必然会成为行政诉讼法的研究热点问题之一。《最高人民法院关于适用〈中华人民共和国行政诉讼法〉的解释》(法释〔2018〕1号)第六十八条第2项关于"请求判决行政机关履行特定法定职责或者给付义务"的规定以及新《行政诉讼法》第七十二条"课予义务判决"以及第七十三条"一般给付判决"的判决种类,可以推导出我国行政诉讼法已经根据给付内容的不同作了给付诉讼子类型的区分。但遗憾的是,在配套的司法解释中给付诉讼亚类型的审理规则及其诉讼程序仍然不明确,这就需要对给付诉讼类型的相关审理规则及其诉讼程序相关理论进行研究并加以阐释,为审判实践提供理论支撑和操作指引。

---

① 参见何海波:《理想的〈行政诉讼法〉——〈中华人民共和国行政诉讼法〉学者建议稿》,载《行政法学研究》2014年第2期。
② 参见梁凤云:《不断迈向类型化的行政诉讼判决》,载《中国法律评论》2014年第4期;杨东升:《一般给付诉讼之适用范围——〈行政诉讼法〉第73条评释》,载《行政法学研究》2015年第6期。

第三节 研究方法

一、研究框架

本书以给付诉讼类型的子类型为研究对象,分别就其特别给付诉讼(课予义务诉讼)、普通给付诉讼(一般给付诉讼)的子类型的适用范围、特别判决要件、判决内容、裁判基准时、强制执行等审理规则展开论述,并就两类给付诉讼子类型与撤销诉讼、确认诉讼之间,以及两类给付诉讼子类型之间选定,我国课予义务判决和一般给付判决的理解与应用展开分析和论证。各部分基本框架如下:

(一) 给付诉讼类型

从广义的给付诉讼类型概念,将其区分为特别给付诉讼类型(课予义务诉讼)和普通给付诉讼类型(一般给付诉讼),并论证给付诉讼类型对于无漏洞的权利体系的形成的制度功能。从给付诉讼类型的分类标准的统一性出发,论证我国诉种的"四分法"的合理性,并提出审判实务部门将给付诉讼类型分为课予义务诉讼、一般给付诉讼、禁止作为之诉的"三分法"不符合分类逻辑,宜纳入一般给付诉讼的论证。从我国给付诉讼类型缺乏的审理规则出发,提出若干待解问题,亦即论文的问题出发点。

(二) 课予义务诉讼

论述课予义务诉讼的诉种意义、功能,其诉种的功能在于弥补撤销诉讼无法达到的诉讼目的,确保公民公法上的请求权获得司法救济,促使行政机关履行法定作为义务。课予义务诉讼的适用范围,课予义务诉讼的子类型的"拒绝作出具体行政行为之诉"的特别要件应该包括哪些要件,就"拖延履行行政行为之诉"另外还须增加哪些要件,课予义务诉讼的判决应具备哪些条件以及可能作成的"具体判决"和"答复判决"的情形分析,并说明课予义务诉讼裁判基准时的判定原则以及特殊情形下裁判基准时另外判定。

(三) 一般给付诉讼

论述一般给付诉讼的诉种功能、适用范围、立法例、特别要件、判决等审理规则,并分别阐述预防性不作为之诉、规范颁布之诉、公法上结果除去请求权之诉具有争议性给付内容的特别情形。一般给付诉讼的特别要件包括给付原因须基于行政法律关系,给付内容排除具体行政行为,存在权利保护的必要性,须不属于撤销诉讼合并请求的给付等要件。

(四) 给付诉讼子类型与其他诉种的选择适用问题

论述诉种的选择适用的前提条件为:法官的阐明义务、诉种的逻辑分类、诉种的关系类型、诉讼类型的选定原则。再分别以课予义务诉讼为中心,论述其与撤销诉讼、确认诉讼、一般给付诉讼的选择适用问题,以一般给付诉讼为中心,论述其与撤销诉讼、确认诉讼之间的选择适用问题。

课予义务诉讼与撤销诉讼选定体现为:"分离的撤销诉讼"仅在特定情形下才具合法性;在竞争者诉讼、相邻权人诉讼、授益行政行为附款的救济、行政允许、行政协议以及社会给付等特定案例中两者选定要结合案例本身。课予义务诉讼与确认违法诉讼的关系体现为,确认违法诉讼体现在课予义务诉讼之中,在特别情形下课予义务诉讼可以转换为"继续确认诉讼"。课予义务诉讼与一般给付诉讼的选定标准为给付内容以及法律关系的具体化程度。一般给付诉讼与撤销诉讼的关系体现为:一般给付诉讼更有利于达到原告诉求目的,只有实体法明定拒绝给付为具体行政行为时,才可选择撤销诉讼合并提起一般给付诉讼;在结果除去请求权之诉案件中,行政行为执行完毕时,原告可以提起撤销诉讼合并一般给付诉讼。一般给付诉讼与确认诉讼的关系可以类推适用课予义务诉讼的"继续确认诉讼"规则。

(五) 我国给付诉讼类判决的理解与应用

利用对给付诉讼子类型的审理规则的理论成果,结合我国行政审判实务,对新《行政诉讼法》第七十二条、第七十三条的给付类判决种类分别做出阐释,并从我国现行的给付判决种类到给付诉讼类型的建构分析我国给付诉讼类型化的必要性,给付诉讼类型化的功能、条件以及路径。

二、研究方法

(一) 比较分析方法

行政给付诉讼类型在大陆法系国家和地区的行政诉讼法皆有明文规定,其理论体系相对发展比较完善,德国应该是最早建立行政诉讼类型化的国家,日本以及我国台湾地区对其进行借鉴和移植,并于1999年供行政诉讼法修订时新增课予义务诉讼和一般给付诉讼的诉讼类型,并在实务中已形成相当数量的裁判案件。我国行政诉讼法上的诉讼类型分类,也可以从具体诉讼请求以及判决种类的分类的逻辑上推定,我国行政诉讼类型采取"四分法"(撤销诉讼、确认诉讼、课予义务诉讼、一般给付诉讼)具有可行性,因此从比较法的角度,借鉴移植德国法和台湾地区关于给付诉讼类型的诉讼制度以及裁判规则,具有可比性。

(二) 规范分析方法

给付诉讼类型的分类以及亚类型的分类都采取一定的分类划分标准,尽量使论证符合一定逻辑。譬如,课予义务诉讼与一般给付诉讼,以具体行政行为为划分标准。如果属于要求行政机关作出具体行政行为,则为课予义务诉讼的范围;如果属于作出具体行政行为之外的其他行政行为(包括行政事实行为、公法上的意思表示、行政协议、行政承诺等)为一般给付诉讼范围。再如,对于我国行政诉讼法上的具体诉讼请求,按照诉讼对象的不同,将其归为撤销诉讼、确认诉讼、课予义务诉讼、一般给付诉讼。规范分析方法还体现在对大陆法系国家和地区行政诉讼法课予义务诉讼、一般给付诉讼类型的具体法条的理解与阐释上,特别是我国《行政诉讼法》第七十二条和第七十三条给付类判决种类的法理解读与分析,都采用规范分析方法。

(三) 实证分析方法

行政诉讼法上的给付诉讼类型所涉及的适用范围、特别实体裁判要件、给付请求权、裁判基准时、判决内容、举证责任与其他诉讼类型间的关系等审判规则,具有很强的实践性,既要对我国行政诉讼法相关条件进行立法技术上的解释,同时还要结合相关司法裁判案例的要旨进行抽象总结,得出一般性适用的规则。这些具有一般性适用的规则需要借助实证分析方法来加以论证。否则,可能会造成理论上的研究成果很难为司法实践所接受。

三、创新与不足

从本书整体研究情况而言,本书在选题、内容和研究方法上均有一些创新之处,同时也可能存在一些不足,分述如下:

(一) 创新之处

1. 选题方面

本书选题以新《行政诉讼法》增加并予以补充完善的给付诉讼类型为研究对象。鉴于我国行政诉讼法上诉讼程序及其审理规则皆以撤销诉讼以及过去的对具体行政行为合法性审理为中心而设计,而给付诉讼类型的目的重点不在于客观法规范的监督,而是在于保障公民权利的实现,即通过法院对具体案件的审查以实现公民的主观公权利,因此,在某种意义上,给付诉讼类型的诉讼程序及其审理规则在现行行政诉讼法及其配套的司法解释上存在立法上的空白,给付诉讼类型判决仍需要相关诉讼规则的明确。因此,该选题具有一定的创新性,能够为当下给付类判决的审理规则提供理论上的依据。

2. 内容方面

旧《行政诉讼法》仅存有强制履行判决,可以归入不完全的课予义务判决。学界和司法实务界的研究领域主要集中于行政诉讼判决种类、诉讼类型的宏观问题的理论研究上,对于具体精细的审理规则仍缺乏研究。新《行政诉讼法》新增并补充完善了给付诉讼类型,在无法完全借鉴适用撤销诉讼审理规则的背景之下,法官在诉讼程序针对个案采用什么样的审理规则,存在法律适用规则上的"真空"。因此,如果论本书内容的创新之处,大概在于本书试图通过比较的方法并在我国行政诉讼现行规定的基础上,就给付诉讼的适用范围、特别裁判要件、裁判基准时、举证责任、诉讼时效、判决内容、强制执行等一系列与审判实务相关的问题进行系统性论述,并结合我国行政诉讼法的法条进行精细化研究。

3. 方法方面

行政诉讼类型历来是行政诉讼制度中最为核心的问题之一,行政诉讼类型是行政诉讼精细化发展的标志,有助于建立全面无漏洞的司法审查体系以及公民权利无漏洞的救济体系。本书采用的研究方法为比较法,援引德国法、台湾地区法上的行政诉讼规则,对给付诉讼类型的分类规则以及具体法条阐释进行实证分析,对法律规范采用规范分析法,从而使得本书研究成果在对司法审判实践提供指导性意见的同时体现理论研究价值。

(二) 不足之处

新《行政诉讼法》仅有给付诉讼请求以及对应的给付判决种类,并没有明确规定给付诉讼类型,给付诉讼类型相关的诉讼程序及其审理规则几乎很难在诉讼法及其司法解释中找到相应的条文,这在给学者们提供了更加宽泛的研究空间的同时,也增加了研究的难度,这几乎要建立一套类似于撤销诉讼的完整的诉讼程序规则。加之,新《行政诉讼法》实施才3年有余,实务中尚未形成足够数量以及足够特殊的案例素材,典型案例的阙如也使得研究不能较好针对中国行政诉讼实务中的具体难点问题展开,也很难检索到具有针对性的司法判决见解。

另外,从实体法上讲,给付诉讼类型与行政诉讼法、行政复议法、行政程序法不无关系,但由于我国行政复议规则有异于德国法、台湾地区法,德国、台湾地区行政程序法发展至今已经相当成熟,而我国统一的行政程序法尚未出台,这也给给付诉讼类型的研究带来了困难,尤其对于先行异议程序、复议先置程序,以及诉讼时效、裁判基准时的规则的制定带来一定的困难。

第一章

给付诉讼类型概论

行政诉讼法上的给付诉讼的概念有广义和狭义之分。广义上的概念为原告请求法院判令行政机关作出一定给付内容判决。根据给付内容或者诉讼对象的不同,将广义上的给付诉讼区分为"特别给付诉讼"(课予义务诉讼)和"普通给付诉讼"(一般给付诉讼)①两个子类型,这种"特别"与"关系"体现为:但凡符合课予义务诉讼的特别要件起诉的,皆不得提起一般给付诉讼。鉴于课予义务诉讼与一般给付诉讼在给付内容、特别要件、起诉期限、先行程序、裁判基准时、判决内容、选择适用等审理规则以及诉讼程序上有各自的区别。本书的研究对象取用给付诉讼类型的广义概念,内容涵盖特别给付诉讼(课予义务诉讼)和普通给付诉讼(一般给付诉讼)两个子类型。

第一节 给付诉讼的概述

一、给付诉讼的概念

给付诉讼源自民事诉讼法,系指原告主张于被告有特定私法上请求权,被告有给付义务,因而原告请求法院为给付判决之诉,请求法院判令被告为一定的金额给付、特定物之给付、一定的作为与不作为、一定的意思表示等。② 行政诉讼法转借民事诉讼"给付诉讼"的概念,并参照民事诉讼的划分标准,以当事人的诉讼请求为标准,将行政诉讼类型划分为撤销诉讼、给付诉讼和确认诉讼三种基本类型。在总体上,行政诉讼法的任何一种特殊之诉基本上都可以划归至三种基本诉讼类型之中,这种"三分法"基本覆盖了当事人起诉的所有情形。

广义的给付诉讼概念,系指原告请求法院判决行政主体作出一定给付内容

---

① 本文将给付诉讼类型研究对象根据"给付内容"的不同区分为"特别给付诉讼类型"和"普通给付诉讼类型",分别对应于本文的"课予义务诉讼"和"一般给付诉讼"概念。为避免概念上的混淆,下文统一用"课予义务诉讼"和"一般给付诉讼"代替之,特此说明。

② 参见姚瑞光:《民事诉讼法论》,中国政法大学出版社1992年版,第302页。

的诉讼。① 基于给付诉讼"精细化"发展的需要,广义的给付诉讼概念又可根据"诉讼标的"或"给付内容"的不同,将给付诉讼类型进一步区分为特别给付诉讼(课予义务诉讼)和普通给付诉讼(一般给付诉讼)两个子类型。课予义务诉讼是指原告诉求法院就行政主体的拒绝作为、怠于作为的判令作出具体行政行为的诉讼。一般给付诉讼,系指原告请求法院判令行政主体作出除具体行政行为之外的其他行政行为的给付,给付内容包括金钱、非金钱给付,容忍、作为或不作为之给付等。前者的给付内容限于具体行政行为,后者的给付内容则为具体行政行为以外的其他行政行为。课予义务诉讼与一般给付诉讼之间为特别与一般的关系,亦即:但凡符合课予义务诉讼特别要件的,不得提起一般给付诉讼,否则就被视为诉无理由。因此,一般给付诉讼相对课予义务诉讼,又具有"补充功能""兜底功能",这种所谓的"兜底功能"体现为:基于公法上的给付请求权,但凡无法提起课予义务诉讼的,都可以归入一般给付诉讼予以救济。

二、给付诉讼的制度功能

司法对行政的监督目的在于维持客观法秩序,确保行政法规之正确适用,同时也在于保护当事人主观之公权利。② 给付诉讼的增补与完善无疑为当事人公法上的给付请求权的实现提供了保障。我国行政诉讼范围的扩大,尤其是将具体行政行为扩大至行政行为,导致大量的行政事实行为、公法上的意思表示、行政协议等被纳入受案范围,传统的撤销诉讼并不能承担这些非典型行政行为以及行政不作为的有效救济,而只能依赖于给付诉讼类型来实现公法上的请求权,从而达到保护原告权利的目的。新《行政诉讼法》将广义上的给付诉讼类型区分为特别诉讼(课予义务诉讼)和普通诉讼(一般给付诉讼)两种子类型,基本上满足了基于公法上的请求权,诉请行政机关作出具体行政行为,以及诉请给付除具体行政行为之外的其他行政行为的救济需要。换言之,给付诉讼类型在我国行政诉讼法上的确立,对行政行为的全面有效救济起到了完善的作用。

---

① 参见江必新、梁凤云:《行政诉讼法理论与实务》,法律出版社2016年版,第995页。
② 参见吴绮云:《德国行政给付诉讼之研究》,"司法院"印行1995年版,第5页。

（一）给付诉讼增加了诉讼类型的完整性

行政诉讼是否要规定诉讼类型化制度,学界一直存有争议。遗憾的是,新《行政诉讼法》未明确规定行政诉讼类型。反对者认为,行政诉讼类型化可能会带来专业性难度,不利于原告对诉讼类型的选择与把握,也不能适应现阶段法官的审判能力,无益于原告利益的保护,对法官驾驭诉讼类型的能力也是一种考验;同时行政诉讼类型明确化,需要对诉讼法程序作较大的调整与变动。"诉讼类型化涉及原告资格、起诉期限、诉讼请求、举证责任、特别要件、审查标准、判决内容、强制执行等许多审理规则问题。行政诉讼法如何容纳不同类型的诉讼,并维护一个内在和谐、外观清晰的法典结构,并非易事。"[①]然而,行政诉讼类型的未明定化,并没有影响到理论界及司法实务界对行政诉讼类型化研究的热情。司法实务界甚至于以全部行政诉讼类型来分析某行政行为的救济方式。[②] 有学者从主观公权利救济的分析视角,提出我国行政诉讼类型的构建设想。[③] 有学者将行政诉讼对权利救济请求缺乏回应、对行政权力的行使方式缺乏针对性、审判方式缺乏科学性、行政争议得不到实质性解决等归因于现行制度缺乏行政诉讼类型化。[④]

我国行政诉讼制度经过30多年的发展,公民权利意识日益高涨,法治观念深入人心,行政诉讼的具体诉求也更加多样化和具体化,这些变化都需要行政诉讼制度设计及其规则作出回应,尤其是如何对不同类型的行政诉讼制定对应的审理规则及诉讼程序,以建立全面无漏洞的权利救济体系。"行政诉讼类型化不但不会增加法官的审判难度,反而可以有助于固定行政争议焦点、完善案件审理流程、确定适当的司法审查范围,能够为法院快速、准确地进行行政审判各个环节的操作奠定坚实的基础"。[⑤] 针对我国采取的"非明定主义"立法模式的特点,有必要从具体诉讼请求及其判决类型为研究起点,探讨与给付诉讼类型相关的审

[①] 参见何海波:《理想的〈行政诉讼法〉——〈中华人民共和国行政诉讼法〉学者建议稿》,载《行政法学研究》2014年第2期。
[②] 参见李广宇、王振宇:《行政诉讼类型化:完善行政诉讼制度的新思路》,载《法律适用》2012年第2期;江必新、梁凤云:《政府信息公开与行政诉讼》,载《行政法学研究》2007年第5期。
[③] 参见邓刚宏:《我国行政诉讼类型的构建——以主观公权利救济为分析视角》,载《学海》2007年第2期。
[④] 参见李广宇、王振宇:《行政诉讼类型化:完善行政诉讼制度的新思路》,载《法律适用》2012年第2期。
[⑤] 参见李广宇、王振宇:《行政诉讼类型化:完善行政诉讼制度的新思路》,载《法律适用》2012年第2期。

理规则和诉讼程序,从而实现从判决种类向诉讼类型的跨越。

(二) 给付诉讼有助于权利救济的全面性和有效性

新《行政诉讼法》没有就起诉、受理、举证责任、诉讼请求的实体审查等作不同的诉讼类型予以区别对待。原告起诉时只需以一定方式表示不服即可,在起诉阶段不需要考虑诉种的问题,这看似有利于原告起诉,但实质不利于原告权利的有效保护。譬如,德国《行政法院法》则对诉讼类型进行了详细划分,"不同的诉讼类型的程序设置很大程度上建立于这一划分的基础之上。立法者对行政诉讼类型进行分类的目的是为了给受案范围内的每一种国家权力行为都设置一种诉,以期当公民权利受到侵害时,至少能有一种适当的诉讼类型可供选择并藉此获得法律保护。一种特定的诉讼类型便是对公民权利进行法律保护的特定方式。"[①]在司法实践中,直接与行政行为有关的诉求,应选择撤销诉讼或者课予义务诉讼,在特定情况下可能转换为继续确认诉讼。与具体行政行为无关的诉求,则应优先考虑一般给付诉讼或者确认诉讼,最后再考虑没有明文规定的其他可能存在的诉讼类型。原告起诉时应当选择正确的诉讼类型,但法院不会仅仅因为原告没有选择适当的诉讼类型就否定诉的适法性。因此,"诉种的分类是对诉讼程序的规范化,实质上不会对原告构成负担。法院不可能因为原告选择了一个不适当的诉讼种类,而将该诉作为不适法的诉驳回。在多数情况下,那些被称为'特别'的诉种或者'特殊'的诉种的诉讼类型,最终是可以被归入形成之诉、给付诉讼、确认诉讼中的"[②]。通过以上分析发现,对行政诉讼类型化并不会增加原告和法院的负担,相反,诉讼类型化及其相关审判规则的具体化,更有利原告针对行政争议选择合适的诉讼类型对权利进行有效救济。

(三) 给付诉讼类型化是行政诉讼精细化发展的需要

新《行政诉讼法》虽然没有写入行政诉讼类型法定化,但从受案范围、诉讼请求、申请救济期限、证据制度、审理规则、判决类型等新规定,我国行政诉讼制度已具有类型化发展的趋向和基本条件。[③]

---

① 参见弗里德赫尔穆·胡芬:《行政诉讼法》,莫光华译,法律出版社 2003 年版,第 126 页。
② 参见弗里德赫尔穆·胡芬:《行政诉讼法》,莫光华译,法律出版社 2003 年版,第 205 页。
③ 参见闫尔宝:《论我国行政诉讼类型化的发展趋向与课题》,载《山东审判》2017 年第 5 期。

1. 行政争议的多样化需要相应的诉讼类型满足权利保护

从大陆法系行政诉讼发展历程上看,最初的行政诉讼多因为相对人对设定负担的具体行政行为的合法性不服提起诉讼,针对具体行政行为的单方性特点,逐步形成"撤销中心主义"的基本诉讼类型。但随着行政任务的多元化,行政行为的多样性,行政不作为、行政协议、行政指导行为、行政事实行为等被纳入可诉范围,于是便出现了新型的行政争议种类。这种行政争议的解决往往系相对人基于公法上的请求权而产生,譬如,请求履行法定职责、履行行政协议,请求支付赔偿金(补偿金)、给付财产上的给付或事实行为的给付,请求确认某种公法地位或权利等。与可诉的行政活动相对应,新的诉讼类型,如课予义务诉讼、一般给付诉讼等诉讼类型开始出现。

2. 原告诉请的多样化是给付诉讼类型化的前提

针对不同的行政争议,原告的诉讼请求内容必然存在差别。根据《最高人民法院关于适用〈中华人民共和国行政诉讼法〉的解释》(法释〔2018〕1号)第六十八条的规定,"原告具体诉讼请求"可解释为九大类。譬如,针对侵害行政行为,相对人可提出撤销诉讼;针对行政机关的行政许可不作为,可提起课予义务诉讼;针对行政机关不履行金钱给付义务或者事实行为的,可提起给付诉讼;针对无法撤销的行政行为,当事人可以提起确认诉讼,等等。从"诉判关系"上分析,原告的诉讼请求在一定程度上会决定采用何种行政诉讼类型。根据民诉法上的分类标准,新《行政诉讼法》规定的九大类具体诉讼请求可分别归入形成之诉、确认诉讼以及给付诉讼之中。换言之,行政诉讼类型化也是回应原告具体且多样化的诉讼请求的需要。

3. 特别判决要件构成是确定给付诉讼类型化的基础

针对特定的行政争议种类和原告特定的诉求,立法上应设定不同的构成要件,由法院判断是否应受理相对人的起诉,即判断起诉的适法性。例如,针对撤销具体行政行为的诉请,司法机关在进入实体审查之前,应依法审查其是否具备特别判决要件。针对给付诉讼请求,法院需审查原告的权利保护的必要性、实体法上的请求权、权利是否受到侵害以及其他符合给付诉讼的其他特别判决要件等。行政争议不同,行政诉讼的程序性要求也有差别,只有满足不同的特别要件,才能使原告迈进司法救济的门槛。

三、给付诉讼的分类

通说将给付诉讼根据给付内容的不同,将其区分为特别给付诉讼(课予义务诉讼)和一般给付诉讼(又称为狭义给付诉讼)两个子类型。大体而言,公民所请求的给付,如果只是金钱类给付,或者行政机关单纯的通知、咨询、服务、咨询提供、建议、事实陈述或其他不直接发生法律效果的事实行为,应提起一般给付诉讼。但是,如果事实给付必须以行政机关事前的许可核准为先决条件的,也就是"双阶行为"之情形,则针对第一阶段属于法律行为的许可,应提起课予义务诉讼,第二阶段的事实给付,应提起一般给付诉讼。当然,需要注意的是,并不是每一个事实行为都需有一先行的法律行为的存在,是否属于"双阶行为",仍须结合个案进行判断。另外,诉请行政机关作出或不作出行政行为,因请求内容并非是作出具体行政行为,所以也应适用一般给付诉讼,而非课予义务诉讼。① 这种复杂的情形在分类中应予以注意,其课予义务诉讼与一般给付诉讼的选择适用的讨论详见本文第四章第三节内容。

(一) 课予义务诉讼

根据域外立法经验及其学者研究结论,一般皆倾向于将广义上的给付诉讼类型以"给付内容"的不同区分为课予义务诉讼(特别)和一般给付诉讼(一般)两个子类型。课予义务诉讼根据行政机关是否作出拒绝的意思表示,又可分为"拒绝履行行政行为之诉"和"拖延履行行政行为之诉"两种。在实体法上,德国和台湾地区皆有明文规定课予义务诉讼的子类型。例如,德国《行政法院法》第42条规定:"……前项诉讼原告应主张,因行政处分或请求为行政处分被驳回或搁置,致其权利受损害,始得提起,但法律别有规定者不在此限。"再如,台湾地区所谓"行政诉讼法"第5条规定:人民因相关职能机关对其依法申请之案件,于法令所定期间内应作为而不作为,认为其权利或法律上利益受损害者,经依诉愿程序后,得向"高等行政法院"提起请求该机关应为行政处分或应为特定内容之行政处分之诉讼。人民因相关职能机关对其依法申请之案件,予以驳回,认为其权利或法律上利益受违法损害者,经依诉愿程序后,得向"高等行政法院"提起请求该

---

① 参见翁岳生:《行政诉讼法逐条释义》,五南图书出版股份有限公司2002年版,第89页。

机关应为行政处分或应为特定内容之行政处分之诉讼。之所以对课予义务诉讼再作出两种子类型的分类,因为在德国法、台湾地区所谓"行政诉讼法"上,对于拒绝履行行政行为之诉要经过行政复议程序,而延迟履行行政行为的不必经过行政复议程序可以直接提起诉讼。

新《行政诉讼法》通过受案范围、诉讼请求和给付判决种类的"诉判关系"可以反推出课予义务诉讼及其子类型的区分。例如,新《行政诉讼法》第十二条第6项规定:"申请行政机关履行保护人身权、财产权等合法权益的法定职责,行政机关拒绝履行或者不予答复的";根据《最高人民法院关于适用〈中华人民共和国行政诉讼法〉的解释》(法释〔2018〕1号)第六十八条第2项规定,原告的具体的诉讼请求包括请求判决行政机关履行特定法定职责或者给付义务。新《行政诉讼法》第七十二条规定:"人民法院经过审理,查明被告不履行法定职责的,判决被告在一定期限内履行。"《最高人民法院关于适用〈中华人民共和国行政诉讼法〉的解释》(法释〔2018〕1号)第九十一条规定:"原告请求被告履行法定职责的理由成立,被告违法拒绝履行或者无正当理由逾期不予答复的,人民法院可以根据行政诉讼法第七十二条的规定,判决被告在一定期限内依法履行原告请求的法定职责;尚需被告调查或者裁量的,应当判决被告针对原告的请求重新作出处理。"

从上述新规定不难发现,我国对课予义务诉讼的子类型也区分为"拒绝履行"和"不予答复"两类型,但与德国的课予义务诉讼适用范围相比,我国的课予义务诉讼不限于"依申请型",还应包括"依职权型"[①],这也是体现了我国制度的先进性的一面。例如:根据《劳动保障监察条例》第三条、第十条、第十一条的规定,劳动保障行政部门对辖区内用人单位未依法为劳动者缴纳各项社会保险的行为行使劳动保障监察的法定职责。[②] 再如,公安机关对于刑事案件报案处理后,如果不构成刑事犯罪不予立案的,仍应依职权将当事人违反治安管理行政处罚的相关处理结果告知当事人;如果公安机关未依职权履行告知义务,仍构成行政不作为。其裁判意旨如下:

上诉人佛山市公安局南海分局依法具有管理本辖区治安管理工作的职责。

---

① 可以从《最高人民法院关于适用〈中华人民共和国行政诉讼法〉的解释》(法释〔2018〕1号)第三十八条第1项规定看出,课予义务诉讼承认依职权主动履行法定职责的规定。
② 参见辽宁省沈阳市中级人民法院行政判决书,(2017)辽01行终1099号。

上诉人接到邓某兴的报案后,作出《受案登记表》,对其报案以刑事案件进行处理,经调查后认为现有证据无法证实有犯罪事实发生,遂作出《不予立案通知书》,告知报案人邓某兴,根据《中华人民共和国刑事诉讼法》第一百一十条的相关规定,决定不予立案,即上诉人对于被上诉人所报案情已经履行了相关刑事侦查的职责。由于上诉人除应履行刑事侦查职责外,还负有管理本辖区治安管理工作的职责。对于被上诉人所报案的情形是否有违反治安等行政法律法规的相关规定,上诉人未作出相应处理并将处理结果告知报案人,存在未履行法定行政职责的情形,属行政不作为。上诉人主张因被上诉人所报案情涉及经济纠纷,既没有犯罪事实,也没有违反其他公安行政法律,故上诉人无须再履行行政处理程序。经查,上诉人在《不予立案通知书》中只告知了报案人现有证据无法证实有犯罪事实发生,对于报案人所报案的事项是否构成违反治安方面的情形并未作出认定,不能视为上诉人已履行了相关行政职责。①

(二) 一般给付诉讼

一般给付诉讼的目的在于要求义务人作出一定的给付,给付内容为除了请求行政机关作出具体行政行为之外,还包括其他财产性给付以及非财产性给付。根据给付内容的不同还可以对一般给付诉讼进行再细分,如果以请求的内容是积极作为还是消极的不作为来区分,可以分为积极的给付诉讼和消极的不作为之诉。如果按照请求权基础又可为"不利后果排除请求权之诉""公法上无因管理请求权之诉""公法上不当得利返还请求权之诉"。②

新《行政诉讼法》用行政行为替换具体行政行为,从而使得可诉范围不仅包括具体行政行为、行政不作为,还包括种类繁多的行政事实行为。一般给付诉讼作为课予义务诉讼的补充诉讼类型,其适用范围极其广泛,诸多行政行为的违法性及其救济,可以通过一般给付诉讼达到诉讼目的。本书拟根据行政诉讼请求的行为性质将一般给付诉讼分成作为与不作为两大类型分别讨论。

---

① 参见佛山市南海区人民法院行政判决书,(2014)佛南法行初字第 211 号;佛山市中级人民法院行政判决书,(2015)佛中法行终字第 11 号。
② 参见陈新民:《行政法学总论》,三民书局 2015 年版,第 546—551 页。

1. 请求作为之诉

一是请求给付行政事实行为。所谓行政事实行为,就是不针对引起法律效果,而仅发生事实上效果的行政行为,如金钱给付、其他事实行为的给付等。一般给付诉讼主要适用于金钱给付请求权的实现。例如,我国《行政诉讼法》第十二条第 10 项规定的请求行政机关依法支付抚恤金、最低生活保障待遇、社会保险待遇的请求权。司法实务中并不限于以上三种金钱给付,还包括医疗保险基金支付①、工伤保险基金支付②、良种补贴、农资综合补贴、③拆迁安置补偿协议而生的违约金④,等等。至于请求权的法律基础在所不问,只要是属于行政法院裁判范围之内即可,其请求权可基于实体法的规定、行政协议、行政承诺、公法上的不当得利、公法上的无因管理、行政赔偿、行政补偿等原因。

提起一般给付诉讼请求给付金钱,必须以可以"直接"行使一般给付请求权为条件。如果根据实体法的规定,必须先由行政机关确定核准、审批、许可其给付请求权的,在提起一般给付诉讼前,就应先提起课予义务诉讼,请求行政机关作出调查、裁量、核准的行政行为。因此,以"直接"提起一般给付诉讼的金钱给付的,限定于请求金额已获许可或已确定,或者该损害赔偿请求权、补偿请求权不得依民事诉讼程序进行主张。

在台湾地区所谓《行政诉讼法》和德国《行政法院法》上,不仅公民可以向行政机关提起一般给付诉讼,行政机关也可对公民提起一般给付诉讼,行使金钱给付请求权(即所谓的"官告民"⑤)。此外,行政机关之间基于行政协议所产生的金钱给付争议,也可以提起一般给付诉讼。

由于我国行政诉讼受案范围采取列举+概括的形式,因此,我国行政诉讼法的金钱给付义务并不限于《行政诉讼法》第十二条第 10 项所列举的具体三种情形,在司法实务中会作扩大解释,并在裁判意旨中得到认可。譬如,"再审申请人杜三友等

---

① 参见江苏省昆山市人民法院行政判决书,(2017)苏 0583 行初 198 号。
② 参见南京市溧水区人民法院行政判决书,(2016)苏 0117 行初 7 号。
③ 参见江苏省宿迁市中级人民法院行政判决书,(2016)苏 13 行终 59 号。
④ 参见江苏省宿迁市宿城区人民法院行政判决书,(2016)苏 1302 行初 122 号。
⑤ "官告民"有争议的是,如果行政机关本身可以通过单方的规制行为(如有权作出给付裁判)方式行使请求权的,提起一般给付诉讼,应视为欠缺权利保护的必要而不合法。

804人诉山西省临汾人民政府不履行给付待遇"一案的裁判要旨认为:①

  对一般给付诉讼的可诉范围不宜作限缩性解释。依法支付抚恤金、最低生活保障待遇或者社会保险待遇,是行政机关重要的给付义务,但绝不仅仅是给付义务的全部内容。只要公民、法人或者其他组织具有给付请求权,就可以依法向人民法院提起给付诉讼。而这种给付请求权,既有可能来自法律、法规、规章的规定,来自一个行政决定或者一个行政协议的约定,也有可能来自行政机关作出的各种形式的承诺。仅当从任何角度看,给付请求权都显然而明确地不存在,或者不可能属于原告的主观权利时,才可以否定其诉权。当然,提起给付诉讼也需要具备一定的起诉条件。例如,如果一般给付诉讼涉及金钱给付内容,请求金钱给付的金额须已获确定;如果须由行政机关事先作出一个行政决定核定给付内容,则应经由提起一个履行法定职责之诉实现其权利要求。提起给付诉讼也应遵守期限规定,如果期限届满同样也会丧失诉权。

  请求给付其他事实行为,特别多见于行政机关提供资讯的行为。因为资讯的提供可以视作行政机关的认识表示,可以一般给付诉讼类型主张权利。例如,请求提供政府信息、答复咨询、阅览卷宗、缔结行政协议,请求发布行政行为以外的方法除去违法状态。另外,对生存照顾和基础设施的给付,也能成为给付诉讼的标的,如授课、照顾一个残疾人、维修道路。②

  二是请求除去违法状态。一般给付诉讼的另一个重要适用在于为公民提供对行政机关行使结果除去请求权。所谓结果除去请求权,系指公民因行政机关自始违法或事后违法的行政行为导致的直接(事实上)结果,在权利受到侵害时,对行政主体享有除去其结果的请求权。该违法结果是否基于行政行为而产生在所不问,也包括违法结果基于违反义务的不作为而产生。但需要注意的是:可以提起一般给付诉讼的结果除去请求权之诉,限于除去结果的行为不属于通过行政行为而达成方为适法。如果结果除去必须作出行政行为的,那么只能提起课予义务诉讼。如违法状态系由一行政行为而产生的,则应提起撤销诉讼,撤销该行政行为,而达到权利受侵害的防御目的。

---

① 参见最高人民法院行政裁定书,(2017)最高法行申3461号。
② 参见弗里德赫尔穆·胡芬:《行政诉讼法》,莫光华译,法律出版社2003年版,第306页。

可以提起请求排除违法结果状态的例子有:撤销违法吊销驾照的行政处罚行为后请求发回驾照,请求撤回有损名誉的职务上的表示,警告等。① 近年来,我国行政监管领域行政违法事实公布存在大量的黑名单制度,这种黑名单制度类似违法事实的公告,具有警示作用,如《药品安全"黑名单"管理规定(试行)》,原告对违法的黑名单认定不服,可以提起一般给付诉讼。

这里需要注意的,按照传统见解,行政诉讼仅适用于解决人民与国家间的争议。不同的行政机关之间,或者同一行政机关内部不同权利主体之间也不可避免地会发生冲突和争议。由于欠缺外部法律关系,这些冲突和争议根本不被认为是行政法律争议,被排除在行政诉讼可诉范围之外,当然没有适用行政诉讼制度的余地。但行政诉讼法的新见解倾向于对这种"内部法律争议"事件,允许提起一般给付诉讼。例如,主张机关成员的权利、排除侵害,等等。在实务上,这类案例类型适用于所谓乡镇组织争议,公法团体如大学、广播电台的组织争议或职业团体所生的冲突。② 德国《公务员法》上的争议,因为欠缺对外的法律效力,不属于具体行政行为,无法提起课予义务诉讼,但允许提起一般给付诉讼。譬如,公务员请求职务主管部门撤回有损公务员名誉的职务上的指责。因此可以预见,未来随着特别权力关系理论的消解以及行政诉讼可诉范围的扩大,内部行政事实行为的给付也可以透过一般给付诉讼予以司法救济。

2. 请求不作为之诉

根据行政机关是否已经作出事实行为的时间点为区分,请求不作为之诉又可分为一般不作为之诉和预防性不作为之诉。不作为之诉指行政机关已经给原告作出干预行为,原告起诉请求在将来不再作干预行为。这种类型的诉请通常会与请求排除已生干预结果的请求合并提起。预防性不作为之诉是行政机关尚未作出任何干预行为,但原告可以对未来可能面临的行政威胁,一开始就拥有积极预防的权利。

一般不作为之诉的适用范围十分广泛,根据重要案例主要有:(1) 请求不再提供资讯的行为。随着行政任务的多样化,行政机关为应对庞大复杂的行政任

---

① 参见吴绮云:《德国行政给付诉讼之研究》,"司法院"印行,1995年版,第131页。
② 参观吴绮云:《德国行政给付诉讼之研究》,"司法院"印行,1995年版,第131页。

务,行政机关除了采取传统的行政行为,譬如行政处罚、行政许可等以外,更多地采取具有弹性化的其他监管措施达到监管和规制的目的。例如,在食品药品监管领域,行政机关可以通过网络媒体公布食品安全风险警示、食品安全"黑名单"制度,向公民警告不要购买有害健康的食品,食品提供商提起诉讼,请求行政机关不再公布警告行为。(2) 请求停止由公权力行政行为而生的环境污染。由于该类污染的妨害行为从法律技术来看属于行政事实行为,可以透过一般给付诉讼救济。例如,请求公立性质的运动场所、幼儿园、儿童游乐场等不再制造不能忍受的噪音等。(3) 行政机关内部法律关系或者按照公务员法上不属于具体行政行为性质所产生的争议,也可适用一般给付诉讼。

预防性不作为之诉,指预先诉请行政机关未来不为某种原告认为受到威胁的事实行为。一般认为,只要达到该未来的行政行为的内容、法律、事实足以让法院对其存在的可能性作出合法性判断的,作出不作为的司法判决便有可能。但具有争议的是,是否未来的行政行为也可作为一般给付诉讼的诉讼对象? 因为如果行政机关作出原告预先诉请不作为的行政行为后,原告是可以通过撤销诉讼来救济,在此情形之下,是否仍允许预防性不作为之诉? "否定论"认为,如果允许针对未来的行政行为提起预防性不作为之诉,这种预防性的法院审查就违背宪法上的权力分立原则。但通说持赞同意见,认为在特定情形下只允许法院对行政行为作事后性的监督,并不能做到"有效权利保护原则"。对于行政机关未来将做出的行政事实行为,还是具体行政行为,公民都可以提出预防性不作为之诉,但前提条件都必须符合诉讼类型的特别判决要件和有预防性保护的必要性。

德国《行政法院法》并没有直接规定一般给付诉讼,但是由《行政法院法》第43条第2项[①]、第113条第4项[②],第111条[③],第169条第2项[④]的规定可以推定承认

[①] 德国《行政法院法》第43条第2项第1句:"原告权利得或可得提起'形成诉讼或给付诉讼'请求者,不得提起确认诉讼。"
[②] 德国《行政法院法》第113条第4项规定:"除撤销行政处分外,原告得并为请求一项给付者,法院得于同一诉讼程序中就给付请求并为判决。"
[③] 德国《行政法院法》第111条规定,给付诉讼,对于请求之原因与数额有争执者,法院得以中间判决就其原因先行判决之。法院如认请求有理由,得令就数额为辩论。
[④] 德国《行政法院法》第169条第2项规定,对于强制作为、容忍及不作为之执行,由邦机关为职务协助者,依邦法之规定为之。

一般给付诉讼。以上规定分别明确了一般给付诉讼与确认诉讼的选择适用、一般给付诉讼合并使用的条件、答复判决的适用条件、一般给付强制执行等审判规则。台湾地区所谓"行政诉讼法"第8条规定：人民与相关职能机关间，因公法上原因发生财产上之给付或请求作成行政处分以外之其他非财产上之给付，得提起给付诉讼。因公法上契约发生之给付，亦同。前项给付诉讼之裁判，以行政处分应否撤销为据者，应于依第四条第一项或第三项提起撤销诉讼时，并为请求。原告未提出请求的，审判长应向其示明可以提出请求。除特别有规定外，给付诉讼以"高等行政法院"为第一审管辖法院。该条款明确规定了一般给付诉讼的适用范围以及特别要件。

新《行政诉讼法》补充规定了一般给付诉讼，作为课予义务诉讼的补充类型，进而形成完整的给付诉讼类型，使得行政法上的给付请求权得到完整的司法救济。《行政诉讼法》第十二条第10项、第11项规定了"行政机关没有依法支付抚恤金、最低生活保障待遇或者社会保险待遇"以及"行政机关不依法履行、未按照约定履行或者违法变更、解除政府特许经营协议、土地房屋征收补偿协议等协议"的受案范围，第七十三条规定了"人民法院经过审理，查明被告依法负有给付义务的，判决被告履行给付义务"的判决种类。《最高人民法院关于适用〈中华人民共和国行政诉讼法〉的解释》（法释〔2018〕1号）第九十二条规定："原告申请被告依法履行支付抚恤金、最低生活保障待遇或者社会保险待遇等给付义务的理由成立，被告依法负有给付义务而拒绝或者拖延履行义务的，人民法院可以根据行政诉讼法第七十三条的规定，判决被告在一定期限内履行相应的给付义务。"第九十三条规定："原告请求被告履行法定职责或者依法履行支付抚恤金、最低生活保障待遇或者社会保险待遇等给付义务，原告未先向行政机关提出申请的，人民法院裁定驳回起诉。人民法院经审理认为原告所请求履行的法定职责或者给付义务明显不属于行政机关权限范围的，可以裁定驳回起诉。"通过上述条款规定，一般给付诉讼的适用范围、判决种类、诉之有理由、先行异议程序等有了明确规定。因此，我国行政诉讼法虽未明确规定一般给付诉讼类型，但通过"诉判关系"以及相关审理规则的明确，我国行政诉讼法实务已经开始通过裁判要旨予以明确一般给付诉讼类型的适用规则。[①]

---

① 参见最高人民法院行政裁定书,(2017)最高法行申3461号。

综合所述,广义上的给付诉讼类型的分类源自民事诉讼法上"具体诉讼请求"的分类,再按照给付内容标准,划分为特别给付诉讼(课予义务诉讼)和普通给付诉讼(一般给付诉讼)两种子类型,又考虑到诉讼的特别要件以及审理规则的不同需要,还可再进一步将其按照给付内容的不同,将课予义务诉讼分为拒绝履行行政行为之诉、延迟履行行政行为之诉,将一般给付诉讼区分为作为给付诉讼和不作为给付诉讼,就不作为是否为现时的不作为还是未来不作为,又可以将不作为给付诉讼进一步区分为普通不作为诉讼和预防性不作为诉讼(具体分类参见图1)。此种分类方式有助于我国在现行课予义务判决和一般给付判决的框架基础上针对不同的细分类型分别制定各自的特别要件以及审理规则。

根据诉讼请求	根据给付内容 (是否为具体行政行为标准)	再根据给付内容	
给付诉讼类型	课予义务诉讼 (特别给付诉讼)	拒绝履行行政行为之诉	
		延迟履行行政行为之诉	
	一般给付诉讼 (普通给付诉讼)	作为给付诉讼	金钱类给付
			其他事实行为的给付
		不作为给付诉讼	一般不作为之诉
			预防性不作为之诉

图1 广义的给付诉讼分类

四、给付诉讼子类型的比较

课予义务诉讼与一般给付诉讼作为给付诉讼类型的两个子类型,除了在给付内容不同之外,在提起诉讼的前置条件、裁判方式、可否强制执行、起诉期限上均有所不同。

(一) 给付内容不同

课予义务诉讼目的为请求法院判令行政机关作出具体行政行为或者具有特定给付内容的具体行政行为。一般给付诉讼的请求则在于请求财产上的给付,或者除具体行政行为之外的其他非财产性给付。只有当财产上或非财产上的给付,依法必须以行政机关的具体行政行为作为前置的[例如,原告申请社会救助给付,须先经社会保障部门审批(许可)时],原告应当先提出课予义务诉讼。如果社会保障部门已发函同意给予救助,却仍迟迟不付款时,原告才可以随后提起一般给付诉讼。新《行政诉讼法》,从"诉判关系"分析,即可推知给付内容的不同所适用的判决方式也各异。例如,根据《最高人民法院关于适用〈中华人民共和国行政诉讼法〉的解释》(法释〔2018〕1号)第六十八条第2项规定,如果原告请求判决行政机关履行特定法定职责的,应对应于新《行政诉讼法》第七十二条的课予义务判决;如果原告请求判决行政机关履行给付的,则对应于第七十三条的一般给付判决。新《行政诉讼法》通过"诉判关系"的区分点就是根据原告请求给付内容的不同而区分为课予义务诉讼和一般给付诉讼。其给付内容的区分原则与德国法、台湾地区所谓"行政诉讼法"具有相似之处,都是以给付内容是否为具体行政行为作为区分点。

(二) 前置条件不同

根据德国《行政法院法》、台湾地区所谓"行政诉讼法"以及所谓"诉愿法"的规定,由于一般给付诉讼的特点在于给付内容为具体行政行为之外的财产性和非财产性给付,本质上不存在提起行政复议前置的条件,不须经复议前置程序。至于课予义务诉讼,无论是不服行政机关拒绝作出行政行为还是延迟作出行政行为,均须经行政复议程序(参见台湾地区所谓"行政诉讼法"第5条)。与台湾不同的是,德国《行政法院法》上是否以行政复议为前置条件,视拒绝作出行政行为,还是延迟作出行政行为而有所不同。如果属于人民不服行政机关拒绝作出申请的行政行为,则须经行政复议前置程序;如果对行政机关延迟作成行政行为不服的,公民可以直接提起课予义务诉讼,不须经过行政复议程序。由于一般给付诉讼针对人民与行政机关之间的事实行为所产生的争议,而事实行为即为无须经以行政行为为中心的诉愿前置程序。[1] 我国行政复议法与行政诉讼法的关系基本上以复议选择为主,复议前置案件仅以法律的明文规定为限。因此,由于我国法律上规定的复议前置情形相对较少,因此,我国行政复议对课予义务诉讼和一般给付诉讼的前置程序规定基本没有影响。可以从德国法、台湾地区法的立法中看出,但凡行政事实行为的给付,皆不须经行政复议的合法性审查程序,可以直接起诉。这一点也提示未来我国《行政复议法》的修订时,其受案范围是

---

[1] 德国法上的例外规定,须经诉愿方可提起一般给付诉讼的有德国《公务员基准法》第126条第3项。

否也应当排除具体行政行为之外的其他行政行为的复议审查,譬如行政事实行为等。

(三) 裁判方式不同

由于一般给付诉讼的给付内容形式多样,除了财产性给付,还有其他非财产性给付,因此,行政诉讼法对其裁判方式一般也无法统一作明文规定。当原告提起一般给付诉讼,审查诉讼有理由时,法院判令被告机关做出特定的行为。譬如,给付原告人民币5000元;应将原告的姓名从黑名单中删除;应撤销对原告的不实报道并登报道歉等;或者判令被告不得作出一定的行为;[①]如被告在未迁址前不得进行人行道改建工程,请求行政机关不得再继续发布某食品药品有害健康的负面资讯,等等。台湾地区所谓"行政诉讼法",只有当提起一般给付诉讼,如果行政机关对原告的请求权具有调查或裁量的权限时,案情就没有达到可裁判的程度,法院可以援引课予义务诉讼类型适用所谓"行政诉讼法"第200条第3款、第4款的规定作"答复判决",命为被告机关有遵循判决所示见解。[②] 相对课予义务诉讼,台湾地区所谓"行政诉讼法"第200条第3款、第4款分别规定"原告之诉有理由,且案件事证明确者,应判令行政机关作成原告所申请内容的行政处分""原告之诉虽有理由,唯案件事证尚未臻明确或涉及行政机关之裁量决定者,应判令行政机关遵照其判决之法律见解对于原告作成决定"。

根据《最高人民法院关于适用〈中华人民共和国行政诉讼法〉的解释》(法释〔2018〕1号)第九十一条关于判决内容的规定,课予义务诉讼判决内容也要视"尚需被告调查""裁量"与否,分别作出"具体判决"和"答复判决",如果尚需被告调查或者裁量的,应当判决被告针对原告的请求重新作出处理。但从第九十二条、第九十三条关于判决内容的规定看,如果一般给付诉讼诉有理由,一般作"具体判决",即"判决被告在一定期限内履行相应的给付义务",如果诉无理由(所请求履行的法定给付义务明显不属于行政机关权限范围的,或者原告未先向行政机关提出申请的),法院可以直接裁定"驳回起诉",不存在"答复判决"。因此,从给

---

① 公法上不作为请求权,系指人民因公行政主体执行单纯高权行为,违法侵害其公法上权利或受法律保护的利益,且担忧继续受该项侵害者,具有公法上防御请求权,其提起不作为之诉,即为有理由。

② 参见翁岳生:《行政诉讼法逐条释义》,五南图书出版股份有限公司2002年版,第126页。

付类判决内容看,与台湾地区所谓"行政诉讼法"上有明显区别。

另外,台湾地区所谓"行政诉讼法"对于课予义务诉讼向确认违法之诉的转换有明确规定,一般给付诉讼也可以类推适用。但我国课予义务诉讼向确认违法之诉的转换也有明确规定,根据我国《行政诉讼法》第七十四条第二款第3项规定,被告不履行或者拖延履行法定职责,判决履行没有意义的,不需要撤销或者判决履行的,人民法院判决确认违法。而对于提起一般给付诉讼而言,是否存在判决给付没有意义的情形转为确认违法诉讼,现行法及其司法解释并未给出明确规定。

(四)判决可否强制执行不同

就一般给付诉讼的目的而言,原告可借助法院的判决,促使履行公法上的给付义务,如被告拒绝履行,原告可申请强制执行。根据《行政诉讼法》第七十三条所作的一般给付判决,可以作为法院强制执行的依据,其依据为《最高人民法院关于适用〈中华人民共和国行政诉讼法〉的解释》(法释〔2018〕1号)第一百五十二条第二款规定:"人民法院判决行政机关履行行政赔偿、行政补偿或者其他行政给付义务,行政机关拒不履行的,对方当事人可以依法向法院申请强制执行。"该司法解释提供了直接强制执行的依据。但这里需要注意的,但凡金钱给付义务依法执行不存在法理上的障碍,但如果请求给付的内容并非金钱给付,而是其他事实行为的给付,根据司法监督与行政权的权力分立的法理,法院应不得采取直接强制措施,而只得通过间接强制措施,迫使被告履行生效判决的给付内容。

课予义务判决一般无法直接强制执行,因为判决需要等待行政机关进一步作出具体行政行为来实现其给付内容,法院无法代替行政机关作出具体行政行为,否则违反权力分立原则。只有德国《行政法院法》对此有间接强制方法的设计,亦即反复课处一定数额的强制金。如德国《行政法院法》第172条规定:"于第113条第1项第2段、第5项及第123条之情形,行政机关如不履行依判决或暂时命令所课予义务者,第一审法院得依申请,以裁定该机关为如未于限期内履行义务者,将课以二千马克以下强制金之警告;该行政机关逾期未履行者,法院确定所警告之强制金,并依职权强制执行之。强制金之警告、确定及强制执行得反复为之。"

新《行政诉讼法》第九十六条规定了法院的直接执行和间接执行的司法执行方式,课予义务判决本身属于我国《行政诉讼法》第九十六条规定的可执行文书之一。因此,我国课予义务判决的执行可以参照德国《行政法院法》,采取第九十六条规定的间接执行的方式督促行政机关履行义务并不违背法理。换言之,课予义务诉讼判决,如果被告不履行判决义务,法院可以对行政机关依法采取间接司法强制措施。

新《行政诉讼法》第九十六条第1项规定:"对应当归还的罚款或者应当给付的款额,通知银行从该行政机关的账户内划拨。"《最高人民法院关于适用〈中华人民共和国行政诉讼法〉的解释》(法释〔2018〕1号)第一百五十二条第二款规定:"人民法院判决行政机关履行行政赔偿、行政补偿或者其他行政给付义务,行政机关拒不履行的,对方当事人可以依法向法院申请强制执行。"根据以上执行条款,但凡一般给付诉讼的给付内容为财产上的给付的,可据此直接执行。至于非财产性给付或者是请求不作为的给付,鉴于司法权与行政权的界限,司法不能逾越其权力界限进而代为行政,作出只能由行政作出的给付内容。因此,对于非财产性给付,只能通过其他间接强制措施确保行政机关履行给付义务,譬如,通过对行政机关负责人的按日罚款、将拒绝履行的情况予以公告、提起司法建议等间接司法强制措施。

(五) 起诉期限的不同

通说认为,根据具体的行政诉讼类型适用不同的申请救济期限,课予义务诉讼具有严格的起诉期限限制,而一般给付诉讼一般没有起诉期限的限制。新《行政诉讼法》明确了课予义务诉讼的起诉期限。新《行政诉讼法》第四十七条规定:"公民、法人或者其他组织申请行政机关履行保护其人身权、财产权等合法权益的法定职责,行政机关在接到申请之日起两个月内不履行的,公民、法人或者其他组织可以向人民法院提起诉讼。法律、法规对行政机关履行职责的期限另有规定的,从其规定。公民、法人或者其他组织在紧急情况下请求行政机关履行保护其人身权、财产权等合法权益的法定职责,行政机关不履行的,提起诉讼不受前款规定期限的限制。"《最高人民法院关于适用〈中华人民共和国行政诉讼法〉的解释》(法释〔2018〕1号)第六十六条规定:"公民、法人或者其他组织依照行政诉讼法第四十七条第一款的规定,对行政机关不履行法定职责提起诉讼的,应当在行政机关履行法定职责期限届满之日起六个月内提出。"依此规定为不履行法定职责的适当期限,[①]可以通过"起诉期限"倒推出"适当期限",即原告提起课予义务诉讼原则上须在接到申请之日起满两个月,可以视为被告作出决定的"适当期限"。原告原则上必须在提起行政行为申请两个月之后,才能够提起"对怠为处分之诉"。如果早于两个月提起,其诉即为不合法。根据新《行政诉讼法》第七十七条第二款的"但书"规定,允许原告在未满二个月提前提出诉讼。

我国行政诉讼法并未明确一般给付诉讼的起诉期限,是否可以直接参照民事诉讼法上的诉讼时效还是参照撤销诉讼、课予义务诉讼的起诉期限尚不明确。德国《行政法院法》、台湾地区所谓"行政诉讼法"上也没有明确规定一般给付诉讼的起诉期限,亦即一般给付诉讼不受起诉期限的限制。

五、给付诉讼的"三分法"批判

我国司法实务派研究者倾向于将广义上的给付诉讼分为课予义务诉讼、一般给付诉讼和禁止作为之诉三个子类型。譬如,最高人民法院李广宇认为,给付诉讼包括三种:一是课予义务诉讼,针对不作为或者作为不到位的情形。二是一般给付诉讼,针对基于所有行政活动产生的特定给付义务,比如,政府不履行给新建酒店提供配套的水电气设施的承诺而引起的给付诉讼。这里提到的"所有行政活动方式"其中包括行政行为,比如,行政机关撤回或者变更行政许可引起的补偿诉讼。三是停止作为之诉,针对的是将来可能出现的行政行为可以提起一般给付诉讼。[②] 最高人民法院江必新、梁凤云则从给付类判决种类研究入手,将给付类判决分为一般给付判决、课予义务判决以及禁令判决。[③] 增加或划分禁令判决的理由:在知识产权行政案件中,禁令判决是非常有效和重要的工具,我国专利、商标、著作权等知识产权保护的法律法规中明确规定了诉前责令停止侵

[①] 不少法律释义和论著将第四十七条的规定作为不履行法定职责的起诉期限,但从严格意义上讲,本条规定并非起诉期限,而是提起不作为之诉的"适当期限",这是从诉讼类型出发,对提起不作为之诉规定的最短期限。如果在两个月内提起诉讼,被视为时机未成熟。从理论上讲,提起不作为之诉不需要起诉期限的限制,因为申请人随时都可以向行政机关提起新的申请从而使得起诉期限重新开始计算。
[②] 参见李广宇、王振宇:《行政诉讼类型化:完善行政诉讼制度的新思路》,载《法律适用》2012年第2期。
[③] 参见江必新、梁凤云:《行政诉讼法理论与实务》,法律出版社2016年版,第1638页以下。

权行为的措施。加之《TRIPs协议》中明确规定了"临时禁令""临时措施"等措施,作为WTO成员方应增设禁令判决,加大知识产权保护力度。①

禁令判决,原本系英美法系的术语,相当于大陆法系行政诉讼法学中的停止作为判决,一般针对的是行政事实行为(如排放污染物、观念通知等)行政公权力行为,对于具有威胁性质的具体行政行为和抽象行政行为,停止作为判决同样可以适用。禁令判决被认为并非一个纯粹的一般给付判决,在特定情形下,如果请求给付的为行政行为,可归为课予义务判决。禁令判决是介于课予义务判决和一般给付判决两种形式之间的一种判决。②

禁令判决可以防止任何侵权行为或违约行为的发生或继续。譬如,"当望兹渥斯工程局摧毁建筑物不给房主听证时对它侵害行为判令损害赔偿;在罗塞兰颁发了禁止令,以阻止市政当局执行未经适当听取物主要求行使法定的推延权力的申诉便作出摧毁建筑物的命令。后一案件唯一的不同,在于房主能够在炸毁之前采取行政措施使之免于毁灭。如果公民在地方当局诉诸行动之前便能提出质疑,那么他的处境就优越得多"。③ 因此,禁令判决的救济价值无须赘言。

我国《行政诉讼法》修订时,曾有学者提议应增设"禁令判决",认为通过提起禁止诉讼,预防行政机关作出对原告不利的行为,行政诉权的救济应满足于实体法的权利救济需要。实务中,最高人民法院《关于审理政府信息公开行政案件若干问题的规定》第十一条规定:"被告公开政府信息涉及原告商业秘密、个人隐私且不存在公共利益等法定事由的,人民法院应当判决确认公开政府信息的行为违法,并可以责令被告采取相应的补救措施;造成损害的,根据原告请求依法判决被告承担赔偿责任。政府信息尚未公开的,应当判决行政机关不得公开。"由该条款可以推定出我国司法实务中在政府信息公开领域的司法救济存在着所谓的"禁令判决"形式。

反对者则认为,禁令判决可能干预行政机关的自主决定权,应当对判决要件严格控制,只有在行政机关拟采取的措施会给当事人权利造成难以弥补损失并

---

① 关于禁令判决相关内容可参见梁凤云:《行政诉讼判决之选择适用》,人民法院出版社2007年版,第158—160页;江必新、梁凤云:《行政诉讼法理论与实务》,法律出版社2016年版,第1670页。
② 参见江必新、梁凤云:《行政诉讼法理论与实务》,法律出版社2016年版,第1670页以下。
③ 参见韦德:《行政法》,徐炳、楚建译,中国大百科全书出版社1997年版,第238页。

且该损失是现实时,法院才作出禁令判决。禁止令与其他救济方式显著不同的是,当原告还有其他同样好的救济时,或者当他耽搁了时间或以别的方式丧失了法院的同情时,法院往往倾向于拒绝这种救济。[1] 换言之,禁止令诉讼提起应当具有特别的理由,否则诉求不会得到法院支持。[2]

本书认为,禁令判决或者说是停止作为之诉作为特殊的行政诉讼方式,对于请求行政机关不得为一定的行为具有独特诉讼功能,但这种对于尚未发生的行为,司法的介入应有严格的特别判决要件,以防止司法权对行政机关的不当干涉。另外,在诉种的分类上将停止作为之诉直接作为与课予义务诉讼、一般给付诉讼平行的亚类,存在分类逻辑上的混乱。因为课予义务诉讼与一般给付诉讼,其理论上的适用范围都应当及于未来的给付标的,无论是作为的行政行为,还是不作为的行政行为,停止作为之诉都应当归入课予义务诉讼或者一般给付诉讼的亚类型。因此,从逻辑上将给付诉讼区分为课予义务诉讼、一般给付诉讼以及停止作为之诉欠妥,唯有在一般给付诉讼之下针对停止作为之诉特殊性,规定其特别的起诉理由,以防对禁令判决的滥诉。

---

[1] 参见韦德:《行政法》,徐炳、楚建译,中国大百科全书出版社1997年版,第236页。
[2] 参见韦德:《行政法》,徐炳、楚建译,中国大百科全书出版社1997年版,第236页。

第二节　给付诉讼类型的立法现状

我国《行政诉讼法》自1990年实施至今已超过30年,历经2014年、2017年2次修订。修订前的《行政诉讼法》仅存有强制履行判决种类,这种判决种类一度被视为不完整的课予义务判决,严格来讲并不存在完整的给付诉讼。2014年新《行政诉讼法》增加一般给付判决类型及其部分裁判规则和审理程序,尽管修订没有采取"明定主义"模式,但仍可以从可诉行政行为的增加、受案范围的扩大、诉讼请求的具体化、判决种类的增加、判决内容的规定、裁判基准时的设定、举证责任的明确等诉讼规则中,体现出具有中国特色的行政诉讼类型制度正逐步趋向完善。新《行政诉讼法》完善补充了给付诉讼的诸多规则,从《行政诉讼法》修订的脉络中可以看出,给付诉讼类型正逐步走向完善。但同时也应该认识到,我国采用"诉讼类型非明定化"的修订方式,为给付诉讼相关规则预留了大量待研究的空白领域。

我国晚近超过30年的行政诉讼制度基本建立于具体行政行为合法性审查的基础之上,判决类型以"撤销判决"为中心,行政诉讼的监督职能主要在于维持客观法秩序,确保法律法规的正确适用。然而,随着行政法治的发展,国家行政任务的多样化,行政行为呈现复杂性和多样化的趋势,撤销诉讼优势地位不再存在,审判实践已经把大多数特殊的诉的适法条款,从撤销诉讼推广到了其他诉讼种类上。[①] 就给付诉讼而言,我国1989年《行政诉讼法》所规定的强制履行判决,该判决形式被学界称之为"不完整的课予义务判决",这大概也是我国行政诉讼法上最早的给付诉讼的雏形。

随着我国行政诉讼法上的给付判决类型案件的增加,以及域外给付诉讼理论研究上的成熟,尤其是我国新《行政诉讼法》受案范围扩张,大量行政争议案件需要通过给付诉讼实现原告公法上的请求权,给付诉讼类型在诉讼程序及审判

---

① 参见弗里德赫尔穆·胡芬:《行政诉讼法》,莫光华译,法律出版社2003年版,第203页。

规则中日渐重要。遗憾的是,新《行政诉讼法》并没有明确规定行政诉讼类型,仅对给付判决种类进行了补充与完善。纵然可以通过"判决种类"倒推出撤销诉讼、履行之诉、确认诉讼、给付诉讼等诉讼类型,但诉讼类型与判决种类毕竟不是一回事。从域外行政诉讼法的立法趋势,结合我国行政诉讼功能的完善,行政诉讼实体法上应为合法权益受侵害的公民至少提供一种适当的诉种。一种特定的诉便是对公民权利进行法律保护的特定方式,在原告起诉识别诉种有困难时,法院应予以阐明协助原告选择适当的诉种。因此,诉讼类型化是对诉讼程序的规范化,不会出现所谓的"对原告以及法官带来诉讼程序上的负担"。相反,诉讼类型的完整性,更有利于公民权利救济的周延和完备。由于给付诉讼类型研究的司法实务性很强,本章内容拟透过我国行政诉讼法关于给付诉讼的立法变迁及其趋势,分析给付诉讼在我国行政诉讼法的发展脉络以及存在的问题。针对立法上的空白及其问题所在,可以有选择地参照借鉴域外给付诉讼的审理规则及其诉讼程序。

一、《行政诉讼法》修订前

新《行政诉讼法》整个行政救济程序设计及其核心要素仍以维持客观法秩序的"撤销诉讼"为中心,给付诉讼的司法判决只占极少数比例。透过旧《行政诉讼法》及其配套司法解释的受案范围、司法审查对象、管辖、诉讼参加人、证据制度、审理程序、法律适用以及判决种类等规定,给付诉讼制度萌芽可以追溯到1990年《行政诉讼法》刚颁布的时期,旧的行政诉讼所规定的强制履行判决大概可视作课予义务判决的端倪。

履行判决,又称之为履行法定职责判决。旧《行政诉讼法》第十一条第4项、第5项、第6项分别规定:"认为符合法定条件申请行政机关颁发许可证和执照,行政机关拒绝颁发或者不予答复的""申请行政机关履行保护人身权、财产权的法定职责,行政机关拒绝履行或者不予答复的""认为行政机关没有依法发给抚恤金的"。旧《行政诉讼法》第五十四条第3项规定:"被告不履行或者拖延履行法定职责的,判决其在一定期限内履行。"以上系为通过"诉判关系"将履行判决确定为法定判决种类的规定。这种履行之诉可视作课予义务诉讼的雏形。但是,旧《行政诉讼法》将瑕疵履行区分为"不履行"和"拖延履行",在理论和实践中均存在不足。譬如,不履行是总括性概念,外延和内涵均大于拖延履行,拖延履行只是不履行的一种形态而已;不履行不仅包括拒绝履行,还应包括实际未履行。不履行的概念不仅包括拒绝履行、拖延履行,还包括履行不能、不完全履行等形态。①

旧《行政诉讼法》关于履行判决种类并不能等同于课予义务诉讼类型,两者在特别要件、适用范围上仍有较大区别。譬如,由于缺少一般给付判决方式的规定,旧《行政诉讼法》的课予义务判决的适用范围还包括行政机关没有依法发给抚恤金等财产性给付。

(一) 履行判决种类的选择适用

根据旧《行政诉讼法》及其配套的司法解释,行政机关不予答复或者不置可否的行为,适用履行判决并无争议。但是,如果行政机关对当事人的申请进行审查后,明确表示不予受理或者拒绝当事人申请的意思表示,在判决种类的选择上存有不同观点。② 一种观点认为,行政机关的拒绝是一种积极行为而不是行政不作为,不应适用履行判决。如果行政机关的拒绝不符合法律要件,应作撤销判决并责令重新作出行政行为。最高人民法院在审理行政许可案件的司法解释中吸纳了该观点。③ 另一种观点则认为,行政机关拒绝当事人的申请,如果属于不充分甚至错误的履行法定职责,实质上也是行政不作为,应作撤销判决同时责令其履行,因为法院判决责令行政机关履行职责,能最终满足当事人的诉求,有利于"案结事了"。例如,广州贝氏药业有限公司诉卫生部不予复议案中④,原告认为被告不依法履行行政职责,请求法院撤销该"通知",并责令被告依法履行复议职责的诉求得到法院全部支持。另外,"最高人民法院审理行政许可案件的司法见解也认为,被告无正当理由拒绝原告查阅行政许可决定及有关档案材料或者监

---

① 参见江必新:《行政诉讼法专题讲座》,中国法制出版社 2015 年版,第 266-267 页。
② 参见章剑生:《行政诉讼履行法定职责判决论:基于〈行政诉讼法〉第 54 条第 3 项规定之展开》,载《中国法学》2011 年第 1 期。
③ 《最高人民法院关于审理行政许可案件若干问题的规定》(法释〔2009〕20 号)第十一条规定:"人民法院审理不予行政许可决定案件,认为原告请求准予许可的理由成立,且被告没有裁量余地的,可以在判决理由中写明,并判决撤销不予许可决定,责令被告重新作出决定。"
④ 参见北京市第一中级人民法院判决书,(2012)一中行初字第 142 号;北京市高级人民法院行政判决书,(2003)高行终字第 34 号。

督检查记录的,法院可以判决被告在法定期限或者合理期限内准予原告查阅。"①由此可见,从原告请求权的实现上来看,旧《行政诉讼法》上的履行判决应优先于撤销判决,更有利于行政争议的解决,同时也避免案件因为迂回式判决而再次进入司法审判,也有利于提高司法解决行政争议的效率。

(二) 履行判决内容的区分

旧《行政诉讼法》对履行判决内容是否存在行政裁量空间而有所不同。履行判决内容是否具体,取决于司法权与行政权的关系,避免司法权不适当地干预行政权力。司法裁量的方式取决于行政裁量的性质,判决内容既可能明确规定行政机关履行的内容,也可能规定履行的指导意见,还可能笼统地要求被告履行法定职责。履行判决的内容比较具体明确,即为"具体判决"。譬如,田永诉北京科技大学案,法院判决如下:"(1)被告在本判决生效之日起30日内向原告颁发大学本科毕业证书;(2)被告在本判决生效之日起60日内召集本校有关院、系及学位评定委员会对田永的学士学位资格进行审核;(3)北京科技大学于本判决生效之日起30日内履行向当地教育行政主管部门上报有关田永毕业派遣的有关手续的职责。"②

法院如果审理查明被告负有履行法定职责,但具体处理方式仍要取决于具体案情以及行政机关的裁量或调查时,法院判决履行法定职责时,并对行政机关履行职责的方式提出指导意见,亦即"答复判决"。例如,汤晋诉安徽省当涂县劳动局不履行保护人身权、财产权法定职责案,判令责成被告依法遵守劳动法律法规的情况进行监督检查,并在两个月内对原告作出书面答复。③ 杨智全等诉北京市海淀区国家税务局行政奖励案,判令被告两个月内对京农公司偷税行为作出处理;在京农公司剩余税款追缴入库30日内,被告向三名原告颁发相应的举报

---

① 《最高人民法院关于审理行政许可案件若干问题的规定》(法释〔2009〕20号)第十二条规定:"被告无正当理由拒绝原告查阅行政许可决定及有关档案材料或者监督检查记录的,人民法院可以判决被告在法定或者合理期限内准予原告查阅。"
② 参见北京市第一中级人民法院,(1999)一中行终字第73号行政判决书。
③ 参见《最高人民法院公报》1996年第4期。

奖金。①

法官审查如果发现案情事实和法律适用比较复杂难以判决的,或者需要行政机关先行处理的,履行判决内容可以笼统地要求行政机关履行法定职责,对履行职责的具体内容和方式不作规定。例如,海南凯立中部开发建设股份公司诉中国证券监督管理委员会案中,法院判决确认被告退回原告 A 股发行预选申报材料的行为违法,责令被告恢复对原告股票发行的核准程序,在本判决生效之日起两个月内作出决定。② 另外,根据《最高人民法院关于审理政府信息公开行政案件若干问题的规定》(法释〔2011〕17号)第九条第一款规定:"被告对依法应当公开的政府信息拒绝或者部分拒绝公开的,人民法院应当撤销或者部分撤销被诉不予公开决定,并判决被告在一定期限内公开。尚需被告调查、裁量的,判决其在一定期限内重新答复。"该条第二款规定:"被告依法应当更正而不更正与原告相关的政府信息记录的,人民法院应当判决被告在一定期限内更正。尚需被告调查、裁量的,判决其在一定期限内重新答复。被告无权更正的,判决其转送有权更正的行政机关处理。"针对案情复杂以及具有行政裁量空间的,应充分体现司法权对行政首次判断权的尊重。以上履行判决内容的司法判决规则和实务见解,对于完善给付诉讼的判决内容理论研究也具有一定的指导和借鉴意义。

(三) 禁止判决的实务应用

禁止判决具有往后的持续效力,可以消除法律关系的不确定性以及产生的风险。通常情况下,法院审查行政行为一般为已发生的行政行为。对于尚未发生的行政行为的审查比较严格,禁止判决不但起诉条件比较苛刻,胜诉判决同样有着严格的要件。通常情况下,禁止判决仅适用于特定情形:(1) 行政机关将要实施一定行为;(2) 一旦行政机关实施该行为,将造成重大损害;(3) 别无其他适当的方法可以避免该损害的发生。旧《行政诉讼法》及其配套司法解释没有明文规定禁止判决,但司法实务中仍存在这类判决。譬如,《政府信息公开条例》第二

---

① 《北京市国家税务局对公民检举税务违章案件奖励暂行办法》(京国税〔1998〕51号)第1条规定,税款经查实入库后,可酌情给予举报人奖励。请参见北京市第一中级人民法院行政判决书,(2000)一中行终字第34号。
② 参见北京市第一中级人民法院判决书,(2000)一中行初字第118号;北京市高级人民法院行政判决书,(2001)高行终字第7号。

十三条规定:"行政机关认为申请公开的政府信息涉及商业秘密、个人隐私、公开后可能损害第三方合法权益的,应当书面征求第三方的意见;第三方不同意公开的,不得公开。但是,行政机关认为不公开可能对公共利益造成重大影响的,应当予以公开,并将决定公开的政府信息内容和理由书面通知第三方。"另据《最高人民法院关于审理行政许可案件若干问题的规定》(法释〔2009〕20号)第十一条规定:"人民法院审理不予行政许可决定案件,认为原告请求准予许可的理由成立,且被告没有裁量余地的,可以在判决理由写明,并判决撤销不予许可决定,责令被告重新作出决定。"根据以上规定,实践中如果第三方在收到行政机关征求意见后,可能提起禁止公开的诉讼。如果行政机关已经公开的,就只能进行诉种的转换,将履行判决转换成继续确认违法判决,同时责令被告采取相应的补救措施,如造成损害的,可根据原告请求判决被告承担相应的赔偿责任。禁止判决本质上也属于给付类判决,只是其给付内容限于不作为,因此,从未来诉讼类型化的角度,可以透过一般给付诉讼类型,通过厘定不作为的特别起诉要件和特别裁判要件,将禁止诉讼纳入一般给付诉讼之适用范围。

(四)履行判决与确认判决的转换

在司法实践中,法院作出履行判决的前提条件是行政机关有履行的能力且有继续履行的必要。一旦继续履行没有实际意义,法院判决确认违法。从旧《行政诉讼法》及其司法解释可以看出,履行判决还承载了部分一般给付诉讼的功能,并视"案件是否成熟"分别作出不同判决内容。但也不难发现,在诉讼对象上,没有就是否为行政行为作课予义务判决以及一般给付判决的区分,而是统一为履行判决。这大概与旧《行政诉讼法》只针对"具体行政行为"的合法性审查相关,但新《行政诉讼法》用"行政行为"统一"具体行政行为"、更多的事实行为和公法上的意思表示等,并不适用履行判决的特别判决要件,而只能适用一般给付判决的特别判决要件予以审查。

二、《行政诉讼法》修订后

《行政诉讼法》的修订,使得行政诉讼裁判改变过去单一的"监督行政机关依法行使职权"的功能,增加了"解决行政争议"司法监督追求目标。司法监督的目的在于维持客观法秩序,在确保行政法规的正确适用的前提下,同时有效保障当事人主观公权利。结合新《行政诉讼法》以及配套司法解释的详细规定,不难发现新《行政诉讼法》的各项诉讼审理规则和诉讼程序性规定,为给付诉讼的审理规则奠定了一定的基础。

(一) 给付内容得到扩张

新《行政诉讼法》审查对象以行政行为全面取代具体行政行为,极大地扩大了可诉的行政行为。被告行政行为既可能是单方行政行为,也可能是公法权利的有无,还有可能是法律关系性质的确认等,新法下的诉讼对象的非单一化,已有了行政争议类型化处理的必要性的端倪。第一,增加了行政事实行为的可诉性。用行政行为取代具体行政行为的立法,使得行政事实行为、公法上的意思表示等具有可诉性,而原告提起给付行政事实行为诉讼,诉种的选择上多为一般给付诉讼。第二,新《行政诉讼法》第十二条第10项将原受案范围增加至没有依法支付抚恤金、最低生活待遇或者社会保险待遇,并且司法审判实践通常还会进行扩大解释,这就增加了一般给付诉讼"财产性给付"的内容。第三,增加了行政协议的可诉性。新《行政诉讼法》第十二条第11项规定,相对人认为行政机关不依法履行、未按照约定履行或者违法变更、解除政府特许经营协议、土地房屋征收补偿协议等协议的,属于行政诉讼受案范围。为在传统的撤销、履行、违法无效确认等诉讼类型之外,为一般给付诉讼提供了可能。

(二) 明确了新的"诉判关系"

旧《行政诉讼法》第四十一条仅作出原则性规定,原告起诉需要有具体的诉讼请求和事实根据,至于何种诉讼请求,没有通过相应的司法解释具体化。诉讼请求的不具体,难以为后续的诉讼类型确定提供参照。新《行政诉讼法》实施后,与之配套的司法解释第六十八条对《行政诉讼法》第四十九条第3项规定的"具体的诉讼请求"明确为九大类。其中第2项"请求判决行政机关履行特定法定职责或者给付义务"即为原告提起特别给付诉讼(课予义务诉讼)和普通给付诉讼(一般给付诉讼)的诉讼请求。《行政诉讼法》第七十二条、第七十三条分别针对各自的诉讼请求规定了课予义务判决(履行特定法定职责)和一般给付判决(履行给付义务)。《最高人民法院关于适用〈中华人民共和国行政诉讼法〉的解释》(法释

〔2018〕1号)第九十四条、第九十五条分别规定了在诉讼程序上法院对起诉人选择诉讼类型承担的释明义务。司法实务部门通说认为,对具体的诉讼请求的细化,就是行政诉讼类型的体现。譬如,江必新、梁凤云认为:"本条的规定意在通过对'具体的诉讼请求'的列举,初步构建中国特色的行政诉讼类型制度。"[①]司法解释对具体诉讼请求的进一步明确,就是强调行政诉讼的类型化。因此,从《行政诉讼法》修订的"诉判关系"的逻辑看,现行《行政诉讼法》已作出课予义务判决和一般给付判决的区分,这也为深入研究给付诉讼的子类型提供了诉种的框架。

(三)明确了课予义务诉讼的起诉期限

不同的行政诉讼类型案件适用不同的申请救济期限。虽然旧《行政诉讼法》及其司法解释对行政案件的起诉期限作出了规定,但相关规定针对具体行政行为的单方行政处理决定,且主要面向撤销诉讼、履行诉讼。至于一般给付诉讼是否适用起诉期限并不明确。

新《行政诉讼法》及其司法解释实施后,区分不同诉讼类型分别设置申请司法救济期限的观念已初步显现。

首先,明确了履行诉讼起诉期限。新《行政诉讼法》第四十七条规定:"公民、法人或者其他组织申请行政机关履行保护其人身权、财产权等合法权益的法定职责,行政机关在接到申请之日起两个月内不履行的,公民、法人或者其他组织可以向人民法院提起诉讼。法律、法规对行政机关履行职责的期限另有规定的,从其规定。公民、法人或者其他组织在紧急情况下请求行政机关履行保护其人身权、财产权等合法权益的法定职责,行政机关不履行的,提起诉讼不受前款规定期限的限制。"《最高人民法院关于适用〈中华人民共和国行政诉讼法〉的解释》(法释〔2018〕1号)第六十六条规定:"公民、法人或者其他组织依照行政诉讼法第四十七条第一款的规定,对行政机关不履行法定职责提起诉讼的,应当在行政机关履行法定职责期限届满之日起六个月内提出。"据此,起诉行政机关不履行法定职责案件的起诉期限与作为类行政行为引起的行政案件相同,起诉期限均被设定为6个月。

其次,行政协议案件中的一般给付诉讼适用特殊的诉讼时效制度。《最高人

---

① 参见江必新、梁凤云:《行政诉讼法理论与实务》,法律出版社2016年版,第163页。

民法院关于适用〈中华人民共和国行政诉讼法〉若干问题的解释》(法释〔2015〕9号)第十二条规定:"公民、法人或者其他组织对行政机关不依法履行、未按照约定履行协议提起诉讼的,参照民事法律规范关于诉讼时效的规定;对行政机关单方变更、解除协议等行为提起诉讼的,适用《行政诉讼法》及其司法解释关于起诉期限的规定。"如此规定的初衷依然是行政协议案件分类处理的观念。据此,对于行政机关不依法履行、不按照约定履行协议引起的争议,在诉讼类型上属于一般给付诉讼。给付诉讼解决的是原告实体法上的请求权能否成立,在民法上对应的是请求权的消灭时效(诉讼时效)。鉴于该类诉讼的合同性争议特点更为突出,应当适用民法中诉讼时效的规定。

(四)明确不同诉讼类型的举证责任

新《行政诉讼法》第三十四条至第三十七条是针对单方决定引发的行政案件(撤销诉讼、变更诉讼、违法或者无效确认诉讼等)的举证责任规定。在此类案件中,被告对其作出的行政行为负有举证责任;新《行政诉讼法》第三十八条第一款是对不履行法定职责案件中原告承担部分举证责任的规定,即原告需要对其向被告提出申请的事实举证。第三十八条第二款规定可以理解为一般给付诉讼案件(行政赔偿案件、行政补偿案件)举证责任的规定。即原告应当对行政行为造成的损害提供证据,其基本原理同于民事诉讼案件的"谁主张、谁举证"。

(五)给付诉讼类型得到增补与完善

广义上的给付诉讼在我国行政诉讼法中通过"诉判关系"被区分为课予义务判决(《行政诉讼法》第七十二条)和一般给付判决(《行政诉讼法》第七十三条)两种子类型,两者之间的关系为特别给付诉讼和一般给付诉讼的关系,只要满足特别给付诉讼的特别要件的,法律上就不允许提起一般给付诉讼。

1. 完善了特别给付诉讼类型——**课予义务诉讼**

《行政诉讼法》第七十二条规定:"人民法院经过审理,查明被告不履行法定职责的,判决被告在一定期限内履行。"课予义务判决的新规定虽然与旧履行判决的规定差异不大,但将其置于诉讼类型中考虑,便有比较突出的意义,因为它代表了一个撤销诉讼之外的独立类型:义务之诉。①《行政诉讼法》第七十三条规定:"人民法院经过审理,查明被告依法负有给付义务的,判决被告履行给付义务。"第七十二条与第七十三条就是对课予义务诉讼与一般给付诉讼分别作出规定,并将其置于同一标准所作的分类。新《行政诉讼法》从一开始立法时就明确规定"被告不履行或者拖延履行法定职责的,判决其在一定期限内履行"。此次修订又通过增加第七十三条补充一般给付诉讼,便使得给付诉讼类型更加条理性和完整性。与台湾地区法定义务之诉仅只包括"申请型"一种,并不允许提起直接型的义务之诉,权利救济的范围受到不少限制的立法模式并不同。而根据我国《行政诉讼法》,并不禁止对行政机关应当依职权主动履行法定职责而未履行的情形提起诉讼,这一点体现了新《行政诉讼法》先进的一面。例如,"医疗事故鉴定委员会已作出不属于医疗事故的最终鉴定,卫生行政部门对医疗争议拒绝作出处理决定,当事人以不履行法定职责为由依法向人民法院提起行政诉讼,人民法院应予受理。"②

根据《最高人民法院关于执行〈中华人民共和国行政诉讼法〉若干问题的解释》(法释〔2000〕8号)第十三条规定:"以下列情形之一的,公民、法人或者其他组织可以依法提起行政诉讼:(一)被诉的具体行政行为涉及其相邻权或者公平竞争权的;(二)与被诉的行政复议决定有法律上利害关系或者在复议程序中被追加为第三人的;(三)要求主管行政机关依法追究加害人法律责任的;(四)与撤销或者变更具体行政行为有法律上利害关系的。"在司法实践中存在第三人之诉的课予义务诉讼类型。譬如,相邻权人或者举报人作为原告起诉,请求法院判决行政机关依法履行查处职责的典型案例有:张风竹诉濮阳市国土资源局案,请求判决被告对土地违法行政进行查处③。彭某诉深圳市南山区规划土地监察大队案,请求判决被告对邻居在开放式阳台上违法搭建钢结构玻璃幕墙的行为进行查处。④

---

① 参见李广宇:《行政诉讼法逐条注释》,法律出版社2015年版,第599页。
② 参见《最高人民法院关于对"当事人以卫生行政部门不履行法定职责为由提起行政诉讼人民法院应否受理"的答复》(〔1995〕行他字第6号)。
③ 参见河南省濮阳市中级人民法院判决书,(2014)濮中法行终字第28号。
④ 参见李国光:《最高人民法院〈关于行政诉讼证据若干问题的规定〉释义与适用》,人民法院出版社2002年版,第223页。

2. 增加一般给付诉讼

新《行政诉讼法》第七十三条规定:"人民法院经过审理,查明被告依法负有给付义务的,判决被告履行给付义务。"本条规定系新增给付判决种类,从其与新《行政诉讼法》第七十二条的逻辑关系可推知,给付诉讼类型,除一般给付诉讼之外,还有课予义务诉讼,课予义务诉讼的诉讼目的在于要求行政机关作出特定的行政行为。因此,课予义务诉讼在性质上仍属给付诉讼,只是其诉讼目的在于请求行政机关作出具体行政行为这一特定的给付诉讼。课予义务诉讼和一般给付诉讼的诉讼目的皆为实现公法上的请求权,两者系特别给付诉讼和普通给付诉讼的关系。但凡符合特别类型义务之诉的诉讼要件的,应排除适用一般给付诉讼。因此,公法上一般给付诉讼的适用范围,可用"减法"方式,在广义的给付诉讼范围内,减去课予义务诉讼的适用范围,剩下的即为一般给付诉讼的范围。一般给付诉讼的目的,在于请求行政机关作出任何一种非行政行为的给付,这种诉讼类型的给付请求权一般涉及广泛的各类事实行为,其范围以财产或金钱给付为主,并可扩展到信息行为,对生存照顾和基础设施的给付、因公法合同而提起的诉求等非财产性给付。新《行政诉讼法》第七十三条的一般给付判决具有极大的包容空间,给付的标的可以是作为类的给付行为,也可以是不作为类的停止给付行为。因此,随着一般给付诉讼理论的成熟,司法实践中第七十三条关于一般给付诉讼的适用范围将是一个内涵极其丰富、需要继续在司法实践中予以理论积累的重要条文。

综合所述,通过《行政诉讼法》第七十二条的修订以及第七十三条的增加,基本完善了我国给付诉讼类型的条件。在广义的给付诉讼概念之下,仍作了课予义务诉讼和一般给付诉讼的区分并适用于不同的行政诉讼案件,此种共识的存在为进一步区分一般给付诉讼和课予义务诉讼提供了依据。虽然新《行政诉讼法》未就给付诉讼问题作出明确规定,但通过分析新《行政诉讼法》对可诉行政行为、判决种类等的新规定,预示着我国给付诉讼案件的审理实质上已走在了类型化的发展道路。

(六) 给付诉讼类型已有雏形

我国行政诉讼法上原本没有诉讼类型的明文规定,又因该法没有针对特定的行政争议设计特别实体判决要件,由此造成的后果就是现行法上的判决种类并没有完全充分地解决更广范围内的行政争议。我国仅有"起诉条件""受理条件"的条款规定,有关行政诉讼起诉期间的规定,对各种具体行政行为类型一体化适用,没有区分所谓的"一般"及"特别"的诉讼类型。不过,新《行政诉讼法》的行政诉讼受案范围,遍及各种行政行为种类(法律行为、事实行为、公法上的意思表示、行政协议等等),为因应种类繁多的受案类型,在司法实务中有通过司法解释发展判决种类的必要性。譬如,《最高人民法院关于执行〈中华人民共和国行政诉讼法〉若干问题的解释》(法释〔2000〕8号)第五十三条以下规定了各种判决种类。诉讼类型的分类问题一定程度上也取决于法院判决种类,从这一点上讲,我国行政诉讼实务上的诉讼类型的分类其实"隐于判决种类之中"。随着司法实务的发展,在我国行政诉讼制度中,判决类型及其诉讼类型也正在不断完备中。新《行政诉讼法》第七十二条和第七十三条课予义务判决和一般给付判决种类为新《行政诉讼法》新增判决类型,在司法实务中如何应用仍存在着需要研究和探讨的空间。

第三节　从给付判决种类到给付诉讼类型

行政诉讼类型化是行政诉讼制度发展的高级形态,也是行政诉讼制度成熟的重要标志。① 新《行政诉讼法》的修订重点之一在于判决种类的完善,就给付判决类型而言,新《行政诉讼法》从逻辑上将其区分为课予义务判决和一般给付判决,两者是特别型和一般型的关系。给付诉讼类判决的补充与新设,为公民权利救济的全面性和有效性提供了制度保障,也为丰富和发展我国行政诉讼类型化奠定了基础。但从给付类判决至形成成熟的给付诉讼类型的体系化建构尚有诸多审理规则需要完善。

一、给付诉讼类型化的必要性

讨论给付诉讼类型化的问题,必然绕不开判决种类至诉讼类型的体系化整体性建构。行政诉讼类型化是在承认行政争议的多样性和当事人诉讼请求不同的基础上,针对不同类型的请求和案件确立不同的起诉条件、适用范围、特别要件、判决内容等整体的审理规则及其诉讼程序的制度安排。但是,现行《行政诉讼法》的修订并没有对行政诉讼类型问题作出明确规定。尽管有学者认为,从行政诉讼法所规定的维持判决、撤销判决、履行判决、变更判决、确认判决等,似乎隐含着存在或认可行政诉讼类型,但这只是从判决形式的"倒果为因"的推断,判决种类并不能等同于诉讼类型。

行政诉讼类型化是深化行政诉讼发展的良好契机。经过 30 多年的发展,行政诉讼制度需要调整和转换,一是从推进行政法发展向自身机制的完善发展,回归诉讼制度本身;二是从粗放型向精细化发展,完善相应的技术细节。行政诉讼类型化,正是这两项重大转换的体现和具体化。行政诉讼法上的"诉讼种类",系

---

① 参见杨伟东:《关于"行政诉讼法设置特别程序"的说明》,载应松年:《行政诉讼法与行政复议法的修改和完善》,中国政法大学出版社 2013 年版,第 111 页。

指在习惯或法律的规定上,行政诉讼针对不同的程序标的、诉讼原因、救济的期望与目的,必须遵循一定的方式(包括诉讼之先行程序,如行政复议或行政申请);一定形式的诉讼声明或在诉讼请求与主张上,必须有不同的类型,原告始得就其所受之侵害,请求行政法院提供救济,相应地,行政法院亦只能并且必须在法定的诉讼种类所定之裁判方法范围内作出裁判。此乃行政诉讼方式与裁判形态的格式化或法定化。① 可以将行政诉讼比拟为提供行政救济的"药店"或"医院",行政诉讼的程序标的即犹如有限种类的"疾病",诉讼的原因复如"致病之原因",而行政诉讼的种类即如同"药店"或"医院"得以提供的"药方"或"治疗方法"。

行政诉讼类型的制度化,即其格式化与法律化后,形成各种诉讼种类的定型化,不仅使行政诉讼的目的明确、行政法院有无裁判权易于判断,程序也较易迅速进行,而行政法院也犹如"法定传染病医院",其仅有义务且亦始有能力"治疗方法"或药方治疗有限种类的"法定传染病"。原告诉之声明载明的诉讼种类,亦如同法定传染病患者对医师所作之正确主诉(法定疾病之通报),使医师得以迅速而正确地为其诊治一般。

然而,行政诉讼种类系采取列举主义或例示主义,定会影响到人民权利保护的范围及其救济的机会,且左右法院的审判权限与裁判方法。换言之,行政诉讼种类的多寡及其所对应的诉讼程序标的的范围之广狭与救济的方法,将加强或者抵制人民的权利救济机会与行政法院的权限。因此,如果原告对于一定的诉讼程序标的选取最适当的诉讼种类,则不仅使其得以较迅速获得救济机会,且始有可能获致救济。因此,学者们所谓的行政诉讼种类之多寡,同时影响人民权利保护与行政法院裁判方法的加强或抵制,其原因正在于此。

行政诉讼种类的制度化,不可避免地要对诉讼种类的多寡及其内容或要件作为规范,或许可以为人民选择适当的救济方式提供比较清楚的引导,但因为法制化的结果,或因采取列举的诉讼种类,特别是在诉讼种类太少时,也不可避免地,限制人民救济的机会。再者,尽管诉讼种类可能尚属多元,但亦可能因其法定要件内涵的狭隘与外延的不足,而造成人民实际可获得的权利保护机会有限。换言之,诉讼种类的设定,要考虑其能否符合权利保护的完整性。因此,从公民

---

① 参见蔡志方:《行政救济与行政法学(四)》,正典出版文化有限公司2004年版,第314页。

的立场考察之,行政诉讼种类的制度化可谓利弊参半,甚至弊大于利。

行政诉讼种类的制度化,通常必然对诉讼种类的内容或要件加以规范,其结果固然可以提供行政法院如何裁判清楚的指示,特别是在采取列举式的诉讼种类时,行政法院有义务审酌裁判的范围,使其更明确而有限,其负担也将大为减少。尽管如此,当制度化之诉讼种类,如其法定要件内涵与外延仍不够明确时,行政法院在适用时,仍可能遇到困难,因不当限缩而造成人民实际权利保护机会之减少,即可能不当逾越司法权的范围。更为严重的是,行政诉讼种类的制度化结果是法院将很难很难基于"权利保护完整性"之要求,随着环境的变迁,创造或增加诉讼种类可资适用的范围,而成为人民权利救济的覆盖。

在制定适用解释时,有一种意见认为,没有必要规定诉讼类型。理由:第一,诉讼类型可能不适当地限制公民诉权,给公民起诉造成不便。行政诉讼类型是一种比较复杂的制度,如果由于原告选择诉讼种类不当就要承担相应的不利后果,可能会影响原告的诉讼权行使。第二,实行诉讼类型的国家已经在逐步反思诉讼类型带来的弊端。如在德国,一些学者在开始反思行政诉讼类型给公民带来的不当负担。第三,法律只规定有明确的诉讼请求,至于怎么提是当事人的自由,类型化也不能控制当事人提什么样的诉请。第四,如果当事人起诉时依据该条的表述,直接在起诉状上照抄"请求撤销行政行为""请求确认违法"……立案审查时当事人一旦坚持该表述,法院很难释明,操作性不强。

对原告的诉讼请求进行适当分类指导非常必要。第一,诉讼类型有助于全面保障公民的合法权益。行政诉讼受案范围的列举,优点明显,缺点则是挂一漏万。通过对诉讼请求的列举,而不是从人身权财产权等实体权保护的角度,可以实现对公民诉权的全面保护。因为诉讼类型是从原告的诉求角度设置,其设置初衷在于囊括原告的各种诉求,而不是限制原告的诉求。第二,诉讼类型的复杂性可以通过法院的释明义务来解决。在德国,尽管当事人应当起诉时选择适当的诉种,但法院也不会因当事人未选择适当的诉讼就否定诉的适当性。在德国,法院应当查明原告起诉的真实意图,并以一定方式帮助其选择适当的诉种。应该说,诉种的分类是对诉讼程序的规范化要求,但不会对原告构成负担。① 第三,原告在提起诉讼时,对于不同诉讼类型的请求、起诉期限、特别要件、举证责任等并不了解,不但导致司法效率低下,而且还可能导致不利的法律后果。

我国《行政诉讼法》的修订,在新增行政诉讼类型给权利救济带来全面性和有效性的同时,使得原告的诉种的选择,以及法官针对具体案件的释明变得更加复杂多样。而行政诉讼类型的正确选定是解决行政争议,实现原告诉讼目的的重要一环。我国《行政诉讼法》虽然未明文规定行政诉讼类型及其种类,但仍可透过原告的具体诉讼请求种类以及对应的判决方式,以"原告诉讼目的"为统一标准将其划分为四种基本类型。因此,将给付诉讼区分为课予义务诉讼和一般给付诉讼,分别探讨各自与其他诉种之间的适用范围、界限以及相互关系,有利于原告选择正确且有效的诉讼类型。新《行政诉讼法》明确了法官的阐明义务,为保障原告权利得到充分救济,协助原告选择适当的诉讼类型,法官对诉讼类型选择适用的阐明前提也依赖于诉讼类型化。原告若误选诉讼类型,法官应针对个案以"原告诉讼所追求的诉讼目的"为原则,结合诉讼类型的功能、目的、关系及其界限予以甄别、释明,以选定更为直接、有效的诉讼类型予以救济。

二、给付诉讼类型化的功能

行政诉讼类型具有提供适当权利保护模式、统一处理及筛检适当诉讼方式以及调整行政权与司法权关系等功能。② 我国学者早期也意识到诉讼类型的重要性,并指出对诉进行分类的意义在于:(1) 为不同的诉设定不同的条件;(2) 不同的诉具有不同的权利保护要件;(3) 不同的诉可能适用不同的诉讼程序。③ 虽然该提法与当时行政诉讼实体法规范相对照,但至少体现了对行政诉讼类型的理想追求。新《行政诉讼法》的增补给付诉讼判决,在注重客观法保护的前提下,更加注重原告主观公权利的实现,而行政诉讼新功能更多地依赖于完备的诉讼类型。

---

① 参见刘飞:《中文版导读——中德行政诉讼制度比较分析概述》,载弗里德赫尔穆·胡芬:《行政诉讼法》,莫光华译,法律出版社2003年版,第5页。
② 参见刘宗德、彭凤至:《行政诉讼制度》,载翁岳生:《行政法》,中国法制出版社2002年版,第1338页。
③ 参见罗豪才、应松年:《行政诉讼法》,中国政法大学出版社1990年版,第82页。

(一) 具有完善权利救济的周延性的功能

行政诉讼类型化有助于形成无漏洞的权利救济体系。对于侵犯公民权利的每一种国家权力行为,都必须有一个适当的诉讼种类可供利用。[①] 行政诉讼新增解决行政争议的立法宗旨可以为"保护公民权益",意味着新《行政诉讼法》必须以权利救济为重要目的,解决行政争议重在化解争议,必然需要关注公民的实际诉讼请求,这也为构建诉讼类型制度留有充分的空间。[②] 民事诉讼原告的诉讼请求一般是改变、保持或者实现民事法律关系的三种形态,所以,民事诉讼传统的分类就是形成之诉、确认诉讼、给付诉讼。从各国行政诉讼制度发展看,行政诉讼基本上都脱胎于民事诉讼,两者内在逻辑具有同一性,民事诉讼的三种基本类型分别对应于行政诉讼的撤销诉讼、确认诉讼和给付诉讼。当然,各国行政诉讼在民事诉讼分类的基础上发展出了更为丰富细致的诉讼类型,其目的仍在于提供无漏洞的权利救济机制。行政诉讼的三种基本类型在逻辑上基本可以涵盖行政诉讼请求,这三种类型的进一步类型化有助于实现更全面、更精确、更到位的权利救济。

(二) 具有全面监督依法行政的功能

伴随着现代政府职能和活动方式的转变,为公民提供服务和生存照顾已成为政府的重要事务,那种传统的以行政行为为主的干涉行政逐步为给付行政所取代,由此带来的行政活动方式也日益多样化。新的行政任务以及行政活动方式的变化,传统的以行政行为为唯一审查对象的撤销诉讼无法独立完成所有行政诉讼任务。行政诉讼的类型化和完整性,能够覆盖新的政府职能由管理向服务转变产生新型行政活动方式的司法审查。各种行政活动方式以各种方式的不同情形,诉讼类型都有所涉及,实现了司法监督对行政权的全覆盖,有助于强化司法审查的力度,为有效监督和促进依法行政提供重要的机制保证。[③]

(三) 具有解决行政争议的功能

我国《行政诉讼法》修订时将"解决行政争议"增加为立法宗旨。行政争议能

[①] 参见弗里德赫尔穆·胡芬:《行政诉讼法》,莫光华译,法律出版社2003年版,第204页。
[②] 参见江必新、梁凤云:《行政诉讼法理论与实务》,法律出版社2016年版,第33页。
[③] 参见李广宇、王振宇:《行政诉讼类型化:完善行政诉讼制度的新思路》,载《法律适用》2012年第2期。

否得到实质性解决,某种程度上依赖于原告选择合适的诉种。诉讼类型的内在理念,在司法能力允许的范围内,使行政纠纷得到尽可能彻底的解决。传统的以行政行为合法性审查为目的的"撤销中心主义"诉讼制度很难满足诉求并达到原告的诉讼目的。譬如,原告若要法院撤销对自己作出的不利行政行为,则应该选择撤销诉讼或者确认诉讼,但如果原告要求行政机关作出对自己有利的给付行政行为,或者禁止行政机关作出对已不利的行政行为,则一般要提出课予义务诉讼。若原告只有撤销诉讼可供选择,针对行政机关的行政不作为之诉提出撤销诉讼,并不能达成最终的诉讼目的,反而会进入不必要的循环诉讼程序,致使诉求得不到实质性解决,同时也违反诉讼经济原则。再者,随着行政活动方式日趋多样性,生活中也存在大量的行政事实行为,这些大量的事实行为所造成的权利侵害,原告只有通过提起一般给付诉讼予以排除。因此,诉讼类型的多样化和完整性,为原告提供了可供选择的诉种,从而能够根据自己的具体诉求的行政行为的种类,选择适当的诉种以满足自己的诉求。

(四)具有提高行政审判质量的功能。[①]

行政诉讼类型化具有工具的作用,可根据具体纠纷的特点作出适当的处理。行政诉讼类型化就如同一台更加精密的流水生产线,为法院提供更为精致的操作平台,有助于提高行政审判质量和效率。第一,有助于固定案件的争议焦点。虽然行政诉讼实现的是全面审查,但法院仍要把审判重点放置于案件的争议焦点之上。普通民众的法律素养不高,在起诉时未必能够准确、完整地表达诉讼请求和理由,归纳争议焦点需要投入较大司法成本。但借助于行政诉讼类型化的方法,有利于法官归纳案件争议焦点。不同的行政诉讼类型有不同的诉讼标的和诉讼请求,即使原告的请求和诉讼类型的选择错误,在法官的阐明之下,也可以将行政争议及其争议焦点更加明确化,为审判奠定良好基础。第二,有利于完善案件审理流程。行政诉讼类型化对审判工作会更带实质性意义,行政诉讼类型化,需要针对不同的诉种明确各自不同的原告资格、起诉条件、起诉期限、举证责任、裁判基准时、实体判决要件等。而这些程序以及审理方式恰恰构成了案件审理流程所必需的要素,从而使得审判具有更强的操作性和针对性。第三,有助

[①] 参见李广宇、王振宇:《行政诉讼类型化:完善行政诉讼制度的新思路》,载《法律适用》2012 年第 2 期。

于确定适当的司法审查范围。司法权的性质,决定了不同类型的案件应当确定不同的审查范围。譬如,在撤销诉讼和确认诉讼中,受当事人请求的拘束,如果行政行为违法,法院只能判决撤销或者确认违法,却不能判决改变或要求行政机关作出一个特定内容的行政行为;在给付诉讼中,法院判决行政机关作出一个特定内容的行政行为或履行特定内容的给付义务则为司法审查范围所容许。

三、给付诉讼类型化的条件

新《行政诉讼法》的修订为行政诉讼类型化奠定了基础条件,新《行政诉讼法》建构的新的"诉判关系"为给付诉讼类型化提供了研究框架,可诉的行政行为的扩大为给付诉讼类型增加了诉种的需要,"解决行政争议"的诉讼目的需要给付诉讼类型来实现,可见,新《行政诉讼法》的修订内容已经为行政诉讼类型化的重新构造提供了应有的制度条件,现分析如下:

(一)行政行为的多样性救济对应着给付诉讼类型

旧《行政诉讼法》的救济范围仅针对具体行政行为,诉讼类型主要以撤销诉讼和确认诉讼即可完成行政诉讼的任务。新《行政诉讼法》将具体行政行为统一修订为行政行为,将单一性的具体行政行为扩张到行政事实行为、双务行政协议、行政允诺、公法上的意思表示以及行政不作为。非属于具体行政行为的侵权救济必须依赖于给付诉讼类型,基于公法上的请求权,请求行政机关作出、容忍、不作出某种行政行为。在此基础上,为使得诉讼程序和诉种的审理规则更加精细化,又可以根据给付内容的不同将给付诉讼类型细分为子类型,并建立相应的审理规则,以针对性地对特定的行政行为予以充分有效救济。因此,某种程度上,多样性的行政行为的可诉性为给付诉讼类型的应用提供了良好的土壤和环境。适时对行政诉讼类型再造已成为可能,只有实现诉讼类型的精细设计,才能为扩大的受案范围提供无漏洞的权利救济体系。

(二)诉讼目的的全面性依赖于给付诉讼类型的应用

旧《行政诉讼法》的目的在于维持客观法秩序,确保法律法规的正确适用,新《行政诉讼法》增加"解决行政争议"的立法宗旨,必然同时增加了权利救济的目的,为当事人实现公法上的请求权提供了路径,该请求权的实现正对应着给付诉讼类型的应用。越来越多的学者认为行政诉讼为公民权利提供有效而无漏洞的司法救济应当成为行政诉讼制度唯一目的。在行政诉讼目的认识趋同的基础上,围绕权利救济的全面性和有效性来设计完备的诉讼类型便成了实现行政诉讼目的的重要手段。

(三) 公民意识的觉醒,需要通过诉讼类型予以回应

行政诉讼类型构造的根本目的在于维护公民的合法权益,公民权利意识的增强反过来也会促进诉讼类型化的实现。行政审判实践中,公民的诉求在日渐增加的同时,也呈现出权利救济的新型化特征。除了传统的人身权、财产权之外,知情权、观赏权、就近入学权、环境权等新兴权利救济也开始增多,在给付行政时代,公民公法上的请求权案例也随之增多,既有针对诉求行政不作为的,也有针对作为的禁止;既有请求财产性给付,也有请求非财产性给付。传统的撤销诉讼并不能满足上述诉求,而只能求助于给付诉讼类型予以实现其请求权。

(四) 立法经验的可资借鉴

行政诉讼类型化已成为 20 世纪以来全球行政诉讼制度的发展趋势,但凡行政法治发展的国家或地区先后都走上诉讼类型化的建构模式,特别是大陆法系国家或地区,譬如德国、日本、台湾地区等,基于权利救济无漏洞原则,行政诉讼类型的审理规则设计尤为精密。并且诉讼类型化制度经过若干年后已经走向成熟和稳定,他们成熟的立法经验、丰富的理论学说以及审判实践中的判例资源为我国行政诉讼类型的构建,尤其是全新的给付诉讼类型的建构提供了有益的启示。

四、给付诉讼类型化的路径

如何在我国行政诉讼法实体法的框架下构建精细化的给付诉讼类型,自然离不开对可诉的行政行为的分析、特别给付诉讼(课予义务诉讼)和一般给付诉讼的给付内容、特别诉讼要件、判决内容、裁判基准时、举证责任、与其他诉种的关系界定等一系列审理规则以及诉讼程序的研究。

本书认为,要实现给付诉讼类型化的实现路径,首先,应分析特别给付诉讼类型和一般给付诉讼类型的诉讼对象(给付内容)的差别。我国行政诉讼法一开

始就从"具体诉讼请求上"对给付内容作出区分,将给付内容区分为"履行特定法定职责"和"给付义务",并在给付判决上通过《行政诉讼法》第七十二条、第七十三条区分对应的判决种类。在参照立法原意的基础上,借鉴域外给付诉讼类型的立法经验,凡是请求作出具体行政行为的,应属于特别给付诉讼(课予义务诉讼)的给付内容。如果符合特别给付诉讼的特别要件,可提起课予义务诉讼予以权利救济的,应不得提起一般给付诉讼。换言之,两者之间存在特别给付诉讼优先适用的规则,一般给付诉讼具有"兜底功能"。

其次,应分析给付诉讼类型各自的特别要件,即要获得胜诉,各诉种应具备的全部条件。本书根据课予义务诉讼、一般给付诉讼各自的给付内容的不同又进行了再细分,分别就其各自的子类型给出了特别诉讼要件,并且还针对给付内容的特别性,对具有特别给付内容的诉种进行了论述。只有根据给付内容的不同特点分别制定特别的诉讼要件,才能使得给付诉讼类型向精细化方向发展。

再次,从给付判决种类向给付诉讼类型的转变,需要构建全面的审理规则。这些审理规则除了给付内容、特别诉讼要件,还应当包括起诉期限、举证责任、裁判基准时、判决内容、强制执行等诉讼程序的特别规定。只有厘清了上述问题,才能真正实现从给付判决种类向诉讼类型精细化方向的发展。

最后,面临诉种的选择问题。给付诉讼类型与传统的撤销诉讼、课予义务诉讼之间的选择适用,应基于权利保护的必要性原则、诉讼经济原则、尊重行政机关的首次判断权原则、权利救济的有效性原则等诉讼原理,厘清各诉讼类型的界限与关系。只有选择正确的诉种才能保障权利救济的有效性和全面性。

第四节 给付诉讼类型的待解问题

鉴于立法体例的特殊性,我国新《行政诉讼法》未明确规定诉讼类型。但从行政诉讼法未来精细化发展方向以及无漏洞权利救济原则的要求来看,我国给付诉讼类型的建构似乎无法回避。在立法实践中,与给付诉讼类型相关的审理规则和诉讼程序存在诸多立法上的空白,尤其是给付诉讼的审理和诉讼程序规则尚需进一步的明确,以适应司法审判实践的需求。这些待解问题主要集中在以下几点。

一、"给付内容"有待明确

新《行政诉讼法》统一用"行政行为"代替"具体行政行为",将可诉的行政行为扩大至行政不作为、行政事实行为、行政协议、公法上的意思表示等,法院的审判不仅局限于具体行政行为的合法性审查,还包括原告基于公法上的请求权的审查。根据域外行政诉讼实践,凡是请求给付具体行政行为的,一律以课予义务诉讼的特别要件对诉有无理由进行审查,凡是具体行政行为之外的其他事实行为以一般给付诉讼的特别要件进行审查。但从我国《行政诉讼法》第十二条第3、6、10项以及第七十二条、第七十三条的条款表述上"诉判关系"仍难以厘清课予义务诉讼和一般给付诉讼的"给付内容"的法定解释为何。

我国行政诉讼法的受案范围向来都是以"列举式"进行界定的,如新《行政诉讼法》第十二条第3项、第6项规定,对依申请的拒绝履行或不予答复的行为可以通过《行政诉讼法》第七十二条的课予义务判决救济。该条所列举的是否应扩大到包括行政机关依职权履行的不作为,是否也可以提起课予义务诉讼?提起一般给付诉讼,是否限于《行政诉讼法》第十二条第10项所列举的抚恤金、最低生活保障待遇或者社会保险待遇的给付?除了财产上给付内容的扩大之外,是否还应当包括其他的事实行为的给付?如果其他事实行为的给付尚需要行政机关作出裁量判断的,能否直接提起一般给付诉讼?再者,除了财产类给付、不作为类给付,一般给付诉讼是否要及于预防性不作为之诉?为防止行政诉讼法上的滥诉,预防性不作为之诉又如何规定其特别判决要件?新《行政诉讼法》及其司法解释对以上问题以及课予义务诉讼和一般给付诉讼的适用范围均未予明确阐明。简言之,课予义务诉讼和一般给付诉讼各自的给付内容,或者说诉讼对象并不十分明确。行政诉讼法原告请求作出或不作出何种行政行为,应以何种给付诉讼类型的特别要件进行审查?这些问题都需要通过给付诉讼的研究予以厘清。

二、课予义务诉讼是否必经先行程序

域外尤其是大陆法系的国家和地区,实体法上几乎都存在行政行为复议前置的先行异议程序。亦即提起课予义务诉讼,一般皆要求先提起行政复议,未获得救济的再提起课予义务诉讼,以尊重行政机关的首次判断权。虽然行政复议具有确保权利保护完整性、正确性、迅速性与经济性的制度功能,作为行政诉讼的前置程序,具有尊重行政权、减轻司法负担、扩大救济机会、加速救济程序的作用,但也应当尊重人民权利意思的自治性,即诉讼与复议应由当事人自己选择,无须前置。与"单轨制"的诉愿制度所不同的是,我国《行政诉讼法》与《行政复议法》之间采取"双轨制"形式,大多数行政行为是"复议选择型",当事人既可以先复议后诉讼,也可以直接诉讼,这取决于当事人的意思表示。因此,就课予义务诉讼而言,参照域外立法例,均应有复议前置程序,未经复议直接提起课予义务诉讼的,一般视作不符合课予义务诉讼的起诉条件,被视为诉不合法。当然,德国法上对课予义务的具体情形仍作区分,只有"不服驳回处分"的课予义务诉讼,才要求行政复议前置,至于"不服拒绝处分"的课予义务诉讼不作复议前置的先行程序要求。

另外,就一般给付诉讼而言,由于其给付内容为除具体行政行为之外的财产性给付和其他事实给付,不涉及具体行政行为的合法性审查问题,一般不作行政复议前置要求。这一点是否要通过我国未来《行政复议法》修订时予以明确?是否也要参照域外立法经验规定不作为行政复议先行程序要求?

先行程序的目的反映在原行政行为与行政诉讼中的中介地位,先行程序使得具体行政行为的自我审查成为可能,对牵涉到的复杂的行政事实与法规,尤其是行政裁量权的行使与不确定法律概念的判断,如没有先由行政机关自行审议,而贸然由司法机关介入,不易深入核心。"①另外由行政机关先行介入,也符合诉讼经济原则,有助于人民权利的保护以及法院负担的减轻。但是,针对我国司法实践,对于公法上的请求权,尤其是请求行政机关作出行政行为的请求权,是否也有必要走先行异议程序?这恐怕对我国未来《行政复议法》的修订会有一定的启示。未来《行政复议法》的修订是否要关注课予义务诉讼的复议前置问题,或者说,是否需要单纯针对课予义务诉讼的亚类型中的拒绝作出具体行政行为的合法性审查先行复议前置?值得理论探讨。

三、给付诉讼类型的特别要件尚未规定

提起给付诉讼,要获得胜诉结果,首先应必备实体判决要件。实体判决要件又分为一般实体判决要件和特别实体判决要件。前者系针对各种诉讼类型都应当具备的,后者因针对特定的诉讼类型而有所不同。我国行政诉讼法上的审理规则基本以撤销诉讼为中心展开,即客观法的合法性审查,对于公法上的请求权如何审查其诉有理由,并没有作出规范的解释。课予义务诉讼、一般给付诉讼既然作为给付诉讼类型的两类子类型,应当设定各自的特别要件,从而保证满足课予义务诉讼特别要件的,就不得提起一般给付诉讼的基本原则。因此,首先是课予义务诉讼与一般给付诉讼有各自的特别判决要件,又根据原告请求判令行政机关作成已被拒绝或者怠为行政行为的,课予义务诉讼特别判决又有所不同。再者,针对不同的给付内容的特殊性,可能也要规定更加特别的裁判要件。例如,为防止滥诉以及司法权对行政权的干涉,如果要提起预防性不作为之诉,则可能要具备比一般给付诉讼更为严格的特别判决要件。而以上特别给付诉讼(课予义务诉讼)以及普通给付诉讼(一般给付诉讼)的特别要件,目前在我国司法实践还没有规定。司法实践中如果审查诉之合法性、诉有理由等问题,对给付诉讼类型的特别要件的审核必不可少。因此,需要对给付诉讼类型的特别要件进行深入研究,尤其是针对不同的给付内容还要探讨个案的特别要件问题,从而完善给付诉讼类型的程序化、格式化。

---

① 参见蔡志方:《行政救济法新论》,元照出版有限公司2007年版,第226页。

四、给付诉讼类型的选定规则有待明确

针对每一种行政法的特定争议,都应有一种诉讼类型可供使用。过去,旧《行政诉讼法》以撤销诉讼为主,诉讼类型之间的关系及其选择问题相对简单,各诉种彼此间的关系并不复杂。但《行政诉讼法》修订后,诉讼类型得到了进一步补充与完善。但也由此带来了各诉种之间选择适用的问题,原告或者法官如何结合具体案件通过阐明选择适当的诉讼类型予以有效的救济便成了不可回避的问题。因此,在肯定我国行政诉讼法上的"四分法"的诉讼类型的基础上,如何以给付诉讼类型为中心,有必要探讨课予义务诉讼、一般给付诉讼分别与撤销诉讼、确认诉讼的诉种选择适用问题,课予义务诉讼与一般给付诉讼之间的选择适用问题,这些问题在研究给付诉讼过程中也属于不可回避的问题,否则原告选择适当的诉种以及法官的阐明义务也将无从谈起。

五、给付诉讼的裁判基准时为何

行政机关作出的行政行为是否合法,需要将抽象的法律法规适用于具体事实关系的"涵摄"过程而决定。判断某一行政行为是否合法,则仅能基于某一时点的事实和法律状态。新《行政诉讼法》仅对撤销诉讼明确规定了裁判基准时,但对给付诉讼的裁判基准时的判断并不能类推适用撤销诉讼的规定。课予义务诉讼和一般给付诉讼的裁判基准时的判断,应遵循何种原则?又如何另外规定?这些问题也需要结合给付诉讼类型的特点以及特别的案情予以规定。

当然,给付诉讼的审查规则及其诉讼程序所涉及的审理规则和程序规定还远不止于上述所列,有关于给付诉讼的判决的内容、判决的执行、举证责任的分配、案情是否已达可为裁判的程度的判断等,将在本书中予以分析说明。通过结合我国的实体法,针对上述给付诉讼相关的审理规则及其诉讼程序予以探讨,可以为建构具有中国特色的给付诉讼类型提供理论依据。

第二章
课予义务诉讼

第一节 课予义务诉讼的概述

一、课予义务诉讼的意义

课予义务诉讼属于特别给付诉讼类型,系指人民向行政机关请求作成行政行为,因遭到拒绝,或被搁置不理,到其利益受到侵害,而向法院提起诉讼,请求判令行政机关作出其所申请的行政行为或者根据原告的诉求核准或允许的行政行为。[1] 立法者规定这种新的诉种的目的在于该诉种的功能有别于撤销诉讼和确认诉讼。课予义务诉讼可以弥补撤销诉讼无法达到原告请求行政机关作出一定内容的行政行为的目的。如果原告向行政机关请求作出特定的行政行为而遭到驳回或未获得理睬时,只能提起撤销诉讼,请示法院撤销行政机关所为,驳回行政行为,即便胜诉,其效果亦仅止于原驳回的行政行为被撤销而已,倘若行政机关坚持己见,仍拒绝依原告申请作成原告诉求的行政行为,那么原告充其量只能再次提起撤销诉讼,其结果就只能反复地撤销、驳回、起诉、撤销、驳回、起诉,而终究无法获得救济。[2]

课予义务诉讼的判决既判力包含两项确认内容:一是确认被告机关的拒绝(驳回)或怠为原告所申请的行政处分系属违法;二是原告有请求被告机关作出其诉请的行政行为或依法院之法律见解,作出决定的权利。课予义务诉讼在诉讼机能上具有双重特征,附带有撤销诉讼的作用和功能,在诉讼法的逻辑前提上,提起课予义务诉讼,即使原告没有一并请求撤销诉讼,法院的胜诉判决也会从法理上起到明示或默示撤销该行政行为的作用。在特定的诉讼个案中,课予义务诉讼与撤销诉讼甚至可以视情况进行转换,两种诉讼类型具有互相补充的关系。因此,课予义务诉讼作为独立的诉讼类型,与其他诉讼类型一起,发挥保

---

[1] 参见翁岳生:《行政诉讼法逐条释义》,五南图书出版股份有限公司2002年版,第88页。
[2] 参见翁岳生:《行政诉讼法逐条释义》,五南图书出版股份有限公司2002年版,第89页。

护原告"权利救济的完整性"以及"权利救济的有效性"的功能。

课予义务诉讼主要适用于公民从事某一活动而需要国家许可,或者和许可有相同意义之同意、核准、准许、特许的领域,由于许可是一重要且常见的管制手段,其适用范围之广,几乎见诸各个行政事务领域。除此之外,社会保险与社会救济等给付行政领域,也是课予义务诉讼适用的重要领域。作为一种新型诉讼类型,给付诉讼类型的重点,未来甚至可能凌驾于传统撤销诉讼之上。课予义务诉讼在性质上属于一种请求作成具体行政行为的特别给付诉讼类型,其性质与形成之诉的撤销诉讼不同。撤销诉讼判决一经确定后,立刻发生排除具体行政行为的效力,直接达到原告的诉讼目的。而课予义务诉讼,法院仅是判令被告机关有作出具体行政行为的义务,如被告机关不履行该义务时,仍须通过司法强制执行途径。①

二、课予义务诉讼的功能

与撤销诉讼相比较,课予义务诉讼因目的在于请求判令行政机关作成行政行为,具有"给付诉讼"性质,属于特别给付诉讼。立法者之所以承认这种以请求作成行政行为为目的的诉讼类型,显然在于期待课予义务诉讼能够发挥两种功能。一是确保人民公法上的给付请求权,使其获得司法救济;二是促使行政机关履行其法定作为义务,而间接匡扶行政于合法正途。② 因此,课予义务诉讼的功能主要为实现基于主观公权利而产生的公法上的给付请求权。

课予义务诉讼在行政诉讼种类上的功能,既不同于"撤销诉讼"仅在于撤销已作出的违法的行政行为,也不同于"确认诉讼"仅在于确认行政行为无效以及行政法律关系存否或已执行完毕或因其他消灭的行政行为违法。行政诉讼法创设并完善课予义务诉讼的目的,一方面在于实现仅以"撤销诉讼"无法达到原告请求作成一定内容的行政行为的目的;另一方面对于行政机关就人民的申请许可应作出同意与否而怠于行政处理的,仅依靠撤销诉讼和确认诉讼无法达成人

---

① 根据德国《行政法院法》,行政机关如不履行依判决或暂时命令所课之义务者,第一审法院得依申请,以裁定对该机关为如未于限期内履行义务者,将课以二千马克以下强制金之警告;该行政机关逾期未履行者,法院确定所警告之强制金,并依职权强制执行之。强制金之警告、确定及强制执行得反复为之。
② 参见翁岳生:《行政诉讼法逐条释义》,五南图书出版股份有限公司2002年版,第89页。

民获得特定行政行为的目的。因此,课予义务诉讼有利于"权利救济的完整性"和"权利救济的有效性"。

德国行政法院裁判权的审判范围系规定于《行政法院法》第40条第1项:"一项非宪法性质之公法上争议,除法律明定由其他法院审查者外,均得向行政法院提起诉讼,请求救济。"该条款以概括条款方式取代普鲁士所普遍采取的列举主义,"开启"行政法院诉讼裁判救济之门,不再依赖须有一行政处分的存在为前提。详言之,在现行行政法院裁判权范围内,并非仅针对某种特定形式的行政行为,而是针对具有公法性质的所有形式的高权行政行为所引起的争议,皆应给予法律救济的机会。至于行政行为的形式,如具体行政行为、行政不作为、事实行为、公法契约等,只有针对请求权保护的方式选择合适的行政诉讼类型具有意义而已。根据德国《行政法院法》第40条第1项关于裁判权的概括条款规定最主要的意义是在落实《基本法》第19条第4项所要求的权利受公权力侵害之人,应有广泛、无漏洞请求有效法律救济权利的原则。[1]

德国行政法院裁判权的监督目的系在于维持客观法秩序,确保行政法规的正确适用,抑或在保护当事人主观之公权利?从德国行政法院裁判权制度发展史看,其功能曾有不同的制度主张。北方普鲁士认为,行政法院裁判权的功能主要在作为外部的行政监督工具,以"确保行政权的合法行使"。南方诸邦认为,行政法院裁判权的功能应着重于在"对个人权利的保护"。1954年德国《基本法》以及1960年《行政法院法》的相继颁布实施,将行政法院的裁判权限制于保护原告个人的权利上。当然,这种不同主张也并非完全对立,客观的合法性审查,其目的也是在于保护个人;反之,法院的保障个人权利,也是在实现一般法律审查的功能。现行的德国制度,认为行政法院裁判权功能最主要在保护个人权利,原告是否有提起行政诉讼的"诉讼权能",是严格取决于其个人权利是否受损害而定。在以概括条款赋予行政法院广泛裁判权范围的同时,于诉讼法上以行政诉讼救济主要系为保护原告个人权利,而非保障行政行为的客观合法性原则,对行政法院的审查权限作客体上的限制。譬如,当时因对事实行为尚无法提起行政诉讼。

现行德国行政诉讼制度,认为行政法院裁判权的功能最主要在于保护个人

---

[1] 参见吴绮云:《德国行政给付诉讼之研究》,"司法院"印行1995年版,第9页。

权利,原告是否有权提起行政诉讼的"诉讼权能",是严格取决于其个人权利是否受损害而定。在以概括条款赋予行政法院广泛裁判权范围的同时,于诉讼法上以行政诉讼救济主要系为保护原告个人权利,而非保障行政行为的客观合法性原则,对行政法院的审查权限作客体上的限制,已成为现代德国行政法院裁判权制度的重要特征。① 我国行政诉讼法的将诉讼目标调整为解决行政争议,题中应有之意即有保护当事人之主观公权利得到实现的意图,而属于给付诉讼的课予义务诉讼无疑将成为实现公权利的主要裁判方式之一。

针对行政机关拒绝处分所提起的课予义务诉讼,本质上兼具给付诉讼和形成诉讼双重性质。法院判决见解认为,原告为判令行政机关作成已遭拒绝处分,提起课予义务诉讼所为之给付请求内,已包含了对先前行政机关的拒绝(驳回)的撤销诉讼。例如,张艳君诉北京市人民政府不履行法院职责再审一案中,张艳君提起再审的理由之一是,一审二审法院遗漏当事人的诉讼请求,应依法确认北京市人民政府未履行法定职责违法,而最高人民法院的裁判意旨为:

> 履行法定职责之诉是独立于撤销诉讼的一种诉讼类型,履行法定职责之诉的诉讼目的并不在于撤销行政机关的拒绝决定,而在于要求法院判决行政机关履行某一法定职责,所以在判决行政机关履行法定职责的情况下,对于拒绝决定的撤销本身并不是非常必要,因为它已经包含于对法定职责的履行中。换言之,不撤销拒绝决定,其要求履行法定职责的愿望也可实现;仅仅撤销拒绝决定而不判决履行法定职责,对于原告请求的实现也只能于事无补。同理,在行政机关针对当事人的申请逾期未作答复的情况下,只要所有事实和法律上的前提条件皆已具备,人民法院也可以直接判决行政机关履行原告所请求的法定职责,而不必同时判决确认行政机关逾期不予答复违法。……在被告不履行或者拖延履行法定职责时,只有判决履行没有意义的情况下才适用确认违法判决。②

课予义务诉讼的提起,可能导致拒绝处分的不可撤销性。基于以上理由,原告提起课予义务诉讼时,没有必要针对存在的拒绝处分和诉愿决定另作特别的撤销诉讼声明。虽然如此,通说仍认为,为了法的明确性,在课予义务诉讼声明

---

① 参见吴绮云:《德国行政给付诉讼之研究》,"司法院"印行1995年版,第11页。
② 参见最高人民法院行政裁定书,(2016)最高法行申2496号。

中,附带声明请求撤销拒绝处分仍是较为适当,而在诉讼实务上,原告也普遍多有作该类声明。但如果原告对已存在拒绝处分和诉愿决定的撤销,具有特别的权利保护利益,如请求损害赔偿时,则该撤销声明具有其独立的意义。

另一种情形,如果行政机关作出拒绝决定,除拒绝原告所申请的行政处分外,还应对原告作出其他负担的行政处分,则撤销诉讼必须与课予义务一并提起。例如,原告搭建违章建筑,事后方提出之建筑许可为行政机关驳回。行政机关同时命其应拆除该违章建筑物。这种情形之下,原告起诉目的,不仅在请求核发所申请的建筑许可,而是同时请求除去拆除之行政行为。这两种请求虽互有联系,但是各自为独立之诉讼请求。本案中原告除提起课予义务诉讼外,还应当提起独立的撤销诉讼,以达到撤销拆除处分的目的。

课予义务诉讼中,原告诉有理由时,法院仅判令行政机关依原告之请求作出行政行为,法院并不自为作出行政行为。但在特定情形下,虽涉及行政行为的作成,但依法理并不得提起课予义务诉讼。(1) 行政机关依职权撤销违法行政行为,系以行政行为为之。唯对于尚未发生形式存续力的行政行为,应以诉愿和撤销诉讼请求撤销,不得提起课予义务诉讼,请求法院判令依职权作出撤销诉讼。(2) 行政机关对无效行政行为的确认,系以确认的行政行为为之。唯对于无效行政行为,应提起确认诉讼,请求行政法院判令确认行政行为无效,而不得提起课予义务诉讼,请求法院判令行政机关作出行政行为无效的确认。(3) 行政机关的程序行为,为行政行为的性质的,应不得提起课予义务诉讼,请求法院判令行政机关为之。[①]

三、课予义务诉讼的适用范围

课予义务诉讼的目的不在于撤销具体行政行为,而在于请求法院判令行政机关作出具体行政行为,以达到"扩张其法律地位"。因此,课予义务诉讼的适用范围不在于所谓的干预行政,而在于给付行政领域,行政许可领域以及其他经由具体行政行为设立、变更或废止法律关系,或行政机关对人的地位、物的性质在

---

① 参见陈敏:《行政法总论》,新学林出版有限公司2013年版,第1397页。

法律上具有重要意义的事项,作出有羁束力决定的领域。① 不难发现,课予义务诉讼主要适用于为人民从事某一活动而需要国家许可,或与许可类似的同意、核准、准许、特许、审批的领域,由于许可是一重要并且常见的管制手段,几乎各个行政领域都有非常广泛的适用。除此之外,社会保险与社会救济等给付行政领域,也是课予义务诉讼适用的领域之一。

课予义务诉讼,系针对公民向行政机关请求核准其申请,而被违法拒绝或者延迟核发行政行为决定的情形给予司法救济。因此,必须了解在何种情况下以及何种事项,公民有请求行政机关核发行政行为的权利。如果从国家政治体制的发展来看,在自由法治国家中,除非法律有禁止,人民皆得有自由的范围。然而在当代社会法治国阶段,公民有着极其广泛的自由,并对最低限度的尊严生活有所期待,国家扮演着个人利益的分配与利害的协调角色,因此,不少事项须预先获得国家的核准,才能有效为之。公民需要获得的事项并不限于秩序行政,还包括给付行政。因此,基本上课予义务诉讼的适用范围包括:(1) 应以行政行为作出的给付行政事项;(2) 个人行为合法有效行使,须获得行政机关的许可或同意;(3) 其他应透过行政行为才能设立、变更或消灭的事项。② 也有学者提出,课予义务诉讼的事项限于:(1) 请求授益行政行为事项;(2) 需为上下服务关系;(3) 限于请求作出行政行为。还有学者提起公民申请行政机关作出行政行为的原因分为:(1) 公民申请为特定行为,依法须主管机关许可,如建造建筑物之人依法申请核发建造执照;(2) 公民为获得行政机关给付,申请行政行为决定,如低收入户依法申请生活扶助,需行政机关核定的;(3) 公民请求行政机关以行政行为设定特定的公法法律关系,如向公立学校申请注册入学;(4) 请求确认具有法律意义的人或物的性质,如私立学校申请主管机关出具其办学具备一定业绩的证明,进而以此证明进一步办理校舍免征房屋税手续;(5) 请求行政机关对他人作出负担的行政行为,或者对他人授益行政行为追加附款,以保障本身权益。③ 尽管学者们对课予义务诉讼的适用范围、事项、原因的列举内容各异,但可以从中进行抽象概括为以下几个方面。

---

① 参见吴绮云:《德国行政给付诉讼之研究》,"司法院"印行1995年版,第20—21页。
② 参见吴绮云:《德国行政给付诉讼之研究》,"司法院"印行1995年版,第20页以下。
③ 参见陈敏:《课予义务诉讼之制度功能及适用可能性》,载《政大法律评论》1999年第61期。

(一) 给付行政领域

在现代福利国家中,给付行政任务的地位正逐渐提升,并已成为国家重要任务之一。国家任务及其范围的积极扩张,也间接影响到行政任务的改变,"生存照顾"成了现代行政国家的任务,以供给行政、社会行政、助长行政为主要内容的给付行政,逐渐成为行政法的新重心。行政法的任务不再限于消极保障人民不受国家过度侵害之自由,而在于要求国家必须积极提供生存照顾,国家不再是守夜人,而是各项给付之主体。[1]

但在给付行政领域,能够直接提起课予义务诉讼的,必须限于对人民所申请的给付,应通过具体行政行为决定为前提。例如,我国《社会救助暂行办法》对于受"最低生活保障"人员的救助。[2] 根据《农村五保供养工作条例》,对符合条件的"农村老年人"提供五保供养待遇。在社会救助给付领域中,对享有给付请求权的相对人,一般身份或者主体资格须经过核准、审批,在行政主体作出核准的行政行为后,相对人才有请求具体给付内容的请求权。一般来讲,法律法规对特定的社会救助或者社会福利给付都有明确的规定。如果公民申请给付,不需要经过行政主体的审核、核准、许可为前置条件的,则可以直接提起一般给付诉讼。

(二) 行政许可领域

行政许可领域分为两种情况:一种是带有许可保留的预防性禁令,即一般许可。公民想从事某一特定的行为,必须获得行政机关的许可或者同意,这是课予义务诉讼的大多数情况,如果申请人能够满足法定的特定许可条件的,都有权请求颁发许可证。如果申请许可遭行政机关拒绝或者延迟答复,只有提起课予义务诉讼,来恢复其行为的自由权。因此,课予义务诉讼不仅适用于给付行政领域,而且在传统的秩序行政领域至少也具有同等的重要性。另一种为压制性禁令,又称为例外的准许,特别许可。如果某种活动对公共利益的危害或者危险总

---

[1] 有关国家社会转型及行政任务的转换以及给付行政、生存照顾的原始概念在德国公法学者福斯多夫《当成服务主体的行政》(1938)一文中被提及。请参见陈新民:《服务行政及"生存照顾"的原始概念——谈福斯多夫的"当作服务主体的行政"》,载陈新民:《公法学札记》,法律出版社2010年版,第39页以下。

[2] 《社会救助暂行办法》第十一条第3项规定:"县级人民政府民政部门经审查,对符合条件的申请予以批准,并在申请人所在村、社区公布;对不符合条件的申请不予批准,并书面向申请人说明理由。"

是确定无疑的,法律就会阻止活动本身的进行。只有在非常严格的条件下,才得允许。例如,特定武器的制造禁令的例外,①《集会游行示威法》对集会游行的申请与许可。

(三) 行政协议、行政允许领域

一旦行政机关通过行政协议的形式设定了法律义务,行政机关就应作出相应的行政行为。这种行政义务应在合同中予以明确约定,并且具体明确。例如,《政府采购法》第五十一条、第五十四条、第五十五条规定了供应商可以就政府采购合同中相关问题要求采购人进行答复的权利。供应商对政府采购活动事项有疑问时,可以向采购人或采购人委托的采购代理机构提起询问,采购人应当及时作出答复。对采购人和采购代理机构在规定期间内不作出答复的,可以向法院提起诉讼。②

行政机关如对外宣示的行政承诺、行政奖励行为,使行政机关负有一定的行政作为义务,同时这也对应着相对人公法上的给付请求权。例如,《税收征收管理法》第十三条规定:"任何单位和个人都有权检举违反税收法律、行政法规的行为。收到检举的机关和负责查处的机关应当为检举人保密。税务机关应当按照规定对检举人给予奖励。"《税收征收管理法实施细则》第七条规定:"税务机关应当根据检举人的贡献大小给予相应的奖励。"再如,行政机关出于招商引资的需要,以及其他行政管理目的的需要,与当事人形成合法有效的书面承诺,不履行承诺内容,拒绝或拖延作出具体行政行为,相对人可以提起课予义务诉讼。③

(四) 依职权作为的领域

与德国《行政法院法》、台湾地区所谓"行政诉讼法"不同的是,我国课予义务诉讼不限于依申请而拒绝或拖延作出的行政行为提起课予义务诉讼,对于行政机关依职权而不作为的行政行为也可以提起课予义务诉讼。对于法律要求行政机关应当作出的行政行为,行政机关必须作出,否则也是违反作为义务。例如,

---

① 参见江必新、梁凤云:《行政诉讼法理论与实务》,法律出版社 2016 年版,第 1663 页。
② 参见江必新、梁凤云:《行政诉讼法理论与实务》,法律出版社 2016 年版,第 1648 页。
③ 参见最高人民法院行政审判庭《关于对山东高院鲁高法函[1998]150 号请示的答复》([1998]行他字 21 号),1999 年 5 月 18 日。

《安全生产法》第八十八条规定:"负有安全生产监督管理职责的部门违法作为义务的情形有:发现未依法取得批准、验收的单位擅自从事有关活动或者接到举报后不予取缔或者不依法予以处理的;对已经依法取得批准的单位不履行监督管理职责,发现其不再具备安全生产条件而不撤销原批准或者发现安全生产违法行为不予查处的。"

(五) 其他

其他需要通过具体行政行为的作出来设立、变更、消灭某种法律关系,或者行政机关通过具体行政行为的作出对人和物的法律上的地位具有重要意义的事项。例如,对公务员的任命,对房屋产权的登记发证来确认房屋所有权,等等。

第二节　课予义务诉讼的特别要件

基于司法权和行政权分工原理，法院在审理是否存在行政不作为时，构成要件的分析显得尤为重要。法院对课予义务诉讼作出实体判决时，除了具备所有诉讼种类裁判的一般要件，包括审判权、受案范围、管辖权、当事人的诉讼权利能力和行为能力、权利保护的必要性等一般起诉条件外，还须具备实体判决要件（又称特别要件）。特别要件，指诉讼合法成立后，法院可以依法作出实体判决的前提要件。提起行政诉讼要获得胜诉，首先要具备实体判决要件。法院对诉讼是否欠缺实体判决要件，应依职权调查，不需要被告抗辩，也不受当事人主张的拘束。原告起诉后仍可补正实体判决要件的瑕疵及欠缺，而使诉为合法。如该要件不完全具备且不能再补正时，法院才以诉讼不合法，而不须以实体判决直接以程序判决驳回原告诉讼请求。实体判决要件分为一般和特别实体判决要件，前者为各种诉讼类型都必须具备的实体判决要件，后者是个别诉讼类型因诉讼种类的不同而特别要求的实体判决要件。① 对课予义务诉讼的实体判决要件，应区分为"拒绝履行行政行为之诉"或"延迟履行行政行为之诉"两种子类型而有所不同。

德国《行政法院法》上的课予义务诉讼的实体裁判条件包括：一、法律途径和有管理权的法院（同撤销诉讼）。二、适法性。1. 与参加人相关的条件；2. 适当性：诉讼目的是获得授益行政行为［德国《行政法院法》第 42 条第 1 款第 2 种情形：(1) 拒绝性行政行为（否定决定之诉），(2) 未作出行政行为（不作为之诉）］；3. 诉权（《行政法院法》第 42 条第 2 款第 2 种情形）；4. 复议程序；5. 期限（在对拒绝的反诉中：《行政法院法》第 74 条第 2 款；在不作为之诉中，按第 75 条；无期限——注意：权利的丧失）；6. 一般的法律保护需要；7. 其他适法条件。② 台湾地

---

① 参见吴绮云：《德国行政给付诉讼之研究》，"司法院"印行 1995 年版，第 36 页。
② 参见弗里德赫尔穆·胡芬：《行政诉讼法》，莫光华译，法律出版社 2003 年版，第 636 页。

区所谓"行政诉讼法"则将课予义务诉讼的特别实体裁判要件规定为：1. 原告所请求者须为行政处分；2. 原告须已向行政机关提起申请；3. 须行政机关拒绝或延迟作出行政行为；4. 须先经诉愿程序而未获救济；5. 主张权利因行政机关怠为处分或驳回处分受损害。域外大陆法系国家和地区的实体裁判要件的规定值得我国在制定课予义务诉讼特别要件时参考与借鉴。根据我国《行政诉讼法》第十二条第 6 项规定"申请行政机关履行保护人身权、财产权等合法权益的法定职责，行政机关拒绝履行或者不予答复的"，以及《行政诉讼法》第七十二条规定"人民法院经过审理，查明被告不履行法定职责的，判决被告在一定期限内履行"，从现行的诉判决关系分析得出，不履行应当包括"拒绝履行"和"不予答复"两种情形，其中不予答复可以定义为延迟履行。因此，我国行政诉讼法上的课予义务诉讼的特别要件也可依此分为"拒绝履行行政行为之诉"和"延迟履行行政行为之诉"两种。

一、拒绝履行行政行为之诉

（一）给付请求须为客观上的具体行政行为

通说认为，原告提起课予义务诉讼，目的在于请求法院就行政机关的拒绝履行和不予答复的行政不作为作出特定的、具体的行政行为的诉讼类型，其目的在于诉请行政机关作出特定的、具有确定内容的具体行政行为。如果原告仅是诉请行政机关作出行政事实行为，如单纯的答复、咨询、声明等，就应当提起一般给付诉讼。同时，原告所请求法院判令行政机关作出的具体行政行为，不仅是原告主张与陈述的，而且必须客观上确属具体行政行为。不过在具体个案中原告所诉求的作出的行政行为究竟为具体行政行为还是行政事实行为，难以判断清楚。遇到此类情形，只要原告所请求的为公法上的行政行为，就不宜认定为"起诉不合法"。亦即诉讼种类的选择在此时反而成为次要问题。但要注意的是，如果最后确定请求的为具体行政行为，一般要审查是否已经复议先行程序，由于课予义务诉讼还有起诉期限的限制，同时还要审查是否超过起诉期限。其诉请是否为具体行政行为，进而应该选择何种之诉的判定，对法院的终局判决并没有决定性影响，法院因此并不作决定。

原告提起"拒绝履行行政行为之诉",不只是可请求行政机关对自己作出有利的行政行为,例如,给予原告建筑执照、给予社会救助、准予商标注册等,也可以请求行政机关作出对第三人为相对人的不利的具体行政行为,毕竟对第三人的不利的具体行政行为,对原告而言仍属于有利的授益行政行为。例如,原告请求建筑主管机关作出拆除邻居违章建筑的行政行为,请求判令主管机关在车库前竖立禁止停车标志,请求判令环境行政主管部门执行取缔空气污染行为等都适用课予义务诉讼。

按照具体行政行为是否有附款为标准,可以将具体行政行为分为附款行政行为和无附款行政行为,附款行政行为是指除行政法规范明确规定外,行政主体根据实际附加的具体行政行为。[①] 课予义务诉讼也可以针对附负担的具体行政行为。例如,请求行政机关判令第三方制造隔音措施,因为这种负担本身具有具体行政行为的性质,所以被广泛承认用于课予义务诉讼。但问题是,如果诉讼标的不是请求附加负担的附款,而是附加不具有具体行政行为的其他附款,例如,请求行政机关对第三人的授益行政行为附加终期或解除条件时,能否准许提起课予义务诉讼? 有学者认为,归根到底,这种诉讼与撤销或变更具体行政行为的诉讼无异,其主张仍应通过撤销诉讼予以救济为正确。[②]

课予义务诉讼可以针对具有规制内容的具体行政行为的一部分提起诉讼,称为"部分课予义务诉讼"。例如,请求先仅就发电厂的选址作出决定,或者授益行政行为的相对人认为附款违法侵害其权利,也可请求作出另一合法附款取而代之,或者对授益请求作部分许可,部分拒绝的。例如,请求准予低利率贷款 200 万元,结果只核准 100 万元,驳回了 100 万元的贷款,在此情形下,相对人可以针对被驳回的部分提起"部分课予义务诉讼"。

另外,请求判令行政机关作出具体行政行为,其内容也不必具体、明确、特定,也可以单纯请求判令行政机关应遵照法院的法律见解作出具体行政行为,即为"答复判决"。之所以允许和承诺这种标的尚不具体的课予义务诉讼,有多种原因。譬如,行政机关就作出具体行政行为拥有裁量权,或者即便没有裁量权,

---

① 参见姜明安:《行政法与行政诉讼法》,北京大学出版社、高等教育出版社 2015 年版,第 192 页。
② 转引自翁岳生:《行政诉讼法逐条释义》,五南图书出版股份有限公司 2002 年版,第 96 页。

但仍然需要行政机关就事实进一步调查,才能作出特定、具体、明确的具体行政行为。遇到这种情况,如果原告就具体行政行为的作出有时间紧迫性,或者对请求作出特定内容的具体行政行为没有把握的,就可以提起"应为具体行政行为诉讼"。例如,《最高人民法院关于适用〈中华人民共和国行政诉讼法〉的解释》(法释〔2018〕1号)第九十一条规定:"原告请求被告履行法定职责的理由成立,被告违法拒绝履行或者无正当理由逾期不予答复的,人民法院可以根据行政诉讼法第七十二条的规定,判决被告在一定期限内依法履行原告请求的法定职责;尚需被告调查或者裁量的,应当判决被告针对原告的请求重新作出处理。"因此,我国行政诉讼法上承认,可以作出具体行政行为的内容不具体、不明确可以提起课予义务诉讼,只是等待的是"答复判决"罢了。

(二) 须已提出申请或依职权负有作出具体行政行为的义务

原告如果在起诉前根本没有向行政机关提出作成行政行为申请的,则其提起的"对拒绝处分之诉",一般被认为欠缺权利保护必要而不合法。事先向行政机关提出申请给付行政行为,这种法律地位并非诉权问题。如果原告向无管辖权的机关申请某一行政行为,则后续诉讼不具备理由,从而就是不适法的。如果原告没有申请过行政行为,则不存在对课予义务诉讼的法律保护需要,因为他显然可以通过更简便的途径达到其目的。[①] 在德国、台湾地区,课予义务诉讼均以原告须向行政机关提出申请为特别要件。

我国行政诉讼法上的课予义务诉讼并不局限于原告曾向行政机关提出申请为特别要件,如果行政机关负有法定的职权义务,除了该职权的履行不以原告的申请为发动依据的,还有一部分是行政机关依职权主动履行的具体行政行为。譬如,《行政诉讼法》第三十八条第1项规定:"在起诉被告不履行法定职责的案件中,原告应当提供其向被告提出申请的证据。但有下列情形之一的除外:(一)被告应当依职权主动履行法定职责的。"因此可以通过该条推断,我国课予义务诉讼除了依申请应负有法定职责外,还包括依职权负有法定职责的情形。

(三) 原告须主张权利受到损害

只有当原告主张行政行为的拒绝作出导致其权利受到了侵害,课予义务诉

---

① 参见弗里德赫尔穆·胡芬:《行政诉讼法》,莫光华译,法律出版社2003年版,第288页。

讼才是合法的。由此可见,确定诉讼的依据并不是对行政行为的积极请求权,而是权利侵害的可能性。因此,课予义务诉讼的诉权的前提其实与受害者之诉的诉权相同,诉权的审查类似于撤销诉讼。课予义务诉讼的诉权需要如下前提:

1. 原告须主张一项权利

尽管德国《行政法院法》第42条第2款对诉权有"消极规定",这对于课予义务诉讼的诉权而言,首要的前提仍然是原告必须主张一项权利,但这并非纯粹的经济利益或者是反射利益。譬如,原告出于经济利益要求行政机关作出保证的诉讼,对于建筑计划的实施请求权等,这些都是不存在的权利,如提起课予义务诉讼就被视为不适法。

2. 该权利属于原告

课予义务诉讼,原告同样也只能主张属于他自己的权利。实际上,只要不能明显而确定的排除被主张的权利属于原告即可,但应当至少要简单考察一下请求权。如果原告能够援引一项法定请求权规范,而且该规范能够证明他就是可能的受益者。在相应的事实被提出后,至少必须考虑请求权的存在。例如,机构和设施的法定准入请求权,一开始就只产生了一种符合建造目的的使用设施的请求权。

课予义务诉讼的诉权也可能来自一项基本权利。[1] 但前提条件是,原告就是某项基本权利的主体,并且仅当被申请的许可存在时(带有许可保留的预防性禁令),他才可能行使该权利。一旦出现合乎构成条件的前提,许可就会产生那种期权权利上的自由,原告也就出于相应的自由权利而具有对许可的请求权。例如,台湾地区某诊所,根据所谓"全民健康保险医事服务机构特约及管理办法",向健保局申请全民健康保险的特约医院遭到拒绝,该诊所自认并没有法定的不予特约的情形,而主张健保局的拒绝签约违反平等原则,该诊所便有权提起课予义务诉讼请求健保局与之签约。

如果原告不想通过课予义务诉讼为自己实现授益,而是想为第三人施加负担,例如,通过停止建筑、施加危害防止负担,或者撤回授益行政行为等,那么就可能反射性地涉及邻居保护。这时的诉权保护就可以根据保护规范、考虑要求、对基本权利的影响等相关规则予以确定。

---

[1] 参见弗里德赫尔穆·胡芬:《行政诉讼法》,莫光华译,法律出版社2003年版,第289页。

3. 权利受到侵害的可能性

原告怎样主张其权利受到侵害,法院才予受理?通说认为,课予义务诉讼仍应参照撤销诉讼所采用的"可能性说"标准,亦即基本上只要所主张的权利非明显不存在或不属于原告所有,就可以从宽认定权利受侵害的可能性存在。如果根据原告陈述的事实存在权利受到侵害的可能性时,原告就完成了主张义务,起诉即为合法。因此,在课予义务诉讼中,不必对权利侵害的可能性提出过高要求,不然就会过早地涉及判决有无理由的问题。"德国联邦行政法院一般采用对原告较为有利的'反面判断方式'(又称之为'显然性规则')进行判断,即只有在经任何方式均显然且明确地无法承认原告主张的权利存在,或归属于原告时,原告的诉讼才不合法。"① 只要原告笼统地提出对行政行为的主观请求权,不作为或拒绝就可以认定为包含了权利侵害的可能性。

另外,与撤销诉讼不同的是,原告本身是请求作出行政行为的相对人,但并不能适用"相对人说"。② 因为课予义务诉讼所依据的理由为自由行动权受到侵害的原告,"相对人说"的宪法基础仅包括防御权而不含有给付请求权的内容,所以不能因为原告是申请行政机关作出行政行为遭到拒绝(驳回)的相对人,就当然认为其具有诉讼权能。如果原告依"相对人说"当然取得诉讼权能,那么原告随便向一个可能无管辖权的行政机关提出一个纯臆想的申请,就足以通过它必然被拒绝而获得诉权,这显然不妥。③

4. 必须属于"主观公权利"范畴

根据德国学说及实务上的见解,"主观公权利"存在的一般要件是必须存在规范公权力主体的公法上的法律,并且该法律必须是"保护规范",这样,原告才因法律的存在具有请求作出申请的行政行为的"公法上主观权利"。如果原告遭到拒绝(驳回)视为侵害原告的"公法上主观权利",原告即可以取得"诉讼权能"。至于公法上的法律是否具有可赋予原告有请求作出所申请行政行为的"公法上

---

① 参见吴绮云:《德国行政给付诉讼之研究》,"司法院"印行1995年版,第47页;弗里德赫尔穆·胡芬:《行政诉讼法》,莫光华译,法律出版社2003年版,第290页。
② "相对人说",系指在撤销之诉中,如原告本人即是想撤销不利行政行为的相对人时,原告即可仅因其为该不利行政行为的相对人的地位,而当然具有诉讼权能。
③ 参见吴绮云:《德国行政给付诉讼之研究》,"司法院"印行1995年版,第48页。

主观权利",应根据"保护法规说"判断。依"保护规范理论",如果法律的制定,依立法者的客观用意,不仅是在保护一般大众的利益,而且至少在保护原告个人利益,原告即具有诉讼权能。① 或者说,原告所主张的权利纵然没有法律的明文规定,也不能因此就直接认定明显欠缺法律上请求权的可能,例如,请求主管机关取缔相邻人制造的噪音,取缔相邻人建筑逾越建筑线、顶楼违法加盖等,均有可能从相关环保法与建筑法导出相邻人的请求权。另请求取缔同业竞争以违反商业伦理等不公平竞争方法侵害原告竞争利益,虽公平交易法没有明示原告有请求权,但仍可能根据公平交易法相关不公平竞争条文的立法意旨推导出原告的请求权。②

对"拒绝履行行政行为之诉",原告一般请求判令行政机关作成直接对自己有利行政处分的情形,由于其所根据的请求权法规,对个人的授益一般有明文规定,即具有赋予个人公法上主观权利的性质,原告通常具有诉讼权能。在例外情形下,原告之诉讼权能也可直接基于基本权利而生。分享权系基本权利的功能之一,除"分享"各种自由权之外,也有对给付义务的受益性质。给付义务包括物质的,如社会福利、社会救助,也包括精神的,如教育、文化、训练等设施作为分享功能,其来源自由权与社会权兼而有之。③

原告因"拒绝履行行政行为之诉"也可请求行政机关向第三人作出具体行政行为,这就产生对第三人效力的行政行为的特别问题。这里分两种类型进行讨论。一是原告诉请判令行政机关对第三人作出负担的行政行为。例如,原告申请行政机关拆除邻居甲某的违章建筑遭到拒绝提起诉讼,原告仅仅具有防御权还不够,还必须具有主张请求行政机关采取措施制止的请求权,才具有诉讼权能,其起诉方为合法。而请求权的基础可能是某一特别法规的概括性条款。在具体案件中,原告要具有诉讼权能,其请求必须有法规上的依据,除了维护一般公众利益外,至少也在保护原告的利益。二是原告诉请行政机关对第三人作出授益行政行为。例如,建筑师甲诉请法院判令行政机关应核发建筑许可证给委托建筑设计的起造人乙。在此情形下,因为原告所请求作出的授益行政行为所依据的法律法规通常仅仅在于保护作出行政行为的相对人,而并不是作为第三

---

① 参见吴绮云:《德国行政给付诉讼之研究》,"司法院"印行1995年版,第45页。
② 参见翁岳生:《行政诉讼法逐条释义》,五南图书出版股份有限公司2002年版,第100页。
③ 参见吴庚、陈淳文:《宪法理论与政府体制》,三民书局2014年版,第108页。

人的原告,有关建筑法规仅保护公众、起造人,有时也包括相邻人的利益,但并不包括保护建筑师甲的利益在内。因此,原告建筑师甲因此不具有诉讼权能。

(四) 其他特别实体判决要件

1. 原告须已经先行程序未获结果

在德国法[①]、台湾地区的所谓"行政诉讼法"上,如果对行政行为的申请遭到了拒绝,在提起课予义务诉讼前,还应当进行一个先行程序。先行程序的目的反映在原处分与行政诉讼中的中介地位,先行程序应使行政自我审查成为可能,补充接续而来的法律争议而有助于人民权利的保护以及减轻法院的负担。先行程序规则也适用于行政机关仅仅部分满足申请,或者作出一个内容上"经过修正的"许可。[②]

德国《行政法院法》上第 75 条的"对怠为处分之诉"[③]可以不受第 68 条先行程序的约束。如果行政机关没有充分理由,未在适当期间内,对复议申请或对要求作出行政行为的申请作出实质性决定的,直接提起课予义务诉讼也是适法的。例如,如果行政机关没有答复相邻权的复议请求,建筑业主仍可以提起不作为之诉。

另外自申请或复议申请的提出为准开始计算,在满三个月之后,诉讼无需复议前置程序也是适法的。如果行政机关对延误不能提出充分理由,法院就必须对诉讼作出裁判。这类理由主要有"案件的特殊复杂性""第三人或者其他机关的参与"等,但是,对于"一般的工作负担过重""或者没有预交有关费用"等并不能构成所谓的充分理由。确切地说,法院必须中止程序,直到一个由它确定的(适当的)期限届满。如果在法院设定的这一期限之内,复议申请得到了全面满足,或者所追求的行政行为已经作出,那么继续诉讼就由此失去了法律保护的需要。

---

① 德国《行政法院法》第 68 条第 1 款规定:"提起撤销之诉前,必须于先行程序中审查行政处分的合法性及合目的性,但法律另有规定或有下列情形之一者,不在此限。"第 2 款规定:"前项规定于申请为行政处分被拒绝而提起课予义务诉讼时,准用之。"
② 参见弗里德赫尔穆·胡芬:《行政诉讼法》,莫光华译,法律出版社 2003 年版,第 292 页。
③ 德国《行政法院法》第 75 条规定:"对于诉愿或作成行政处分的申请,无正当理由而未于相当期间为实体决定时,得提起诉讼,不受第 68 条之限制。提起诉愿或提出作成行政处分之申请未逾三个月者,不得提起本条之诉讼,但因特殊情况,有缩短上述期间之必要者,不在此限。有充分理由,至诉愿尚未能决定,或所申请之行政处分尚未能作成者,法院得停止程序,订一定期间,延期处理之。于法院所定期间内,诉愿已被接受,或行政处分已作成者,应宣示本案终结。"

如果申请在起诉之后被拒绝,那么原告可以把已作出的行政决定一并纳入诉讼,并且无需再进入先行的复议程序,就可以继续诉讼。如果在行政机关作出复议决定之前,三个月的期间已经届满,或者如果行政机关没有在法院确定的期限内作出决定,也同样无需前置程序。

我国行政复议与行政诉讼的关系基本采取"复议选择"原则,亦即提起课予义务诉讼没有前置程序要求,但如果法律明文规定有复议前置的除外。因此提起课予义务诉讼的先行程序在我国行政诉讼法并没有太大意义。

2．起诉期间

德国《行政法院法》第 74 条第 1 项规定:"撤销诉讼应于诉愿决定送达后一个月内提起。依第 68 条规定无须诉愿决定时,诉讼应自行政处分通知后一个月内提起。请求作成行政之申请被拒绝时,其课予义务诉讼之提出,准用第 1 项之规定。"我国行政诉讼法上由于无复议前置的先行程序要求,所以起诉期限的起算应从行政机关接到申请之日起算起。我国《行政诉讼法》第四十七条规定:"公民、法人或者其他组织申请行政机关履行保护其人身权、财产权等合法权益的法定职责,行政机关在接到申请之日起两个月内不履行的,公民、法人或者其他组织可以向人民法院提起诉讼。法律、法规对行政机关履行职责的期限另有规定的,从其规定。公民、法人或者其他组织在紧急情况下请求行政机关履行保护其人身权、财产权等合法权益的法定职责,行政机关不履行的,提起诉讼不受前款规定期限的限制。"根据该法条,我国课予义务诉讼的起诉应为自申请之日超过两个月的适当期限仍不履行的,原告即可以提起诉讼。

3．一般法律保护需要

即具备一般权利保护必要的要件,原告缺乏受法院实体判决权利保护必要的重要案件有:(1) 如果原告诉求可经由其他更适当(更简易、更迅速、更有效广泛)的诉讼类型达到救济目的的;(2) 原告诉讼的权利救济对其法律地位并没有益处,行政争议和判决结果,只有理论而无实际意义;(3) 原告显然存在滥用诉权的情形,例如,原告起诉目的主要不在实现自身权利,只在损害被告或第三人。[①]跟其他诉讼类型一样,课予义务诉讼也会缺乏法律保护的需要,如原告有可能通

---

① 参见吴绮云:《德国行政给付诉讼之研究》,"司法院"印行 1995 年版,第 41 页。

过更简便的途径达到其目的,或者如果滥用诉讼,或者诉讼权利已丧失。对于课予义务诉讼尤为重要的前提是:原告已经提出了一个请求作出授益行政行为的申请,但是,如果原告通过课予义务诉讼不可能达到其目的,原因是一个只能一次性存在的授益已经不可撤回地给予他人,这也会导致法律保护需要的缺乏。①

二、拖延履行行政行为之诉

拖延履行行政行为之诉的特别实体判决条件与拒绝履行行政行为之诉具有以下相同的要件:(1)给付请求须为客观上的行政行为;(2)须已向行政机关提出申请;(3)原告须主张权利受到损害。其内容大致相同,不再赘述。现就拖延履行行政行为之诉的特别要件阐述如下。

(一)行政机关无充分理由在适当期限内未作出实体决定

所谓"实体决定",是指行政机关已对本案内容有所审查之后的终局决定,这里要注意排除行政机关作出的"过程性决定"或者"案情通知"等,这些都不属于"实体决定"。但如果行政机关对于公民申请行政行为提出的异议,以不合法理由驳回的裁决,也应属于"实体决定"。②

1. 适当期限

行政机关对于公民申请的案件或者提出的异议,原则上行政机关应迅速作出决定。德国《行政程序法》并未明定行政机关一般应作决定的期限,而是通过《行政法院法》第75条第2段关于提起"对怠为处分之诉"要件上作出间接规定,依该规定,人民向行政机关申请作出具体行政行为或提出异议,自申请或异议提出时起,未逾三个月的,不得提起"对怠为处分之诉",德国法上虽然对提起不作为之诉规定了三个月届满的"适当期间",但法律同时也规定,可以因"案件特殊情况将期限缩短",例如,考试的紧迫性、救助的急需、参加有时间限制的活动、涉及污染物保护法上的审批等。③

我国《行政诉讼法》第四十七条规定:"公民、法人或者其他组织申请行政机

---

① 参见弗里德赫尔穆·胡芬:《行政诉讼法》,莫光华译,法律出版社2003年版,第294页。
② 参见吴绮云:《德国行政给付诉讼之研究》,"司法院"印行1995年版,第50页。
③ 参见弗里德赫尔穆·胡芬:《行政诉讼法》,莫光华译,法律出版社2003年版,第292页。

关履行保护其人身权、财产权等合法权益的法定职责,行政机关在接到申请之日起两个月内不履行的,公民、法人或者其他组织可以向人民法院提起诉讼。法律法规对行政机关履行职责的期限另有规定的,从其规定。公民、法人或者其他组织在紧急情况下请求行政机关履行保护其人身权、财产权等合法权益的法定职责,行政机关不履行的,提起诉讼不受前款规定期限的限制。"该条规定了不履行法定职责的适当期限。[①] 可以通过"起诉期限"倒推出"适当期限",即原告提起课予义务诉讼原则上须在接到申请之日起满两个月,可以视为被告作出决定的"适当期限"。原告原则上必须在提起行政行为申请两个月之后,才能够提起"对怠为处分之诉"。如果早于两个月提起,其诉即为不合法。根据《行政诉讼法》第四十七条第二款的"但书"规定,允许原告在未满两个月提前提出诉讼。判断有无"紧急情况"的存在,只能根据原告是否有迅速获得行政机关的权利保护利益的必要性而定。例如,原告所需要的紧急救助,没有行政机关的快速决定,原告将遭到重大且不可恢复的权利侵害时,才能被认为具有提前诉讼的必要。

原告如果没有提前起诉的特殊事由,或者没有紧急情况存在的,其诉即为不合法。但通说认为,提前起诉,如果在法律作出裁判时,三个月限制起诉期间已届满的,原本不合法的起诉即变为合法。这是因为即使法院直接以起诉不合法驳回起诉,原告只需再等一段时间,即可再起诉。从诉讼经济原则考虑,可视为该项起诉要件欠缺的瑕疵得到"治愈"。[②]

2. 无充分理由

行政机关是否有迟延不为迅速决定的充分理由,应考虑行政机关业务负担、案情状况,以及原告是否具有请求立即决定的急迫利益等因素后客观判断之。[③] 实务中认定有充分理由的情形有:从案情牵涉广泛,事实调查特别有困难;须请求其他机关表示意思或因相关法律变动,行政机关负担过重等原因。反之,如行政机关部门因承办公务人员生病、休假导致工作量负荷过重等理由,并不能构成

[①] 不少法律释义和论著将第四十七条的规定作为不履行法定职责的起诉期限,但从严格意义上讲,本条规定并非起诉期限,而是提起不作为之诉的"适当期限",这是从诉讼类型出发对提起不作为之诉规定的最短期限。如果在两个月提起诉讼,被视为时机未成熟。从理论上讲,提起不作为之诉不需要起诉期限的限制,因为申请人随时都可以向行政机关提起新的申请从而使得起诉期限重新开始计算。

[②] 参见吴绮云:《德国行政给付诉讼之研究》,"司法院"印行1995年版,第52页。

[③] 转引自吴绮云:《德国行政给付诉讼之研究》,"司法院"印行1995年版,第52页。

延迟超过"适当期限"作出决定的充分理由。如果原告在"适当期限"期满后提起诉讼,法院认为行政机关延迟没有作出行政行为决定,并且具有充分理由的,一般裁定停止诉讼,定期限命行政机关作出决定。[①] 该规定使得原告合法提起不作为之诉,并不会因为行政机关借口"充分理由"延迟未作决定而受到影响,这种情形下,法院并不能以诉的不合法而驳回起诉。如果法院裁定书所定的期限届满,行政机关仍未作出实体决定又有充分理由的,还可以再裁定延长。

如果行政机关在原告提起不作为之诉后作出行政行为决定,行政诉讼程序应视情形分别作出裁判。[②] (1) 原告诉求得到满足。一旦行政机关作出原告所需的决定,或者复议机关撤销了原告行政行为决定,另外作出了对原告有利的决定,原告的诉讼目的已经达到,继续进行诉讼程序就已经没有权利保护的必要,法院就诉讼费用分担作出裁定,如果被告在起诉前即已将决定送达原告,那么费用总是由原告承担。当然原告也可以不宣示本案已解决,而是选择撤诉。(2) 驳回异议。原告起诉后,行政机关为驳回异议的决定的,其后的诉讼程序,即针对该异议决定,根据撤销诉讼或对拒绝处分之诉继续进行。(3) 拒绝(驳回)原告申请的。原告可针对该拒绝的行政行为,继续进行诉讼,但需要变更诉讼请求,变更为撤销诉讼或者"对拒绝处分之诉"。

(二) 起诉期限

需要注意的是,行政不作为之诉具有适当期限的规定,该适当期限的规定不同于行政诉讼法上的起诉期限。如德国《行政诉讼法》第 75 条以及我国《行政诉讼法》第四十七条所规定的"适当期限"。该适当期限为原告起诉的最早时点,并非一般诉讼意义上的起诉期限。起诉期限一般是限制原告起诉的最迟时点,以防止原告躺在权利上"睡觉"。现行《行政诉讼法》对"对怠为处分之诉"没有设定起诉期限。基于失权原则,原告也有可能因为在期间内本来有起诉可能,但却一直不起诉,而丧失提起该类诉讼的诉讼权。因此,"对怠为处分之诉"的起诉期限也应明确规定。

[①] 参见德国《行政法院法》第75条第3句:"有充分理由,致诉愿尚未能决定,或所申请之行政处分尚未能作成者,法院得停止程序,订一定期间,延期处理之。于法院所定期间内,诉愿已被接受,或行政处分已作成者,应宣示本案终结。"
[②] 转引自吴绮云:《德国行政给付诉讼之研究》,"司法院"印行1995年版,第53页。

第三节 课予义务诉讼的判决

一、诉有理由的要件

原告提起课予义务诉讼，如果具备特别要件，法院就应当作出裁判。德国《行政法院法》第113第5项规定："拒为或怠为行政处分违法，并因此侵害原告之权利时，如事件已达可裁判之程度，法院应判决行政机关有作成原告申请职务行为之义务。如未达可裁判之程度，法院应宣示，行政机关依法院裁判意旨对原告作成决定的义务。"从该条规定可将作出课予义务诉讼的判决要件总结为：(1) 被告机关拒绝(驳回)或怠为行政行为违法；(2) 原告权利受到侵害；(3) 案情已达到可以裁判程度。前两项表明了课予义务诉讼要有理由，必须同时满足客观违法性以及主观权利受到侵害。这表达出德国《行政法院法》以保障个人主观权利为主要诉讼功能而建构的行政诉讼救济制度。① 因此，法院在审查诉讼有无理由时，除了审查特别要件外，还要重点审查原告的权利是否真正受到损害。

在课予义务诉讼中，法院审查原告的权利是否受到损害与撤销诉讼大致相同，即课予义务诉讼判决的理由也要遵循行政行为的违法性并且对原告的权利造成损害的判断。但在程序上却有差别，与撤销诉讼不同的是，课予义务诉讼直接从原告的请求权立场出发，就原告是否有请求法院判令行政机关作成已遭拒绝(驳回)或怠为处分的请求权加以审查。与撤销诉讼审查判决有无理由不同的原因在于：课予义务诉讼基本上很难区分违法的客观性和主观要素，行政机关在客观上有作出原告所请求的行政行为的义务，通常是基于原告主观上的请求权而产生的。② 因此，课予义务诉讼有无理由的司法审查框架应为：原告是否具有

---

① 客观法的审查与主观权利保障两者并不矛盾，客观法的合法性审查，目的也在于保护个人，反之，法院保障个人权利，也是在实现一般法律审查功能。现行德国行政法院裁判功能最主要在于保护个人权利，原告是否有提起行政诉讼的"诉讼权能"，是严格取决于其个人权利是否受到损害而定。
② 参见吴绮云：《德国行政给付诉讼之研究》，"司法院"印行1995年版，第61页。

公法上的请求权,行政机关拒绝(驳回)或怠为行政行为是否违法,该违法行为有无侵害到原告的主观公权利。以下部分以原告是否具有公法上的请求权展开论述。

即使在课予义务诉讼中,也有必要事先指明对争议有决定作用的法律规范。该法律规范涉及的不是行政机关的拒绝理由,而是原告的请求权基础。如果原告对其所追求的行政行为具有请求权,行政机关对原告所申请的行政行为的拒绝或者怠为就是违法的。① 原告是否有请求作出已遭拒绝(驳回)或怠为行政处分的请求权,一般应根据实体法来决定。课予义务诉讼的请求权,可以基于法律的明文规定、附带保留行为、裁量法规、基本权利(包括宪法上的平等权)、行政承诺或行政协议而产生。

1. 基于法律的明文规定

原告具有请求法院判令行政机关作出其所申请行政行为的请求权,最直接简单的判定是:法律中已明确含有对请求权的表述,而且利害关系人也满足了请求权的相应前提。例如,法律中对特定社会福利给付的明确规定。如果法律等实体法已明确规定了请求权,原告的事实理由符合实体法上的要件,那么行政机关的拒绝(驳回)或怠为行政行为即属违法。但需要注意的是,并非所有法律都明确规定了具体的请求权,原告所主张的权利纵然没有法律的明文规定,也不能就此直接认定明显欠缺法律上的请求权。根据"保护规范理论"②仍有法律默示赋予原告请求权的可能。例如,请求行政机关取缔相邻人所产生的噪音、取缔相邻人建筑物超越建筑红线、拆除顶楼违法搭建等,均有可能从相关环保法、建筑法中推导出请求权。③ 另外请求取缔同业竞争以违反商业伦理等不公平竞争方法侵害原告竞争利益,虽然公平交易法没有明示原告有此请求权,但仍可以根据公平交易法相关条款的立法目的推导出来。换言之,法律上虽未明文规定请求权,根据"规范保护理论",可以经过立法宗旨的阐明而间接推导出提起课予义务

---

① 参见弗里德赫尔穆·胡芬:《行政诉讼法》,莫光华译,法律出版社 2003 年版,第 439 页。
② "规范保护理论",系指公法权利的确认,应从探求相关法律的规范意旨着手,如果该法律的规范目的,除保护公共利益外,同时兼顾保护个人的利益,则受保护的个人即因该法规而享有公法上的权利。行政机关如果违反该规定的意旨,受该法规保护的个人即可以其权利或法律上利益受到侵害而有所主张。"规范保护理论"请参见李建良:《行政法基本十讲》,元照出版有限公司 2012 年版,第 264 页。
③ 参见台湾地区"大法官"释字第 469 号解释。

诉讼的请求权。

2. 基于附带保留行为

附带保留行为一般存在于行政许可领域。有学者称行政许可是指对符合条件者的不作为义务的解除。附带保留是指法律对于公民的特定行为作一定程度的保留，除非获得例外的许可。附带保留分两种情形。一是预防性附带保留，即为了预防公民权益的滥用，对一定事项进行法律上的限制，仅在例外情形下获得许可，如申请工商营业许可，申请律师执业等。二是严格控制的附带保留，即公民某种行为为法律所禁止，只在非常严格的条件下才得许可，申请集会、旅行、示威许可。[1] 这种情形分别对应于德国法上的"许可保留的预防性禁令"和"压制性禁令"。

德国大部分课予义务诉讼皆系涉及基于预防性附带许可保留的禁止规定而产生的请求权。所谓"预防性附带许可保留之禁止"，指法律对于人民为特定行为的自由权，基于公益的考量，为能预防性的监督，乃作一般性禁止规定，而准行政机关基于人民的申请，为个别的解除，即为行政许可的决定。因此，申请人如果符合法律所规定的行政许可条件，即有权请求行政机关核发行政许可证的请求权。例如，申请人具备《律师法》第五条规定的申请律师执业所有条件时，即有申请核发律师执业证的请求权；申请人申请核发工商登记证、食品生产经营许可证也如此。需要注意的是，这种请求权的发生，根据实务见解，不仅会基于法律的许可要件的明文规定，也可能基于该法律背后所隐藏的基本权利为基础，例如，《集会游行示威法》。

压制性禁令（例外准许、解禁）。如果带有解禁的压制性禁令，情况可能不一样，"压制性附带免除保留的禁止"规定，系指对于人民某些特定行为，由于法律自始即确定其会危及或妨害公益，因此，基本上予以禁止，除非在特别严格的条件下，才允许例外。因此，对法定条件的满足，在此时就是必要的，但对于请求权和由此而来的义务之诉的理由具备性而言，通常还不是充足的条件。大多数情况下，此时还存在一种（宪法认可的）解禁裁量。严格控制的附带保留的例子十分罕见。例如，《集会游行示威法》第二十三条规定："在下列场所周边距离十米

---

[1] 参见江必新：《行政许可法理论与实务》，中国青年出版社2004年版，第11页。

至三百米内,不得举行集会、游行、示威,经国务院或者省、自治区、直辖市的人民政府批准的除外:(一)全国人民代表大会常务委员会、国务院、中央军事委员会、最高人民法院、最高人民检察院的所在地;(二)国宾下榻处;(三)重要军事设施;(四)航空港、火车站和港口。"通常情况下,即使申请人有可能获得严格控制的附带保留的许可,但是原告在诉的适法性方面仍然缺乏理由,法院将驳回其起诉。

3. 基于裁量法规

德国《行政法院法》第114条规定:"行政机关经授权,依其裁量而行为者,法院也应审查,其是否因逾越裁量之法定界限,或是否因以不符合授权目的之方式行使裁量权,致行政处分或行政处分之拒绝或不作成为违法。"因此,如果作为原告请求权基础的法律属于裁量法律,行政机关就拥有行政裁量权限,行政机关的拒绝(驳回)或者怠为作出行政行为,一旦出现裁量瑕疵,法院对违法的行政裁量行为具有司法审查权限,原告有请求行政机关作出合目的性裁量的请求权。当然,在此情形下,除了具有请求行政机关作出合目的性裁量的请求权之外,还需要具备"案情已达到可以裁判程度"的要件,课予义务诉讼才为有理由。

4. 基于基本权利

课予义务诉讼的诉有理由系直接基于基本权利而产生的请求权的情形并不多见。因为基本权利本身就是公民不需要经行政机关的许可即可自由的行为,当然不需要提起课予义务诉讼,但如果在对基本权利的行为自由作出限制性规定的,也必须遵守法律保留原则,没有法律的授权,行政机关不得作出行政行为。因此,从课予义务诉讼的诉有理由的观点看,原告请求权产生的基础也一定是由法律所作的限制性规定,并不能直接基于基本权利。

但是,如果法律上有明文规定对基本权利上的行为有法定限制,那么请求权就可能直接产生于该法律本身。例如,那些包含职业准入调整的决定,就总是必须通过法律或者基于法律作出。因此,从课予义务诉讼的理由具备性分析看,此处的请求权产生于法律,并不需要转而援引基本权利。如果涉及公共设施的准入问题,则基本权利并不赋予特殊的分享请求权,而只是提供了对于公共设施现有容纳能力的一种分享请求权,这种请求权通常在法律上也是具体化的。

对于请求行政机关作出特定的授益行政行为的,宪法上的平等原则有可能作为产生原告的同等待遇请求权的基础。如果行政机关故意违反其常年的行政先例,或者如果行政机关已有保证在先,或者行政机关有悖公平原则忽略某一行政规定,原告提起的课予义务诉讼即为诉有理由。这里需要注意的是,如果原告只是认为,行政机关有悖公平拒绝了那个被许可给他人的授益(如行政补贴),那么这个发放决定本身虽然完全可能违法,但是案件却仍然至少是裁判时机不成熟的,只要行政机关还有消除不平等对待的其他可能性(譬如有悖公平的命令),这种不平等对待也可能存在于在以"竞争对象"的负担为代价的许可性授益中。①

5. 基于行政承诺或行政协议

如果行政机关事先对停止作为,或者对被拒绝的行政行为作出过有效的保证,或者如果一个行政协议中对该行政行为的作出规定了义务,那么课予义务诉讼也是具备诉有理由的。②德国《行政程序法》第38条对行政机关将来作出或不作出某一特定的行政行为的承诺有特别的规定。因此,如果行政机关事先对停止作为,或对被拒绝的行政行为作出过有效的"承诺",而原告申请遭受拒绝(驳回)或怠为作出行政行为时,原告提起的课予义务诉讼即为有理由。例如,行政机关在行政协议中设定义务,行政机关就应当作出相应的行政行为。《政府采购法》第五十一条、第五十四条、第五十五条规定了供应商可以就政府采购合同中相关问题要求采购人(政府)进行答复的权利。供应商对政府采购活动事项有疑问时,可以向采购人(政府)或者采购人委托的采购代理机构提出询问,采购人应当及时作出答复。对未在规定期间内作出答复的,可以向法院提起课予义务诉讼。再如,《税收征收管理法》第十三条规定:"任何单位和个人都有权检举违反税收法律、行政法规的行为。"《税收征收管理法实施细则》第七条规定,税务机关应当根据检举人的贡献大小给予相应的奖励。税务机关应当按照规定对检举人给予奖励。③

类似情况也适用于行政协议,只要行政协议并不是自始无效的,原告就可以要求行政机关作出以合同方式承诺的行政行为,课予义务诉讼即具备理由。但

---

① 参见弗里德赫尔穆·胡芬:《行政诉讼法》,莫光华译,法律出版社2003年版,第442页。
② 参见弗里德赫尔穆·胡芬:《行政诉讼法》,莫光华译,法律出版社2003年版,第442页。
③ 相关案例参见"钟圣才诉上海市地方税务局闸北分局行政奖励行为上诉案",载最高人民法院行政审判庭:《行政执法与行政审判》2005年第2集。

需要注意的是,对于行政承诺或者协议合同的效力而言,并不需要他们一定是合法的。承诺或者合同有效的前提仅仅是:有管辖权的行政机关以书面形式对此作出了决定,并且该决定并非自始无效,甚至对于一个违法的保证也存在请求权,课予义务诉讼即具备理由。

二、裁判时机成熟

裁判时机成熟,意味着对于一个即将终结的关于诉讼请求的法院判决而言,所有事实和法律上的前提皆已具备。如果义务之诉具备理由,则法院就宣布行政机关的义务:行政机关应作出原告所申请的职权行为。正是由于课予义务诉讼具有"彻底裁判"的特点,在判决理由具备性方面,撤销诉讼与课予义务诉讼的最重要区别在于,作出履行判决之前需要裁判时机成熟。[1] 法院应当审查所有事实和法律上的条件,以使案件中的裁判决定成为可能,以此促使对法律纠纷的裁判时机成熟。但在涉及裁量决定、权衡决定、带有裁判判断余地的决定时,可能存在裁判成熟的例外。如果在违法性和权利侵害得到确认之后,行政机关仍然保有独立的裁判余地,那么裁判时机就是不成熟的,或者出于法律上的原因无法被创造。这时候,如果法院还要全面满足诉讼请求,那就违背了权力分配原则。[2] 法院的司法裁判权最主要功能在于法的监督和争议的解决,而行政的主要功能在于自主形成受法律羁束的社会生活关系,因此,对于法院为促使案情达到可为裁判程度时,即会违法侵犯到行政享有的自主决定和形成空间领域。所以,行政诉讼程序一般将"判决时机成熟"作为课予义务诉讼的理由要件之一,[3] 实质上这也是行政机关与法院最终决定权之间的妥协。因此,如果时机不成熟,诉就不具备理由,只有行政机关才有权创造成熟的裁判时机。

法院应当审查并且在必要时创造所有事实和法律上的条件,以使案件中的裁判决定成为可能。法院必须一方面通过行政机关补作所欠缺的事实调查;另一方面通过自己判定不清楚的法律问题等途径,促使裁判时机成熟。为作出终局判决,在法院依职权调查的原则下,如何认定在何种情形下法院另外不具有促

---

[1] 参见弗里德赫尔穆·胡芬:《行政诉讼法》,莫光华译,法律出版社2003年版,第127页。
[2] 参见弗里德赫尔穆·胡芬:《行政诉讼法》,莫光华译,法律出版社2003年版,第444页。
[3] 参见德国《行政法院法》第113条第5项。

使案情达到可为裁判程度的权限,仍有讨论的空间。

(一) 针对裁量行政行为

法院一般没有权限促使其达到可为裁判程度,但当行政机关对于原告所请求判令的行政行为决定有裁量权或判断余地时,可为例外。行政机关拥有裁量权的,法律许可行政机关在作出行政行为时有自由判断权限,那么在裁量空间作出的行政决定,法院应当给予尊重,不得加以审查。如果行政机关拥有行政裁量空间,需要行政机关调查或者裁量的,人民法院应当尊重行政机关的首次判断权。例如,德国《行政法院法》第114条规定:"对于行政机关行使裁量权限的行为,法院可以审查的范围,仅限于特定的裁量瑕疵(裁量滥用、裁量逾越、裁量怠惰),并不及于该行政裁量行为是否适当。"该原则不仅适用于撤销诉讼,也同样适用于课予义务诉讼,但法律效果并不同,对撤销诉讼而言,如果审查发现裁量瑕疵的,即属违法。至于行政机关是否有可能作成其他无裁量瑕疵的决定,在所不问。但是,课予义务诉讼则不同,如法院审查行政机关的拒绝(驳回)或怠为行政行为的裁量行为有瑕疵时,虽然该行为违法,原告的权利受到损害,但这不表示原告就可以获得完全胜诉的课予义务判决。因为行政机关在其所拥有的裁量空间范围内,还有作出其他合法的选择决定的可能。法院不能溯及既往剥夺行政机关的裁量权限,而只能以课予义务的"答复判决"代替。

在课予义务诉讼中,行政机关对原告的请求具有行政裁量权限,基于上述理由,案件视为尚未达到裁判程度,法院仅能作出"答复判决"。例如,请求判令行政机关应为特定行政措施,以避免对附近居民造成干扰的课予义务诉讼,法院仅能裁判行政机关究竟是否必须采取处置措施。至于排除干扰的方式,通常情形下应保留给行政机关自行决定。如果行政机作出裁量行政行为时,因行政争议的具体事实关系只存在采取某一措施的可能,别无其他选择,即在"裁量减缩为零"的情形下,此时可认定为案件已达可为裁判的程度,法院就可以课予义务诉讼完全有理由作出判决。

在行政机关拥有裁量权时,认定案件是否已达判决程度的标准,也适用于行政机关作出行政行为拥有判断余地的情形。所谓判断余地,系指将不确定法律概念适用于具体的事实关系时,行政机关可以自由判断的情形。如果行政机关行使职权拥有判断余地时,法院审查的范围只限于程序上的瑕疵以及某些特定基本原则上判断的瑕疵,如果不存在以上瑕疵,法院应尊重行政机关的判断,而不能以其自有的专业判断代替之。例如,某种专业考试的评价结果、公务员的考核、必须由专家组成鉴定组织作出的鉴定结论等。再者,考试成绩评定事件,法院虽然可将一有瑕疵的考试成绩评分予以撤销,或判令行政机关应允许原告可以再重考,但不能自行给予原告较好的评分。如果行政机关的判断余地可能基于特殊的事实关系而缩减至零时,例如,考试成绩为电子化的标准考试方式进行,考试成绩依靠机读卡片而非人工主观判断时,案情也应视为可达到裁判程度,法院可以直接判令行政机关给予原告特定较高分的成绩。

《最高人民法院关于适用〈中华人民共和国行政诉讼法〉的解释》(法释〔2018〕1号)第九十一条规定:"……尚需被告调查或者裁量的,应当判决被告针对原告的请求重新作出处理。"意味着行政机关对于相应的行政事项需要在进一步调查核实的基础上,重新进行斟酌和裁量。又如《最高人民法院关于审理政府信息公开行政案件若干问题的规定》第九条第一、四款规定,被告对依法应当公开的政府信息拒绝或者部分拒绝公开的,人民法院应当撤销或者部分被诉不予公开决定,并判决被告在一定期限内公开。尚需被告调查、裁量的,判决其在一定期限内重新答复。被告依法应当更正而不更正与原告相关的政府信息记录的,人民法院应当判决被告在一定期限内更正。尚需被告调查、裁量的,判决其在一定期限内重新答复。被告无权更正的,判决其转送有权更正的行政机关处理。第十条规定,被告对原告要求公开或者更正政府信息的申请无正当理由逾期不予答复的,人民法院应当判决被告在一定期限内答复。原告一并请求判决被告公开或者更正政府信息且理由成立的,参照第九条的规定处理。该司法解释吸收了具有裁量判断余地的课予义务判决的原则,人民法院不宜以自己的判断代替行政机关的专业判断。

以王秀群等诉商务部要求履行法定职责案为例。[①] 原告王秀群等诉请法院判令商务部履行法定职责,撤销《外商投资企业批准证书》,法院裁判意旨认为:履行撤销行政许可的法定职责,在监督检查环节仍有裁量余地。《行政许可法》

---

① 参见北京市第二中级人民法院,(2015)二中行初字第815号。

第六十九条列举的可以撤销、应当予以撤销、不予撤销三种情况,说明商务部即使启动了原告所请求的履行法定职责的监督检查程序,仍需依照法律规定和涉案客观事实就实体处理作出新的判断和决定。商务部在履行本案涉及的行政许可监督职责时,仍具有行政裁量余地,这是法律赋予行政机关的权力,法院不能僭越,应给予充分尊重并严格依法执行。本案法院基于"尚需被告调查或者裁量的"理由,作出"判令商务部针对原告的请求重新作出处理"的"答复判决"。

(二) 针对羁束行政行为

原告提起课予义务诉讼,请求给付的为羁束行政行为的,当作出该行政行为的所有法定要件都具备时,原则上案件已达到可为裁判的程度,法院也应判决原告之诉完全有理由。必要时,法院须依职权调查原则自行阐明事实,促使案情达到可为裁判的程度。但是,如果该羁束性行政行为的事实状况非常复杂,或者需要有赖于进一步的特定的专业性调查结果,法院如何依职权继续调查,有可能会侵犯行政机关的自主权。为确定司法权与行政权的功能职责,法院仍不得自行促使案件达到可裁判程度。

例如,根据德国《联邦公害防治法》,对于核发污染性设施设置许可证,通常以专业技术机关的参与为要件,如原告申请一污染性设施设置许可,关于一个核设施的复杂的风险估计,被告机关尚未就其提出的技术证明加以审查,而是以其他理由作出拒绝(驳回)行政行为的,法院就不得自行认定原告的申请是否应予核准,而只能判令行政机关重新决定,对技术上的证明予以审查。行政争议的事实极为复杂,且多为技术性,法院由于缺乏作进一步必要调查、计算,如老年金、社会救济金等需要专门知识进行核算的,都只能作出"答复判决"。

德国《行政法院法》第113条第3项规定:"法院认为有进一步厘清事实的必要,得仅撤销原行政处分与诉愿决定,而不就事件本身作成裁判。"虽然本条款仅针对撤销诉讼,但其所蕴涵的法律思想仍可适用于课予义务诉讼。因此,对于羁束行政行为,法院虽然基本上拥有审查权限,但为防止法院依职权调查时有侵害行政权限之嫌,因此,此类事实比较复杂的案件仍属案情未达可裁判程度时,须将案件退回行政机关重新作出行政决定。

(三) 特别情况

虽然原告请求判令行政机关作成具体行政行为的法律要件已全部具备,但基于法律上或事实上的原因,原告并不因此绝对具有请求作出该行政行为的请求权,特别是请求权只能由行政机关再作一选择决定才能发生时。例如,原告请求判令行政机关应给予大学许可,但入学许可有名额限制,并且原告和其他申请人人数总和超过了大学许可的总名额。此时,原告的请求权则依赖于行政机关的选择决定。

针对无管辖权的原行政机关,复杂的事实情况在受到法律约束的决定中,裁判时机也可能是不成熟的,尤其是当无管辖权的机关已经作出的决定。换言之,在有管理权的行政机关还没有接手该案前已作出决定,裁判时机可能被视为不成熟。

特定情形下尚需法院权衡决定。如果所追求的某一决定有赖于对若干被触及的利益方面的权衡,那么,法院虽然有可能确认行政机关的某个权衡瑕疵,但通常却不可能一方面进行"彻底裁判",另一方面又要使整个权衡决定事后保持平衡,此处的裁判时机也不成熟。

综合所述,如果在违法性和权利侵害得到确认后,行政机关仍然依法拥有独立的行政裁量余地时,或者出于法律上的原因无法被创造,裁判时机就是不成熟的,这时如果法院还要全面满足诉讼请求,那就可能违反权力分配原则。因此,从某种程度上讲,课予义务诉讼的判决内容也是行政权与司法权的一种妥协的结果。我国《最高人民法院关于适用〈中华人民共和国行政诉讼法〉的解释》(法释〔2018〕1号)第九十一条规定:"原告请求被告履行法定职责的理由成立,被告违法拒绝履行或者无正当理由逾期不予答复的,人民法院可以根据行政诉讼法第七十二条的规定,判决被告在一定期限内依法履行原告请求的法定职责;尚需被告调查或者裁量的,应当判决被告针对原告的请求重新作出处理。"由此可见,课予义务诉讼的"裁量时机是否成熟"在新《行政诉讼法》中也已明确规定,其必然会影响课予义务诉讼的判决形式。

第四节　课予义务诉讼的判决内容

课予义务诉讼判决内容,根据案件是否成熟作为裁判程度而区分为"具体判决"和"答复判决"两种。德国《行政法院法》第113条第5项规定:"行政机关违法驳回原告之请求或搁置其请求,致原告之权利受损害者,如案件已达到可裁判程度,法院应判令行政机关作出原告所申请的行政行为。未达可裁判程度者,法院则应判令行政机关遵循法院之法律见解对原告作出决定。"

台湾地区所谓"行政诉讼法"第5条规定:人民因相关职能机关对其依法申请之案件,于法令所定期内应作为而不作为,认为其权利或法律上利益受损害时,经依诉愿程序后,得向"高等行政法院"提起请求该机关应为行政处分或应为特定内容之行政处分之诉讼。人民因相关职能机关对其依法申请之案件,予以驳回,认为其权利或法律上利益受违法损害者,经依诉愿程序后,得向"高等行政法院"提起请求该机关应为行政处分或应为特定内容之行政处分之诉讼。台湾地区的课予义务诉讼参考德国法的立法例,以案件是否成熟为判断标准,在案件成熟时,规定"可以请求机关应为特定内容的行政处分",在案件不成熟时,规定"得请求该机关应为行政处分"。

我国《行政诉讼法》第七十二条规定:"人民法院经过审理,查明被告不履行法定职责的,判决被告在一定期限内履行。"《最高人民法院关于适用〈中华人民共和国行政诉讼法〉的解释》(法释〔2018〕1号)第九十一条规定:"原告请求被告履行法定职责的理由成立,被告违法拒绝履行或者无正当理由逾期不予答复的,人民法院可以根据行政诉讼法第七十二条的规定,判决被告在一定期限内依法履行原告请求的法定职责;尚需被告调查或者裁量的,应当判决被告针对原告的请求重新作出处理。"所谓的"尚需被告调查或者裁量的,应当判决被告针对原告的请求重新作出处理"应等同于"答复判决"。因此,从我国课予义务判决的最新司法解释亦可推导出,我国课予义务诉讼的判决内容已区分为"具体判决"和"答复判决"。

一、具体判决

原告提起课予义务诉讼,如果具备特别实体判决要件,并且法院在裁判基准时具有请求判令行政机关作出所申请行政行为的请求权,即具备了课予义务诉讼的合法性和理由性,法院应判决行政机关有作出原告所申请的特定行政行为的义务。这种类型的判决称之为"具体判决",亦称为"狭义上的课予义务判决"。该判决内容的特点为:课予义务诉讼的功能不同于撤销诉讼,撤销诉讼的目的在于废弃行政行为,具有审查和解决行政争议的功能。课予义务诉讼的判决内容,不仅在警告行政机关对原告提出的申请或复议应作出决定,而且已就行政争议作了终局裁判,并且判令行政机关负有作出原告所申请的行政行为的义务。因此,课予义务诉讼相较撤销诉讼,又增加了具有"替代性行政"的功能,这在"延迟履行行政行为之诉"中尤其明显。但该特定的具体行政行为又并非由法院本身作出,法院也应严守司法应有的权限限制。审判实践中,人民法院在作出履行判决的同时,也出现要求行政主体作出具体内容行为的判决,如"田永诉北京科技大学拒绝颁发毕业证、学位证案"[1]"彭学纯诉上海市工商局不履行法定职责纠纷案"[2]。

在"拒绝履行行政行为之诉",法院作出的"具体判决"时,通说认为,已包含了撤销已存在的拒绝履行行政行为的推理,在判决中不需要同时再明示撤销。但为了法律的明确性,可以在判决书主文中明示撤销。另外在"具体判决"发生既判力后,行政机关即负作出原告所申请的特定行政行为的义务,行政机关如不履行判决,人民可以申请强制执行。但如果判决确定后,判决内确定的请求,因法律或事实状态变更而不利于原告时,行政机关也可以提起强制执行异议之诉。

二、答复判决

大陆法系国家和地区在课予义务判决的"答复判决"类型中,同时会要求行

---

[1] 参见北京市第一中级人民法院,(1999)一中行终字第73号行政判决书。
[2] 参见《最高人民法院公报》2003年第5期,判决内容如下:判令上海市工商行政管理局应于判决生效之日起3个月内,履行对上海有线电视台戏剧频道2000年8月16日20时播出的专题报道节目是否构成违法医疗广告进行调查处理的法定职责,并将结果告知原告彭学纯。

政机关应当按照法院的"法律见解"行事。如德国《行政法院法》第113条第5款规定:"拒为或怠为行政处分违法,并因此侵害原告的权利时,如事件已达到可裁判程度,法院应判决行政机关有作成原告所申请行政行为的义务。如未达可裁判的程度,法院应宣示,行政法院裁判意旨对原告作成决定的义务。"在判决时机不成熟时的案件中,行政机关有义务根据法院的法律观对原告作出答复。① 在此意义上,要求获得不受限制的授益行政行为的诉讼请求,就部分不具备理由。答复判决的结果是,使行政机关受到在判决中宣布的法院裁判意旨的约束。答复判决的法律效力不仅包括行政机关重新作出决定的义务,而且还包括"法院裁判意旨"。这种法律观不但可以从判决主文中,而且还可以从那些主要的理由中产生。一般被表述为:"(1)撤销……的决定和……的复议决定;(2)被告有义务,在重视法院法律观的基础上,对原告关于……的申请重新作出决定;(3)驳回其余诉讼请求。"澳门特别行政区《行政诉讼法典》第一百零四条规定:"一、命令作出依法应作之行政行为之诉,目的在于判处行政当局须作出其未作出或拒绝作出之行为。二、如默示驳回一要求或拒绝一要求作出判断,而就该要求作出决定原系涉及自由裁量权之行使或涉及对内容不确定之法律概念作价值判断,则上款所指之诉之目的仅限于判处行政当局须作出明示行为,以便其有自由判断有关要求之空间。三、然而,在上款所指之情况下,按有关情况属合理时,法院在裁判中得订定有助于作出行政行为之价值判断及认知之过程方面之法律性指引,而不作出行政行为之具体内容。"台湾地区所谓"行政诉讼法"第200条规定:"行政法院对于人民依第五条规定请求应为行政处分或应为特定内容之行政处分之诉讼,应为下列方式之裁判:一、原告之诉不合法者,应以裁定驳回之。二、原告之诉无理由者,应以判决驳回之。三、原告之诉有理由,且案件事证明确者,应判令行政机关作成原告所申请内容之行政处分。四、原告之诉虽有理由,唯案件事证尚未臻明确或涉及行政机关之行政裁量决定者,应判令行政机关遵照其判决之法律见解对于原告作成决定。""法院裁判意旨""法律性指引""判决之法律见解"均体现了法院在"答复判决"中并非完全放弃的司法的导向功能,而是要求行政机关回应原告的要求,以化解行政争议。

---

① 参见江必新、梁凤云:《行政诉讼法理论与实务》,法律出版社2016年版,第1667页。

遗憾的是,我国《最高人民法院关于适用〈中华人民共和国行政诉讼法〉的解释》(法释〔2018〕1号)第九十一条规定:"……尚需被告调查或者裁量的,应当判决被告针对原告的请求重新作出处理。"由此可见,我国行政诉讼法上对课予义务诉讼的判决时机不成熟时的"答复判决"并没有明确法院必须就"答复判决"的同时作出"法律见解"。在司法实践中,我国司法实务中的判决文书一般也难觅"法律见解",即便存在于个案中,其内容也总是过于简单。

法院对被告行政机关作出"答复判决"后,被告行政机关重新作出行政行为决定时,应受到判决中法律见解的拘束。但拘束力效力只限于为"答复判决"为基准的主要判决理由,并不及于判决中进一步处理案情的建议等。行政机关在重新作出决定时,不得以法院所不同意为理由,驳回原告的申请。法院如果不履行依判决所课以的重新作出行政行为的义务,原告便可申请法院强制执行。如果被告行政机关不根据"答复判决"所给的法律见解作出决定时,原告只有重新起诉。

如果因为行政行为被行政机关撤回,或者其他方法已经获得解决的,原告就该违法行为的确认具有正当利益的,法院可依申请确认原行政行为违法。这种撤销诉讼的方法也可以类推适用于课予义务诉讼上来。因此,如原告提起课予义务诉讼后,在法院判决前"本案的行政争议已获得解决",权利侵害在诉讼程序中已消灭,或者基于其他理由原告已不适合再请求课予义务诉讼的,原告可直接申请确认违法之诉。例如,被告机关已准许原告的申请,并且原告就确认违法的拒绝(驳回)行政行为具有"正当利益"时,可变更诉讼请求为确认诉讼。例如,原告于几年后才发现其曾经被某高校录取,因有人冒名顶替而要求恢复入学身份。

在特定情形下,课予义务诉讼向确认诉讼的转换也得到我国行政诉讼法的确认。我国《行政诉讼法》第七十四条第二款规定:"行政行为有下列情形之一,不需要撤销或者判决履行的,人民法院判决确认违法:(三)被告不履行或者拖延履行法定职责,判决履行没有意义的。"如果时过境迁,失去履行的必要,例如,原告要求公安机关履行保障其人身安全的法定职责,如果起诉前发现"没有履行意义"的,应当直接提起确认诉讼确认不作为行为违法。司法实践中还存在诉请不具有行政复议主体资格的行政复议机关限期履行行政复议职责的情形,这种情况也被认为"履行复议职责已经没有意义"而将课予义务诉讼转为确认违法诉讼的。①另外,《最高人民法院关于适用〈中华人民共和国行政诉讼法〉的解释》(法释〔2018〕1号)第八十一条第四款规定:"原告起诉被告不作为,在诉讼中被告作出行政行为,原告不撤诉的,人民法院应当就不作为依法作出确认判决。"亦即对于不履行法定职责,也适用继续确认判决,在此情形下,行政机关已经履行完法定职责,法院可以确认被诉的行政机关的不履行法定职责的行为违法。同时《行政诉讼法》第七十六条规定对第七十四条第二款和该司法解释第八十一条第四款作出了补充规定,即:"人民法院判决确认违法或者无效的,可以同时判决责令被告采取补救措施;给原告造成损失的,依法判决被告承担赔偿责任。"换言之,法院在"履行没有意义"和"已经履行法定职责"的情形下,可以判令行政机关采取补救措施。如果不履行法定职责给原告造成权利侵害的,可以直接判决被告承担赔偿责任,不必等待原告请求赔偿而另行起诉。

新《行政诉讼法》第七十二条规定:"人民法院经过审理,查明被告不履行法定职责的,判决被告在一定期限内履行。"《最高人民法院关于适用〈中华人民共和国行政诉讼法〉的解释》(法释〔2018〕1号)第九十一条规定:"原告请求被告履行法定职责的理由成立,被告违法拒绝履行或者无正当理由逾期不予答复的,人民法院可以根据行政诉讼法第七十二条的规定,判决被告在一定期限内依法履行原告请求的法定职责;尚需被告调查或者裁量的,应当判决被告针对原告的请求重新作出处理。"据此,尚需被告调查或者裁量的,人民法院应当尊重行政机关的先行判断权,恪守司法权行使的边界,只宜判令被告针对原告的请求作出处理,即只宜判令行政机关作出某一行为,而不宜直接判令行政机关怎么做。②例如,被告已经提交的申请知晓原告设置渡口的申请内容,但在原告提起本案诉讼前仍未能对原告的申请作出肯定或否定性的实质性意见,未对原告的申请作出明确的答复,其行政行为违法。被告应当依照法定条件和程序对原告申请的事项进行裁量并作出具体的处理决定。法院判决:责令被告启东市人民政府于本判决生效后六十日内对原告启东市发圣船舶工程有限公司申请设置渡口事项作

---

① 参见最高人民法院行政裁定书,(2017)最高法行申8867号。
② 参见湖南省高级人民法院行政判决书,(2017)湘行再1号。

出答复。[①] 该条虽然细化了《行政诉讼法》第七十二条课予义务判决的具体操作规则,但对"答复判决"中如何作出具体的"法律见解"仍缺乏操作指引。

新《行政诉讼法》对于课予义务判决的规定作出原则性规定,法院一般只是笼统地要求行政机关在一定期限内履行法定职责。但是履行何种法定职责、如何履行法定职责、履行法定职责的内容等在判决中并没有明确规定。法院裁判主文一般表述为:"被告于本判决书生效后三十日内对原告的申请作出处理。"法院在裁判理由中也没有对被告如何作出行政行为给出法律意见,这就导致了许多案件重新回到行政程序之后,行政机关依然按照自己的意图重新作出行政行为,原告对重新作出的行政行为仍不满意,进而再次提起诉讼。据统计,这种迂回式的判决形式,导致大约四分之一的"原则判决""答复判决"的案件会再次进入诉讼程序。

[①] 参见江苏省南通市中级人民法院行政判决书,(2016)苏06行初86号。

第五节　课予义务诉讼的裁判基准时

行政诉讼裁判基准时,旨在解决行政诉讼中应以何时的事实及法律状态针对具体的诉有无理由加以判断的问题。判断行政机关作出的行政行为是否合法,就是将抽象的法律规定适用于相应的具体事实关系的"涵摄"过程而作出的司法决定。但在行政机关作出行政决定之后,作为法律判断基础的事实状态可能会发生变动,所适用的法律也可能被修订或者废止,那么由此产生应以何时判断事实关系以及哪一法律为"涵摄"依据的问题。在纯粹实体法上,可以把行政机关的决定于某一时点视为合法,于另一时点视为违法的方式来解决。但在诉讼程序上,法院于判断某一行政机关决定是否违法时,只能以某一时点的事实和法律状态作为依据。因此,有必要确定法院作出裁判时的基准时,并作为决定法院审查行政机关决定的违法性的判断时点,对该决定作出后所发生的事实和法律状态的变更,是否可以或必须加以斟酌,是判断诉有无理由、原告胜诉或败诉的关键点。

德国行政法院判断诉讼有无理由的基准点并没有明文规定,理论和实务见解缺乏基本共识,有认为法院应根据诉讼种类来定裁判的基准时,也有认为应根据原告的具体诉讼请求来定裁判基准时。审判实务中强调,行政机关作出行政行为决定后,如果遇有事实和法律状态变更的情形,原告能否胜诉,应根据法院行政争议所依据的实体法来判定基准时。[①] 在撤销诉讼对于行政行为的合法性,总是应根据最后行政决定时的事实和法律状态来加以判断的原则在程序法上是不存在的。但随着学说解释以及实务见解的发展,大致倾向于以下共识:行政法院应以哪一时点的事实和法律状态来判定诉讼有无理由,并非单纯的诉讼程序上的问题,实质上也是与行政争议所依据的实体法问题息息相关。但通说也认为,根据诉讼种类的不同,也可以列出个别适用的大原则。台湾地区司法实务中肯定:原判决以被上诉人请求课予义务诉讼的目的,在于请求上诉人应为特定内

---

① 参见吴绮云:《德国行政给付诉讼之研究》,"司法院"印行1995年版,第74页。

容之行政处分,而法院在判断被上诉人依法有无请求作为之权利,并非仅在审查上诉人拒绝给付当否,故课予义务诉讼之裁判基准时,应以原审最后言词辩论终结时的事实及法律状态予以判断被上诉人所主张的申请作成行政处分之请求权是否存在。① 可见在台湾地区所谓"行政诉讼法"上,也将课予义务诉讼的裁判基准时定为最后言词辩论终结时。

一、课予义务诉讼裁判基准时的"大原则"

在课予义务诉讼中,法院判断诉讼有无理由的基准时,"大原则"应以最后言词辩论终结时的事实和法律状态为基准。这是从课予义务诉讼的诉讼标的为出发点作出的解释,课予义务诉讼所牵涉的为行政机关的"义务"。课予义务诉讼的诉讼标的是原告请求行政机关应作出所申请的特别行政行为的请求权。因此,原告提起课予义务诉讼能否胜诉,应是决定于原告"现在",亦即最后言词辩论终结时是否还有该请求权,因为法院不能宣判一个已经不存在的义务。② 反之,法院也不能因过去原告有请求权的不存在,而现在否定之。就撤销诉讼而言,法院判断行政机关已作出的行政行为是否合法,应以最后的行政机关决定作成时的事实和法律状态为基准。但课予义务诉讼的裁判基准时的判断显然要复杂。

在判断被告行政机关的拒绝(驳回)或怠为原告所申请的行政行为的违法性,以及原告因权利受到损害的问题时,原则上必须以最后言词辩论终结时的事实和法律状态为依据作为判定原告是否有请求权。反之,虽然当初行政机关拒绝或者延迟作出行政行为违法,但如果因作出决定后事实和法律状态的变更,原告于最后言词辩论终结基准时,已不再有请求作出其所申请的行政行为的请求权时,法院应判决原告诉无理由。

二、课予义务诉讼的裁判基准时的另外规定

近年来,课予义务诉讼以"最后言词辩论终结时"为原则确定基准时的规则被加以修正。根据德国法上的通说,行政争议所依据的实体法明文或依其目的的另有规定,或者基于原告所请求行政行为的本质,则不适用上述原则规定。此

---

① 参见台湾地区"最高行政法院"2009年度判字第822号判决书。
② 参见吴绮云:《德国行政给付诉讼之研究》,"司法院"印行1995年版,第73页。

时应以较早的"最后"行政机关作出决定,甚或以原告提出行政行为申请时作为裁判的基准时。这些特殊情形有:

1. 原告请求判令行政机关有履行继续性给付义务。例如,老年金等课予义务诉讼,应以最后行政机关作出决定时,或者可能以原告向行政机构提出申请时的事实和法律状态为判决有无理由的标准。但仍须于最后言词辩论终结时,该请求权仍存在,原告的课予义务诉讼才为有理由。

2. 原告请求法院判令行政机关以时段性方式所应给付的课予义务诉讼。判决是否有理由,应根据应给付时段期间内,原告的申请是否具备该给付请求权的要件。譬如,原告请求去年7月至12月的社会救助金给付,则原告是否能够胜诉,仅依该段期间内,是否具备请求给付的各项要件而定。至于在法院判决时是否具备该要件在所不问。

3. 课予义务诉讼如系针对考试成绩或其他关于资格的行政行为,只能以行政机关作出决定时的事实状态为裁判基准时。例如,请求判令行政机关应对其考试结果作更有利的评分,或请求应任命其为公务员的诉讼,应以考试评分当时,或最后行政机关决定之时为裁判基准时。

4. 行政争议案件应依据适用的新实体法,其性质上属于所谓的"时段法",特别于经济法和税法中较为常见,因该类法律系将其时间上的适用意思限制于其生效后始发生的事件,而不及于依法所申请的行政行为,因为原告如果根据旧法提出的行政行为申请,且依当时的法律应获准许,嗣后因法律变更,颁布一新的"时段法",结果不利于原告,法院仍应根据旧法作出原告胜诉的判决。

5. 法院在审查行政机关依行政裁量权作出的行政行为时,原则上只能以行政机关作出裁量决定时的事实和法律状态为判决的依据。只有在"裁量限缩为零"时,才可以最后言词辩论终结时为裁判的基准时。但于前者情形,法院可以在"直接判决"中,判令行政机关作出新的裁量决定时点,应以新的事实和法律状态为基础的方式,使得决定后所发生的事实和法律状态的变更,也值得斟酌。

6. 原告申请行政机关作出行政行为,行政机关依法本应准许,但却违法拒绝(驳回)或怠为行政行为,原告提起课予义务诉讼,在判决前因为法律变更不利于原告,导致请求变成无理由的情形,法院究竟是以最后言词辩论终结时的新法判决败诉还是依较早的过时的旧法判决原告胜诉? 这一点比较有争议。通说倾向于适用"大原则",以最后言词辩论终结时的新法判决败诉。此种情形,只有在适用新法将会侵害原告重大基本权利保障的法律地位时，才能适用旧法，譬如，实务中有关人民申请"职业许可"的事件，法院判决见解认为，原告申请，行政机关依法应准许而未准许，而在行政诉讼程序中所申请的职业许可规定变得更加严格，导致最后言词辩论终结时，原告因不具备新法的严格要件而不再有请求作出行政许可的请求权，这就会侵害到原告在基本法上的职业自由权。因此，法院应依申请时或者行政机关作出拒绝行政行为当时的法律，判决原告胜诉。

但在建筑法上起造人提起的课予义务诉讼，实务中不考虑是否对原告有利，也不考虑变更是否在复议程序中还是复议程序后，法院都应在判定诉讼有无理由时，并予斟酌。例如，原告申请核发建筑许可，依申请时和行政机关作出决定时，原告本有请求核发该许可的请求权。但其申请为行政机关以所谓不合建筑规划所确定的内容为理由，违法驳回。原告提起课予义务诉讼，于最后言词辩论终结前，该建筑规划被修改生效，结果不利于原告，其申请因此真正地变成不合法，仍应适用于课予义务诉讼，应以最后言词辩论终结时为裁判基准时的"大原则"，判决原告课予义务诉讼无理由。当然，这种情形下，原告可以变更诉讼请求，主张确认违法之诉，申请确认过去曾存在的请求权，提起权利的第二次救济。

三、我国课予义务诉讼的裁判基准时规定

我国行政诉讼法缺乏各类诉讼类型裁判基准时的具体判断规则。虽然行政诉讼脱胎于民事诉讼，但在裁判基准时的判断上并无共通之理。在民事给付诉讼领域，法院判决被告履行给付义务时，要以原告此时仍有给付请求权为前提。因此，民事诉讼法上以言词辩论终止时的事实及法律状态为准。但是，行政给付诉讼却变得十分复杂，因为行政诉讼司法审查的重点，即原告的公法上的请求权，同时还包括对拒绝或延迟作出行政行为本身的合法性的判决时点问题。

我国行政诉讼法上目前没有裁判基准时的明文规定。《最高人民法院关于执行〈中华人民共和国行政诉讼法〉若干问题的解释》（法释〔2000〕8号）（已废止）第五十六条第3项曾规定："有下列情形之一的，人民法院应当判决驳回原告的诉讼请求。……（三）被诉具体行政行为合法，但因法律、政策变化需要变更或者废止的。"据此，针对嗣后的行政行为，法院并不考虑判决时的法律状态如何，同时，该条也没有考虑到事实变化后的事实基准时的判断问题。

虽然新《行政诉讼法》对事实基准时的判断基准时没有作明文规定，但仍可

以从立法见解中看出立法者的分歧。《最高人民法院关于执行〈中华人民共和国行政诉讼法〉若干问题的解释》(法释〔2000〕8号)第二十八条第1项规定:"有下列情形之一的,被告经人民法院准许可以补充相关的证据:(一)被告在作出具体行政行为时已经收集证据,但因不可抗力等正当事由不能提供的。"可见,事实判断的基准时采用"行政行为说"。《最高人民法院关于行政诉讼证据若干问题的规定》(法释〔2000〕21号)第六十条第3项规定:"下列证据不能作为认定被诉具体行政行为合法的依据:(三)原告或者第三人在诉讼程序中提供的、被告在行政程序中未作为具体行政行为依据的证据。"根据该规定推理,事实基准时的判断采用"判决说"。另外,我国部分法律法规中隐含了给付诉讼的裁判基准时的判断取向。如《商标法》第十条第二款规定:"县级以上行政区划的地名或者公众知晓的外国地名,不得作为商标。但是,地名具有其他含义或者作为集体商标、证明商标组成部分的除外;已经注册的使用地名的商标继续有效。"根据该规定则可以推理出隐含其中的"行政行为说"。

虽然我国行政诉讼中没有明确规定裁判基准时,但仍可透过司法实务部门判决书中的"法律见解"管窥其规则,现以行政裁定书[①]的法律见解为例:

> 行政行为作出、被诉请人民法院审查、人民法院对其合法性作出裁判,必然存在时间间隔,以上述不同时间作为裁判基准时,将可能对行政行为合法性得出不同结论。一般而言,行政行为是行政机关根据作出时的事实、证据和法律作出的,对行政行为合法性的评价,一般也只能以该作出时的事实、证据和法律为标准,而不能以所依据的事实、证据或法律发生变更为由,认定原行政行为合法抑或违法。否则,将不利于法律秩序的稳定,有损行政行为的公定力。当然,基于行政行为性质的不同,行政诉讼的裁判基准时也相应有所区别。但是,对行政行为的效力内容已于行为作出时确定并实现的,该行政行为的合法性要件就仅与处分时的事实、证据和法律有关,而不能以行政机关当时无法预见到的事实、证据和法律,作为认定原行政行为违法的依据。

我国学者对行政诉讼裁判基准时的学理研究较为缺乏,关于裁判基准时的判断,有学者认为,应遵循"层递式"确定规则,即依现行法的规定及其推论,现行法未规定且无法作出合理推论的,斟酌余下考量因素;依个案中不同考量因素将推出不

---

① 参见(2017)最高法行申121号行政裁定书。

同裁判基准时的,采用修正的判决说。① 有学者认为,行政诉讼裁判基准时的统一,需要根据行政诉讼类型的不同,对影响裁判基准时的因素进行充分考量和客观评价,构建统一的裁判基准时规则,从而实现依法行政与权利保护的平衡。②

行政诉讼裁判基准时的确定,离不开对个案中具体考量因素的斟酌,这些因素包括法律规定及其推论、法律原则、诉讼目的、诉讼标的、诉讼类型、诉讼请求、行政行为。③ 我国行政诉讼立法一直以撤销诉讼为中心,司法审查任务主要是判断原告是否享有违法处分的撤销权,因此,撤销诉讼的裁判基准点的判定规则并不能完全适用于给付诉讼。但随着我国行政诉讼判决类型以及判决种类的完善,给付诉讼应建立自己的裁判基准点的判断规则,目前仍需要通过具体个案的判决进行抽象归纳。

借鉴德国、台湾地区的实务见解,我国课予义务诉讼裁判基准时也应根据言辞辩论终结时的事实和法律作为判断基础。因为课予义务诉讼本质上在于判断原告的公法上的请求权存在与否,原则上应当以判决时的事实与法律变化为准,并非由法院审查行政机关拒绝给付或怠于给付行为当否。④ 行政机关受理人民申请的案件,在处理程序终结后,在行政诉讼程序进行中因法规有所变更时,涉及新旧法的适用问题,原则上仍应适用旧法,但如果适用旧法可依法拒绝或驳回人民的申请的,造成禁止或者失权的除外,应当适用新法。否则,人民仍可依新法规定,再次向行政机关提出申请,因此,行政机关仍应受理申请,而根据新法裁判,造成司法资源的浪费,不符合诉讼经济原则。课予义务诉讼的新旧法适用规则仍然遵循我国审理行政案件法律适用的基本原则,即实体从旧、程序从新的原则,如果新法对当事人更为有利的,应当适用新法的法律适用原则。⑤

---

① 参见梁君瑜:《行政诉讼裁判基准时之考量因素与确定规则——以撤销诉讼为中心的考察》,载《河南财经政法大学学报》2016年第5期。
② 参见姜波:《行政诉讼裁判基准时研究》,载《湖南社会科学》2015年第4期。
③ 参见梁君瑜:《行政诉讼裁判基准时之考量因素与确定规则——以撤销诉讼为中心的考察》,载《河南财经政法大学学报》2016年第5期。
④ 参见吴庚:《行政争讼法论》,元照出版有限公司2012年版,第277页。
⑤ 参见最高人民法院《关于审理行政案件适用法律规范问题的座谈会纪要》(法〔2004〕96号)第3条关于新旧法律规范的适用规则。

第六节　课予义务诉讼的强制执行

课予义务诉讼的判决既判力包含两项确认内容：一是确认被告行政机关拒绝履行或拖延原告所申请的行政行为违法；二是原告有请求被告行政机关向其作出所申请的行政行为或者根据法院的判决见解作为行政行为决定的权利。[①] 课予义务诉讼在性质上与撤销诉讼不同。撤销判决一经确定后，立刻发生排除具体行政行为效果的效力，直接达到原告起诉目的。而课予义务诉讼，法院于判决中仅责令被告机关有作出特定具体行政行为的义务。如被告机关不履行该义务，仍须再经由强制执行途径，强制其为之。但另一方面，这种形式的课予义务判决是为原告的利益，符合"无漏洞和有效性的权利保障"的要求。因为原告如果提起撤销诉讼所得的撤销判决，并不能达到强制被告作出其所申请行政行为的目的。如果原告提起课予义务诉讼所得的课予义务判决，则于被告机关不履行判决所命义务时，尚有强制执行的方法，可强制执行之。[②] 例如，德国《行政法院法》第172条规定："于第113条第1项第2段、第5项及第123条的情形，行政机关如不履行依判决或暂时命令所课之义务者，第一审法院得依申请，以裁定对该机关为如未于限期内履行义务者，将课以二千马克以下强制金之警告；该行政机关逾期未履行者，法院确定所警告之强制金，并依职权强制执行之。强制金之警告、确定及强制执行得反复为之。"此为德国《行政法院法》上对课予义务诉讼判决的间接强制执行方法。

在仅有撤销诉讼时，由行政法院所为撤销或变更原处分或原决定之形成判决，原则上不需要执行。只有在课予义务诉讼，请求判令行政机关给付特定行政行为时，或判令行政机关遵照判决的法律见解作出行政行为的判决，如果行政机关没有依照判决作出行政行为时，就产生判决需要执行的问题。[③] 课予义务诉讼

[①] 参见吴绮云：《德国行政给付诉讼之研究》，"司法院"印行1995年版，第18页。
[②] 参见吴绮云：《德国行政给付诉讼之研究》，"司法院"印行1995年版，第18页。
[③] 参见陈敏：《课予义务诉讼之制度功能及适用可能性》，载《政大法律评论》1999年第61期。

的本质为"给付诉讼",行政法院依此作出的判决为给付判决。如果不能依法申请强制执行,课予义务诉讼可能会沦为充饥画饼,无任何实质意义。但也有学者持"否定说",认为课予义务判决本质上无法强制执行,只能经由不作为违法的国家赔偿责任来救济。例如,行政机关判令被告行政机关应核发给原告营业执照,如果被告机关不遵行时,执行法院既不能直接强制,也不能代替被告行政机关直接核发营业执照。① 纵然胜诉的原告可以对行政机关不作为提出国家赔偿请求,但却违反第一次权利保护的优先原则。德国《行政法院法》第172条规定:"于第113条第1项第2段、第5项及第123条的情形,行政机关如不履行依判决或暂时命令所课之义务者,第一审法院得依申请,以裁定对该机关为如未于限期内履行义务者,将课以二千马克以下强制金之警告;该行政机关逾期未履行者,法院确定所警告之强制金,并依职权强制执行之。强制金之警告、确定及强制执行得反复为之。"

课予义务诉讼的执行,台湾地区行政诉讼实务上采用"肯定说"。② 人民如果申请行政机关作出一定内容的行政处分遭拒绝,可以依照台湾地区所谓"行政诉讼法"第5条提起课予义务诉讼,请求法院判命行政机关为一定之处分,如果行政机关仍不作为,法院原则上可以强制执行。根据台湾地区所谓"行政诉讼法"第305条第1项规定:行政诉讼之裁判命债务人为一定之给付,经裁判确定后,债务人不为给付者,债权人得以之为执行名义,申请"高等行政法院"强制执行。该规定明确了公法上的债务强制的执行依据。然而,"行政法院"为"被告对于原告的申请,应依本院之法律见解另为适法之处分"判决,为课予义务诉讼判决,也属于给付判决的一种,所为"命行政机关为处分"的内容,当上述所谓"命债务人为一定之给付",且非不能确定,自得申请法院为强制执行。唯作成行政处分乃行使行政权,法院或第三人无从代替行政机关为之,行政机关怠于履行时,无法采取直接强制或代履行的执行手段,然而执行法院可依所谓"行政诉讼法"第306条第2项准用所谓"强制执行法"第128条第1项规定,对行政机关课处怠金及再处怠金,以促使其履行作成处分的给付义务。换言之,对于课予义务诉讼"答复判

---

① 参见吴庚:《行政争讼法论》,三民书局2014年版,第371页。
② 参见台湾地区"'最高行政法院'2017年1月份第1次庭长法官联席会议"。

决",如果行政机关不履行判决义务,法院只得通过间接强制措施的方法迫使其执行。

我国《行政诉讼法》第九十六条规定:"行政机关拒绝履行判决、裁定、调解书的,第一审人民法院可以采取下列措施:(一)对应当归还的罚款或者应当给付的款额,通知银行从该行政机关的账户内划拨;(二)在规定期限内不履行的,从期满之日起,对该行政机关负责人按日处五十元至一百元的罚款;(三)将行政机关拒绝履行的情况予以公告;(四)向监察机关或者该行政机关的上一级行政机关提出司法建议。接受司法建议的机关,根据有关规定进行处理,并将处理情况告知人民法院;(五)拒不履行判决、裁定、调解书,社会影响恶劣的,可以对该行政机关直接负责的主管人员和其他直接责任人员予以拘留;情节严重,构成犯罪的,依法追究刑事责任。"我国行政诉讼法规定了对课予义务判决的间接强制措施,对不履行课予义务判决的行政机关可以对行政机关负责人按日处以罚款、公告失信行政机关、提出司法建议等司法强制措施迫使被告履行。

第三章
一般给付诉讼

一般给付诉讼,又称为普通给付诉讼,系指原告为请求法院判决被告作出除行政行为之外的公法上的财产性给付以及其他事实行为的给付。其与课予义务诉讼同属于给付诉讼类型的普通类型和特别类型的子类型。凡不符合课予义务诉讼特别要件的,才能提起一般给付诉讼,两种类型的共同点均在于实现公法上给付请求权,两者区别在于课予义务诉讼的对象以具体行政行为为限,一般给付诉讼的对象为除具体行政行为之外的行政事实行为。行政机关有义务作出行政事实行为而不作出的,或者不应作出而作出的,或者作出的行政事实行为有违法情形的,导致公民权利受损的,公民都有对该事实行为,有"作出"或"防御"的请求权。法理上成立应由法院审查的"给付请求权""防御请求权",其正确的诉讼种类应为一般给付诉讼。对于违法行政事实行为的排除,在法理上还可以参照民法导致"结果除去请求权之诉"适用一般给付诉讼救济。

第一节 一般给付诉讼的概述

新《行政诉讼法》新增一般给付判决种类,系作为一项"兜底性"判决种类,一般给付诉讼弥补了传统撤销诉讼的功能缺陷,同时也完善了广义上的给付诉讼类型。现实生活中政府实施的各类给付行政任务日益增多,由此而引发的行政争议类型种类繁多,原则上可以通过一般给付诉讼要求行政机关作出除行政行为之外的其他所有行为。[①] 我国新《行政诉讼法》增加了可诉的行政行为类型和种类,大量的事实行为、行政协议、行政承诺都可以纳入一般给付诉讼的适用范围。毫无疑问,增加一般给付判决,可以针对种类繁多的可诉行政行为作出回应并予以救济。因此,从这层意义上讲,具有"兜底功能"的一般给付判决种类,完善了行政诉讼的权利救济功能,保证了权利救济的有效性和全面性。

---

① 参见弗里德赫尔穆·胡芬:《行政诉讼法》,莫光华译,法律出版社2003年版,第305页。

一、一般给付诉讼的意义

一般给付诉讼主要针对行政给付行为。行政给付行为不仅是我国行政法理论研究中的重要学术概念,也是我国法院审查行政案件中重要的案由概念。国内学者一般将行政给付阐释为"国家和政府的行政物质帮助或救济",在司法实务上,行政给付也是我国行政诉讼案件案由规定的行政行为种类之一。[①] 旧《行政诉讼法》时代,尽管法院受理过行政给付诉讼案例,但是并没有形成完备的一般给付诉讼审理规则及其诉讼程序。与历史久远的撤销诉讼、确认诉讼以及课予义务之诉相比,其给付诉讼程序相对欠发达。新《行政诉讼法》扩大了公民合法权益的保护范围、增加行政给付行为的受案范围,以及一般给付诉讼的裁判类型。一般给付诉讼制度对于弥补行政诉讼制度的功能缺陷、解决多样化的行政争议以及维护公民的基本社会权益,持续保障和改善国内民生提供了法治化路径。

(一)通过法治方式推进民生持续改善

在现代法治国家中,给付行政作为一种新型行政,其地位正逐渐提升,并已成为国家重要的任务之一。[②] 社会福利给付法律化,在条件模式下可确保给付之实现,使需要给付者具有安定性,也可以确保给付之公平性。[③] 公平正义已成为现代法治社会的主题,是社会制度存在的终极价值和取向。经济社会的发展使得人民对于政府的依赖日益加深,国家行政活动中除了承担传统的维持公共秩序的治安行政以及维持公共秩序所必要的财政税务行政以保障社会和人民安全之外,还要给予各种形式的给付,承担生存照顾和持续改善民生义务,国家和政府通过行政给付满足最低生活要求或者道德要求的资金物品,在公平和效率之间可以寻求适度平衡。随着公民基本生存权利意识的觉醒,未来行政给付纠纷和民生相关的行政案件可能呈现大幅度增长的趋势,这就需要通过法治途径来解决社会民生领域的行政争议。因此,基于现代法治国家原理,明确国家的给付

---

① 参见《最高人民法院关于规范行政案件案由的通知》(法发〔2004〕2号)。
② 参见杨东升:《论给付行政的基本原则》,载《天府新论》2015年第3期。
③ 参见张桐锐:《法律与社会政策作为"社会福利国"模型之建构性观点》,载《思与言》2006年第3期。

责任和义务,国民享有给付的权利和界限,需要加强对行政给付行为的司法审查及权利救济。

(二)完善公民基本权利的救济途径

中国已进入一个全新的权利时代,给付行政的公平正义,除了透过行政给付的正当法律程序加以控制①,尚需要透过权利保护的最后一道屏障(行政诉讼)来获得救济。政府为社会弱者提供的物质帮助将不再是"恩惠""救济",而是公民依法享有的一种法定权利。《行政诉讼法》对可诉的行政给付行为的种类、范围的扩大以及给付判决类型的确立,符合"有权利必有救济,有救济斯为权利"的宪法精神。为防止行政机关非法限制、剥夺、减少、滥用相关行政职权,法律应当赋予公民相应的司法救济权利。赋予人民社会福利给付请求权,不论是透过明文之立法或法律解释,乃是社会福利形成之一大进展,特别是在社会救助领域,使得社会救助摆脱恩惠、救济的色彩。② 当作为国家的"德政"和"恩惠"式的给付变为基于公民享有的权利的给付时,行政给付才能发挥其作为独立的新型作用,这便是基于法治主义,对行政给付加以释明的意义之所在。公民除了人身权、财产权以外还存在着大量的合法权益依赖司法的保护,如公民知情权、基本生存权、接受教育的权利、获得工作机会的权利、退税请求权以及住房权,等等。"社会权"的国家保障在行政领域主要体现为给付行政。③ 因此,一般给付诉讼客体的广泛性也决定了其诉讼功能的多样性,其适用于相对人请求法院判决督促行政机关履行财产性给付及其除作出具体行政行为之外的非财产性给付。

(三)解决行政争议的兜底作用

新《行政诉讼法》第一条增加了"解决行政争议"的立法宗旨。而"行政争议"的解决,特别是大量行政给付事实行为,某种程度上依赖于一般给付诉讼裁判得以实现。以侵害行政争议为中心,围绕撤销诉讼而构建的传统行政诉讼制度,应对各种新型行政给付争议显得无能为力。一般给付诉讼标的的多样性决定了其解决行政争议的兜底作用。在大陆法系国家,给付诉讼几乎被用来满足原告除

---

① 参见杨东升:《行政给付程序论》,载《上海政法学院学报(法治论丛)》2014年第1期。
② 参见张桐锐:《法律与社会政策作为"社会福利国"模型之建构性观点》,载《思与言》2006年第3期。
③ 参见杨东升:《论"社会权"的给付行政保障》,载《海峡法学》2012年第4期。

形成诉讼、确认诉讼之外的所有诉讼。只要不属于课予义务判决的,都可以归入一般给付判决。①一般给付诉讼是新行政诉讼判决种类的创新,某种意义上,完备的行政给付诉讼制度能够弥补传统的"撤销诉讼一体主义"的缺失与不足。在给付判决中,一般给付判决属于"兜底的诉讼""全能的诉讼"。正如德国学者胡芬所说,一般给付诉讼不仅有助于请求行政机关作出行政事实行为,而且早已成为普遍适用于一切非行政行为的兜底性诉讼。②

二、一般给付诉讼的功能

(一) 行政主体向人民主张公法上请求权的唯一诉讼类型

一般给付诉讼属于当事人诉讼,其诉讼当事人之间通常具有比较平等或者不具抗告诉讼的特性。因此,一般给付诉讼作为实现公法上除行政行为之外的给付请求权的法律救济方式,不仅允许"民告官"或"官告官",甚至允许"官告民"。③ 提起一般给付诉讼在于诉请法院判令被告作出一定行为(作为、容忍、不作为),其功能在于补充课予义务诉讼的不足,使得具体行政行为之外的公权力行政引发的行政争议得到全部救济,从而保障和贯彻有效、广泛权利保护原则,以及概括性保障人民行政诉讼权利的意旨。德国法和中国台湾地区所谓"行政诉讼法"上的行政主体皆可以借助一般给付诉讼来请求相对人返还公法上的不当得利以及其他财产性返还义务。

(二) 相较于课予义务诉讼

课予义务诉讼及一般给付诉讼均为给付诉类型的子类型,皆为实现公法上的给付请求权而设定的诉种。相对特别给付诉讼类型的课予义务诉讼而言,一般给付诉讼为普通给付诉讼,换言之,但凡是符合课予义务诉讼特别要件的,皆不得提起一般给付诉讼。因此,相较于课予义务诉讼,一般给付诉讼又具有"补充性"。公法救济的完整性的补充功能,最显著的是,行政机关可以并且仅能以一般给付诉讼向公民主张权利。其次也使得人民的公法上请求权能够获得更为

---

① 参见江必新:《新行政诉讼法专题讲座》,中国法制出版社 2015 年版,第 277 页。
② 参见弗里德赫尔穆·胡芬:《行政诉讼法》,莫光华译,法律出版社 2003 年版,第 364—365 页。
③ 参见台湾地区"国防部联勤总部"诉请林毅夫的父亲请求返还抚恤金案。

完整的保障。最后,一般给付诉讼不同于课予义务诉讼的特色在于,后者有起诉期限的限制,而一般给付诉讼没有这种限制。

(三) 相较于撤销诉讼

撤销诉讼以撤销行政行为的效力为目的,而一般给付诉讼以请求法院命令被告给付行政行为之外的其他公权力行为为内容,二者的程序标的和基础均不相同。但如果一般给付诉讼对于排除具有侵害或请求给付预防性不作为的行为时,就具有类似于针对违法行政行为的撤销诉讼的"防御性功能"。

(四) 相较于附带赔偿之诉

台湾地区所谓"行政诉讼法"第7条规定:"提起行政诉讼,得于同一程序中,合并请求损害赔偿或其他财产上给付。"此一规定虽使用"合并请求",而不使用"附带请求",但如果仔细分析各种诉讼类型之间的关系,本质上仍属于诉讼经济原则的诉讼制度安排。

综上分析,一般给付诉讼除了强调"补充"课予义务诉讼的功能外,由于其针对的是除非行政行为以外的高权行政引发的侵害或请求不为该类侵害行政行为,因此,在公法领域,一般给付诉讼还具有与撤销诉讼的权利保护方向相同的"防御功能"。另外,根据德国行政法理论,以及一般公法上不作为请求等理论的发展,一般给付诉讼在实务上的适用可行性会得到进一步的扩大。正如江必新所言,"给付行为可以是作为类的给付行为,也可以是不作为类的停止给付行为;给付义务可以是作为类的给付义务,也可以是不作为类的给付义务(负担义务)。从这个意义上讲,《行政诉讼法》第七十三条的一般给付判决是一个内涵极其丰富、需要继续在司法实践中予以理论积累的重要条文。"①

三、一般给付诉讼的适用范围

一般给付诉讼的原告可以请求行政机关给付除行政行为以外的其他所有行为。这种诉讼种类涉及的多数为事实性行政行为(事实行为),但可能也涉及其他的行政活动形式,甚至包括要求颁布规范、预防性不作为、公法上结果除去请

---

① 参见江必新:《新行政诉讼法专题讲座》,中国法制出版社2015年版,第279页。

求权的给付诉讼。一般给付诉讼已经逐渐成为"诉讼上的多用途武器",其功能远不止是一种纯粹的"兜底性诉讼"。①

根据行政法律关系,行政机关应向相对人履行给付义务,若行政机关拒绝履行,相对人可以向人民法院提起给付诉讼。② 行政诉讼中原告诉请法院判决被告实施某种给付,这种诉讼即是给付诉讼,但这仅是给付诉讼的广义概念。在给付诉讼中,给付义务的对象比较广泛,除了金钱、物品等法律上的物以外,还包括行政行为,这个行政行为即可能是一种积极的行政行为,也可能是一种消极的不作为行为,同时还包括大量的事实行为。争议对象的广泛性是给付诉讼区别于课予义务诉讼、撤诉诉讼及其确认诉讼的重要特征,当然,诉讼标的的广泛性也意味着给付诉讼法制化面临着种种困难。

在德国,一般给付诉讼涉及的都是事实性行政行为(事实行为),也涉及许多其他行政活动行为,甚至包括要求颁布规范的给付诉讼,行政机关与公民之间,内部行政法律争议问题也采用一般给付诉讼来解决。③ 一般给付诉讼的标的通常是事实行为,包括信息行为,生存照顾和基础设施的给付,行政赔偿、行政补偿等金钱给付,规范制定。例如:(1) 信息行为或知识解释(只要这些活动不以行政行为为前提):答复、咨询,要求按照环境信息法获得环境信息的诉讼,收回一个事实声明,一个信息员或公共鉴定人的公布,新闻法的信息请求权等;(2) 对生存照顾和基础设施的给付,例如授课、照顾一个残疾人、维修道路;(3) 金钱支付:支付或偿还一笔已经同意或保证的款项、公共团体间的费用偿还、损害赔偿及补偿请求权。④ 一般给付诉讼的诉讼目的,可能是任何一种非行政行为之给付,通常情况下,涉及的都是行政事实行为,但给付诉讼绝不限于事实行为。⑤

日本行政案件诉讼法尽管没有一般给付诉讼的分类和明确规定,但其"预防性不作为诉讼"和"排除不利诉讼"作为"法定外抗告诉讼"而存在,其效果类似于德国行政给付诉讼制度。我国台湾地区沿袭了德国制度,如台湾地区所谓"行政

---

① 参见弗里德赫尔穆·胡芬:《行政诉讼法》,莫光华译,法律出版社2003年版,第305页。
② 参见江必新:《新行政诉讼法专题讲座》,中国法制出版社2015年版,第275页。
③ 参见弗里德赫尔穆·胡芬:《行政诉讼法》,莫光华译,法律出版社2003年版,第295页。
④ 参见弗里德赫尔穆·胡芬:《行政诉讼法》,莫光华译,法律出版社2003年版,第306页。
⑤ 参见弗里德赫尔穆·胡芬:《行政诉讼法》莫光华译,法律出版社2003年版,第306页。

诉讼法"第 8 条第 1 项规定：人民与相关职能机关间，因公法上原因发生财产上之给付或请求作成行政处分以外之其他非财产上之给付，得提起给付诉讼，因公法上契约发生之给付，亦同。该条对一般给付诉讼的标的作了明确规定。通过比较域外行政诉讼制度发现，一般给付诉讼的标的总体上包括财产性给付及非财产性给付等事实行为，但要求国家作出具体行政行为一般均予以排除。基于这样的认识，笔者赞同台湾学者李震山对一般给付诉讼标的界定，即"一般给付诉讼系指人民请求法院判令行政机关应为行政处分以外之一定作为、容忍、不作为等非行政处分之高权行为的给付诉讼"。非行政处分之其他高权行政行为可分类财产给付和非财产给付，后者一般限于具体个别事实行为。①

旧《行政诉讼法》可诉的行政给付行为较为局限。旧《行政诉讼法》第十一条第 6 项仅规定了行政机关没有依法发给抚恤金的，但在司法实务中抚恤金被泛指为行政机关依法应当发放的军队离休干部随军遗属生活补助费、义务兵家属优待金、贫困家庭救济金、最低生活保障金等专门款项。② 旧《行政诉讼法》第十一条第 8 项将行政机关侵犯其他人身权、财产权的行政行为作为"兜底条款"，也给可诉的行政给付行为在司法解释上得到了扩张，例如，行政机关不依法发给救灾救济物资，法院也可以受理。③ 另外，在司法实践中，很多法院从保障公民的合法权益出发，受理了相对人认为行政机关没有依法发放社会保险金、最低生活保障费而提起诉讼的案件，甚至一些法院受理了粮食局拒绝办理"粮食关系"的诉讼，因为城镇居民按月领取国家定粮标准的粮票、油票，享受国家对部分粮油的财政补助，是计划经济时代城镇居民的一项权利。④ "一些地方政府进行改革，以规范性文件形式确立的社会保障权利，也属于行政诉讼法保护的权利范围，例如，一些市县政府以规范性文件形式推行医保改革试点，规定居民享有的医保待遇。如果所在市县相关部门没有按照改革试点文件规定的医保待遇，公民可提起行政诉讼。"⑤因此，旧《行政诉讼法》时代，司法实践中可诉的行政给付行为包括但

---

① 参见李震山：《行政法导论》，三民书局 2005 年版，第 551 页。
② 参见何海波：《行政诉讼法》，法律出版社 2011 年版，第 112 页。
③ 《海南省高级人民法院关于确定行政诉讼案件案由的若干意见（试行）》（2000 年 3 月 15 日）将"发给抚恤金""发给救灾救济款物等"列为行政给付行为。
④ 参见岳志强等：《具体行政行为释论及其合法性审查 100 例》，法律出版社 1992 年版，第 30—31 页。
⑤ 参见江必新：《新行政诉讼法专题讲座》，中国法制出版社 2015 年版，第 60 页。

不限于"行政机关没有依法发给抚恤金的",这也是长期司法实践中不可否认的现状。

新《行政诉讼法》扩大了一般给付诉讼的受案范围。首先,新《行政诉讼法》直接扩大了行政给付受案范围。为了适应国家社会保障事业和时代发展的需要,对可诉的行政给付行为增加"行政机关不依法支付最低生活保障待遇或者社会保险待遇的"。现代社会,行政机关不仅要保障公民、法人或者其他组织的人身权、财产权不受非法侵犯,同时,还要保障公民的基本生存权利。这些基本生存权利除了行政诉讼法列明的获得抚恤金、社会保险金、最低生活保障的权利,还应包括失业职工获得失业保险金的权利、贫困家庭领取低保待遇的权利,受灾人员享有赈灾物资的权利,符合条件的家庭享有租住廉租房、经济适用房的权利,以及退休职工领取退休金的权利,等等。① 当然,公民的基本生存权利不限于以上列举的项目,法律、法规、规章所列举的公民基本生存权利都应属于行政诉讼法保护的权利范围。

其次,新《行政诉讼法》第十二条第12项的"兜底条款"扩大了诉权。该条将行政诉讼权利保护的范围由过去的"人身权、财产权"扩大至"人身权、财产权等合法权益②"。旧《行政诉讼法》时代,如果认为行政行为侵犯其"人身权、财产权"之外的其他合法权益的,须有法律、法规特别规定赋予诉权的情况下,才有权提起行政诉讼。但《行政诉讼法》第十二条第12项规定,公民、法人或者其他组织"认为行政机关侵犯其他人身权、财产权等合法权益的",这一"兜底条款"中的"等"应理解为除人身权、财产权之外,我国法律所保护的公民法人和其他组织所有的"合法权益"都属于行政诉讼法保护的范围,因此也当然包括公民的基本生存权利。这就给《行政诉讼法》第十二条第6项的扩大解释提供了依据。亦即,未

---

① 参见江必新:《新行政诉讼法专题讲座》,中国法制出版社2015年版,第59页。
② "合法权益"是指符合法律规定的权利和利益,有广义和狭义之分,广义的"合法权益"是指公民、法人和其他组织享有的不违反法律规定的一切权利和利益,公民是国家的主人,是权利的主体和本源,其权利并非法律赋予才享有。因此,公民的权利范围是无限的,法律不禁止对公民而言都是权利。狭义的"合法权益"是指符合法律规定的权利和利益,即仅指受法律保护的权利和利益,其外延排除了未纳入法律规定范畴的自然权利和利益。新《行政诉讼法》关于"合法权益"主要是狭义的概念,如果一项权利和利益尚未纳入法律的规范范围,则这项权利不属于行政诉讼权利保护的范围,不能纳入受案范围。参见江必新:《新行政诉讼法专题讲座》,中国法制出版社2015年版,第48页。

来司法实务中的一般给付诉讼应包括但不限于第十二条第 6 项的受案范围,超越人身权、财产权之外的公民基本生存权利而起诉的,可以直接依据《行政诉讼法》提起诉讼,无须单行法律、法规的特别规定。

最后,新《行政诉讼法》将具体行政行为统一修订为行政行为,拓宽了行政诉讼法的受案范围,从而使得无法通过撤销诉讼进行裁判的大量的行政事实行为可以通过一般给付诉讼加以裁判,这恰恰发挥了一般给付诉讼作为一种兜底性诉种的功能,对于大量的其他事实行为都可以考虑纳入一般给付诉讼的范围。

根据域外行政诉讼法制经验,一般给付诉讼适用于除行政行为之外的所有公权力主体的事实行为,都可以提起一般给付诉讼。事实行为(事实活动、纯行政活动),是指以某种事实结果而不是法律后果为目的的所有行政措施。这不仅是事实行为与行政行为的区别,也是事实行为与其他法律行为的区别所在。由于事实行为不产生法律后果,从法律的角度来看不如法律行为那样重要。但是,事实行为在法律上并非毫无意义,它必须符合现行法律,如果违法可能引起清除请求权和损害赔偿请求权。[1] 从行政诉讼的角度来讲,在具体案件中是行政行为还是事实行为,是首要的问题,因为涉及与行政行为有关的撤销诉讼和课予义务诉讼适用特殊的适法性要件的判断(起诉期限、前置程序)。[2]

行政事实行为并非在法律上毫无意义,如果违反法律,在法律上仍有除去该事实行为所造成的后果,以恢复原状的义务。其因行政机关违法行政事实行为,致自由权利受损害的公民,即相应具有"结果除去请求权""恢复原状请求权",在特别情形下会合并取得"损害赔偿请求权"和"补偿请求权"。[3] 事实行为违法的法律后果表现在,行政主体有义务消除违法事实造成的损害,并且应尽可能恢复合法的状态,或者行政主体有义务作出某项事实行为。法院的司法救济,不仅及于法律行为,也及于事实行为。采用一般给付诉讼可以就事实行为造成的损害,请求停止侵害、恢复原状、消除后果、损害赔偿或者补偿以及请求作出事实行为等。

对于原告请求作出的事实行为主要包括:(1)政府信息公开的给付。例如,

---

[1] 参见毛雷尔:《行政法学总论》,高家伟译,法律出版社 2000 年版,第 391 页。
[2] 参见毛雷尔:《行政法学总论》,高家伟译,法律出版社 2000 年版,第 393 页。
[3] 参见陈敏:《行政法总论》,新学林出版有限公司 2013 年版,第 626—627 页。

《行政许可法》第三十三条规定,行政主体应当建立和完善有关制度,推行电子政务,在行政机关官网公布行政许可事项,方便申请人采取数据电文等方式提出行政许可申请。再如,《突发公共卫生事件应急条例》第二十五条规定,国务院卫生行政主管部门负责向社会公布突发事件的信息。必要时,可以授权省、自治区、直辖市人民政府卫生行政主管部门向社会发布本行政区域内突发事件的信息。(2) 社会救济行为的给付。例如,《城市居民最低生活保障条例》第二条规定:"持有非农业户口的城市居民,凡共同生活的家庭成员人均收入低于当地城市居民最低生活保障标准的,均有从当地人民政府获得基本生活物质帮助的权利。"(3) 某些内部事实行为的给付。给付诉讼并不严格强调被诉行为的外部性,一些纯粹的内部行为也可以得到救济。在德国,给付诉讼可以适用于纠正学生成绩、从人事档案中去除档案记录,撤销调离决定等。(4) 作为撤销行政行为后的消除后果的请求。撤销判决并不能最终满足原告的诉讼请求。例如,通过判决撤销一个违法的修建房屋的行政行为后,通过给付诉讼程序对违章建筑进行拆除。(5) 兜底的诉讼种类。对于给付概念的宽泛理解以及对于满足原告诉讼请求的司法实践要求,以给付诉讼方式救济成为一种兜底性的诉讼种类。对于属于行政诉讼法规定的原告的公法上的给付请求权诉讼,不能归类到课予义务诉讼种类的,皆可以通过一般给付诉讼获得司法救济。

第二节 一般给付诉讼的立法例

一、域外立法例

从立法例看,有行政诉讼法上明确规定一般给付诉讼的。例如,台湾地区"行政诉讼法"第 8 条规定:人民与相关职能机关间,因公法上原因发生财产上之给付或请求作成行政处分之其他财产上之给付,得提起诉讼。因公法上契约发生之给付,亦同。前项给付诉讼之裁判,以行政处分应否撤销为据者,应于依第 4 条第 1 项或第 3 项提起撤销诉讼时,一并提出请求。原告未提出请求者,审判长应告知其可以提出请求。除有特别规定外,给付诉讼以"高等行政法院"为第一审管辖法院。台湾地区所谓"行政诉讼法"上的一般给付诉讼规定虽借鉴于德国行政诉讼法,但不同的是,德国《行政法院法》中并没有如台湾地区所谓"行政诉讼法"第 8 条那样直接赋予法源依据。德国《行政法院法》充其量仅是间接于第 3 条第 2 项、第 113 条第 4 项、第 111 条、第 169 条第 2 项承认一般给付诉讼。[①] "一般给付诉讼不仅适用于人民对公权力主体的请求,公权力主体也可以人民为被告,提起一般给付诉讼。公权力主体相互间,也可以提起一般给付诉讼。"甚至随着诉讼制度的继续发展,一般给付诉讼为未来"官告民""官告官"进入司法救济程序打开了通道。[②] 一般给付诉讼可以适用的范围广泛,其要件与其他诉讼种类也有区别,仍有诸多值得研究的地方。

二、我国法上的一般给付诉讼类型

一般给付诉讼直接涉及人民财产权益的保障。旧《行政诉讼法》第十一条第 6 项将"认为行政机关没有依法发给抚恤金的"纳入受案范围,因此将旧《行政诉

[①] 参见翁岳生:《行政诉讼法逐条释义》,五南图书出版股份有限公司 2002 年版,第 118 页。
[②] 参见吴绮云:《德国行政给付诉讼之研究》,"司法院"印行 1995 年版,第 121 页。

讼法》上给付抚恤金的请求权纳入一般给付诉讼并无争议,从旧《行政诉讼法》对法院的受案范围以及原告的诉讼请求规定,可以看出一般给付诉讼的雏形。在司法实践中,"抚恤金"的概念及其范畴一般还会作"扩大解释",凡行政机关依法应当发放的军队离休干部随军遗属生活补助费、义务兵家属优待金、贫困家族救济金、最低生活保障金等专门款项都予以受理。① 这种基于公法上的请求权,要求被告给付金钱物质的,通说一般皆将其纳入一般给付诉讼的受案范围。

"除请求给付抚恤金类案件外,我国学者倾向于将请求行政赔偿纳入一般给付诉讼"。② 旧《行政诉讼法》明确了原告可以基于具体行政行为的违法性导致其人身权、财产权等合法权益遭受损失的赔偿请求权和补偿请求权。旧《行政诉讼法》第六十七条规定:"公民、法人或者其他组织的合法权益受到行政机关或者行政机关工作人员作出的具体行政行为侵犯造成损害的,有权请求赔偿。"

我国一般给付诉讼的立法模式采取的"非明定主义模式",仅能从"诉判关系"中推定一般给付诉讼类型的存在。我国《行政诉讼法》第十二条第10项、第七十三条分别规定了一般给付诉讼的受案范围以及一般给付判决种类。据此,原告申请被告依法履行支付抚恤金、最低生活保障待遇或者社会保险金待遇等给付理由成立的,被告拒绝或者拖延履行义务且无正当理由的,人民法院可以根据《行政诉讼法》第七十三条一般给付判决的规定予以救济,判决被告在一定期限内履行相应的给付义务。此外,从给付内容看,现行法上认可以"未来不作为"为给付内容的诉讼,即我国司法实务中有条件的允许提起预防性不作为之诉,例如,《最高人民法院关于审理政府信息公开行政案件若干问题的规定》第十一条规定:"……政府信息尚未公开的,应当判决行政机关不得公开。"此为预防性不作为诉讼,为了预防损害结果发生,请求法院预先判令行政机关不得作成某种行政行为的诉讼。

我国新《行政诉讼法》在撤销诉讼的基础上增列补充一般给付诉讼,使得非属具体行政行为的其他公法上的行政行为,尤其是行政事实行为,如要求法院判

---

① 参见赵贵金诉河北省任丘市民政局不依法发放抚恤金案,载最高人民法院中国应用法学研究所:《人民法院案例选》(第45辑),人民法院出版社2005年版,第438页;李彦启诉邳州市陈楼镇人民政府不履行优待金给付义务案,江苏省邳州市人民法院行政判决书(2005)邳行初字第80号。
② 参见闫尔宝:《论我国行政诉讼类型化的发展趋向与课题》,载《山东审判》2017年第5期。

令被告机关为某种事实行为(如请求政府信息公开、请求政府为某事公开道歉、请求消除行政机关的公开警告、请求更正不利于某人的资料错误记载、请求排除公权力的侵扰),或基于公法上原因发生的财产性给付等(如抚恤金、最低生活保障待遇或者社会保险待遇、损害补偿金等)得到法律上的救济。

因此,一般给付诉讼是我国行政诉讼制度的改革创新,弥补了撤销诉讼、课予义务诉讼以及确认诉讼类型功能的不足。透过旧《行政诉讼法》不难发现,行政诉讼法在通过传统经典的撤销诉讼维持客观法秩序的同时,兼顾到了透过给付诉讼达到保护当事人主观公权利的目的,实质上增加了人民救济的渠道,使人民权利保障臻于完善。但由于我国行政诉讼法并没有就其作为特定的诉讼类型的审理规则予以明确,粗线条的法律规定如何透过解释以及司法实务中如何运作,存在进一步探讨的空间。

第三节　一般给付诉讼的特别要件

原告提起一般给付诉讼，想进入实体判决并获得胜诉，不仅必须具备一般的实体判决要件，而且还必须具备特别实体判决要件。一般实体判决要件为所有诉讼种类在实体判决时都必须具备的要件。一般实体判决要件包括法院的审判权限、法院对案件具有管辖权、当事人具有诉讼能力、不违反法院的一事不再理原则、同一案件未被其他法院受理、具备一般权利保护要件。行政协议与其他事实行为所产生的一般给付诉讼的特别实体判决要件有所不同。[①]

因行政协议所产生的一般给付诉讼，其实体判决的特别要件如下：(1) 原被告之间存在行政协议法律关系；(2) 原告须基于行政协议，而对被告具有给付请求权；(3) 必须被告经原告催告之后仍不履行或不给付；(4) 必须原告因被告不履行行政协议约定的履行义务，致原告损害；(5) 必须被告无终止行政协议的情形。满足以上五个方面，原告方可诉请被告履行行政协议的给付义务。

因非行政协议产生的一般给付诉讼的实体判决的特别要件如下：(1) 诉讼程序标的须为行政行为之外的事实行为。(2) 除法律另有规定外，提起一般给付诉讼无须践行诉愿先行程序，否则只能提起课予义务诉讼，合并请求损害赔偿或其他财产性给付。(3) 提起一般给付诉讼无起诉期间的适用，但仍应适用台湾地区所谓"行政程序法"第131条及其他特别法所规定的请求权消灭时效。[②] (4) 原告因被告不履行其请求权而导致其权利受到侵害。(5) 原告不得主张停止执行。(6) 原告之诉必须有一般权利保护要件。另外，针对预防性不作为的一般给付诉讼，原告还必须具备特别的权利保护利益，才可能获得胜诉。

德国《行政法院法》上对于一般给付诉讼并未作明文规定，与撤销诉讼和课

---

① 参见蔡志方：《行政救济与行政法学（四）》，正典出版文化有限公司2004版，第281—282页。
② 台湾地区所谓"行政程序法"第131条规定："公法上的请求权，除法律有特别规定外，因五年期限不行使而消灭。公法上请求权，因时效完成而当然消灭。前项时效，因行政机关为实现该权利所作成的行政处分而中断。"

予义务诉讼相比较,欠缺整套而又系统的实体判决要件规定。德国《行政法院法》不区分是否为行政协议产生的一般给付诉讼,德国法关于一般给付诉讼的特别实体判决要件为:(1)诉讼对象为行政事实行为。(2)提起一般给付诉讼原则上不须先行异议程序。异议程序明文规定适用于撤销诉讼和课予义务诉讼,但唯一例外的为公务员基于公务关系提起的一般给付诉讼。(3)提起一般给付诉讼原则上既不须先行异议程序,也不适用关于起诉期间的限制规定,换言之,提起一般给付诉讼并无起诉期间的限制。但程序法上失权原则适用于一般给付诉讼。(4)须原告权利受到损害。撤销诉讼和课予义务规定的"诉讼权能"特别实体判决要件是否应类推适用于一般给付诉讼的问题,通说认为,一般给付诉讼的诉讼性质结构与课予义务诉讼类似,就原告权利受侵害而言,不应因为侵害系由一行政行为或行政事实行为而有所区别。再则,也没有任何理由允许一般给付诉讼成为民众诉讼的可能。因此,原告提起一般给付诉讼(包括作为、不作为),也必须主张被告的不履行其提出的请求导致其权利受到侵害,提起一般给付诉讼方为合法。(5)一般给付诉讼无停止执行的效力。(6)"官告民"案件,应注意如果行政机关本身可以通过单方的规制行为(特别可以作出给付裁决的方式)行使该请求权时,提起一般给付诉讼就因欠缺权利保护的必要而被认为诉不合法。因为行政机关通过裁决的方式作出后的行政行为,如果相对人不履行该裁决的给付,行政机关是可以向法院申请强制执行。(7)提起预防性不作为之诉,原告应具有特别受预防性权利保护需要的特别要件。[1]

原告提起一般给付诉讼中的预防性不作为之诉,原告起诉须具有特别受预防性权利保护需要的要件。如系行政事实行为为诉讼对象的,则该项权利保护必要的类推适用民法规定判断。从而仅在当有重复危险或第一次干预危险存在时,原告才有受预防性权利保护的必要。原告针对行政机关未来不作为的,如果原告本来可以等待行政行为作出后再提起撤销诉讼而获得充分救济,那么原告此时提起预防性不作为之诉,可能被视为欠缺权利保护的必要性而使得诉讼不合法。只有在严格条件下,当要求原告于处分作出后才开始寻求可能权利救济途径系属不可期待的情形,才能例外允许提起一般给付诉讼。例如,诉讼对象为

---

[1] 参见吴绮云:《德国行政给付诉讼之研究》,"司法院"印行1995年版,第140—141页。

带有特别不良后果的行政行为,以事后提起撤销诉讼方式将不能充分排除其对原告造成的严重后果的情形。至于预防性不作为之诉,本书第三章第五节就其争议问题作专题研讨。

第四节　一般给付诉讼的判决

一、诉有理由的要件

一般给付诉讼起诉合法应具备实体判决要件,并没有明文规定,至于在何种条件下,诉为有理由更是阙如。基本上原告提起一般给付诉讼,如具有向被告行政机关请求作出一定作为或不作为的实体法上的请求权,即认为其诉有理由。另外法院判断原告有无所主张的给付请求权时,与课予义务相同,都以最后言词辩论时的事实和法律状态为基准时。判断一般给付诉讼有无理由时,无须就原告的权利是否受到侵害作特别审查。以下就作为与不作为的请求权基础作分类讨论。

（一）请求作为的请求权基础

由于请求作为的一般给付诉讼适用事件类型,由请求给付金钱、排除违法状态、请求恢复有损名誉表示等种类不一,因而其请求作为所根据的请求权基础也不尽相同。

1. 直接基于宪法规定。德国实务上可从德国《基本法》第 1 条关于"人性尊严""人权之不可侵犯"和第 2 条第 1 项关于"人格自由发展的权利"规定推导出诉请撤回有损名誉表示的请求权。

2. 基于一般法律规定。在德国,公法上的给付通常都是以法律规定为基础,依事先作出授益行政行为的方式为之,如在此情形下发生行政争议,则提起课予义务诉讼,而不是一般给付诉讼。基于一般法律规定所产生的其他种类请求权,而可以一般给付诉讼诉请给付的有补偿请求权、对欠缺法律上原因所获得给付,要求返还公法上返还请求权和基于无因管理所产生的公法上请求权等。

例如,我国《税收征收管理法》第五十一条规定:"纳税人超过应纳税额缴纳的税款,税务机关发现后应当立即退还;纳税人自结算缴纳税款之日起三年内发现的,可以向税务机关要求退还多缴的税款并加算银行同期存款利息,税务机关及时查实后应当立即退还;涉及从国库中退库的,依照法律、行政法规有关国库管理的规定退还。"本条规定系纳税人向行政机关请求返还不当得利,要求税务机关返还溢缴款项的规定。根据此条规定,如果税务机关自己发现并认定了纳税人多缴纳了应纳税额,自然可以依据此规定作出核定将缴纳多出的部分退还纳税人,这并没有疑问。但如果行政机关未发现,而是纳税人发现自己多缴纳了应缴税额,那么不当得利事实存在的,系由行政机关认定,还是由法院去认定?通常情形下,纳税人请求返还不当得利,一般系向行政机关请求,然后被驳回,接着才会走行政诉讼途径,提起一般给付诉讼。

3. 公法上的结果除去请求权。所谓结果除去请求权是指当人民的权利,因自始违法或事后违法的行政行为的直接(事实上)结果,而遭受负担时,对行政有除去其结果的请求权。其目的在于对违法行政所造成的状态变更,请求恢复以前的状态。结果除去请求权并没有法律依据,而是直接依据法治原则或直接基于基本权利的防御功能,或有类推适用民法的干扰除去请求权推论所得。结果除去请求权在德国已为行政法中习惯法的原则。

德国结果除去请求权的发展,首先针对请求除去违法状态是由一已执行行政行为而造成的情形。德国《行政法院法》第113条第1项第2段对此有程序上主张该结果除去请求权的特别规定:原告须先提起撤销诉讼,撤销该违法行为胜诉后,法院依其诉讼请求,可以判令行政机关应撤销其执行,并告知撤销执行的方法。

如果违法状态并不是由已执行的行政行为所致,而是由行政事实行为所造成,权利因而受侵害之人应以提起一般给付诉讼的方式,主张其结果除去请求权。该结果除去请求权应具备以下要件:(1)须为公法上权利受到侵害;(2)侵害系由行政机关的事实行为所造成;(3)行政事实行为违法;(4)违法的事实行为造成的违法状态须继续存在;(5)行政机关恢复以前状态必须事实上可能、法律上容许且对请求权的对象有期待可能性。

4. 公法上的无因管理请求权。公法上的无因管理请求权,系指并无公法上义务且未受委任,而为行政主体或享有行政法上权利的第三人处理事务而取得的返还请求权。① 公法上的无因管理请求权由民法类推适用演变而来。通说认为,符合公法上的无因管理特征的公法法律关系,应包括以下三种情况:"行政机关作出行政行为,行政机关为公民,或者公民为行政机关从事有关活动。如果没有特殊法律规定,应适用民法的无因管理规定。"② 与民法所不同的是,行政机关根据合法行政原则由法律确定和约定,如果行政机关根据法律授权进行活动,即不存在无因管理,因为活动不需要委托。再者,行政机关在法律没有法定权力和管辖权的情况下,根据无因管理干涉公民的权利领域。因此,只有在紧急情况下并且在纯主权领域没有法律限制的情况下,行政机关才能实施无因管理。公民实施的有利于行政机关的无因管理同样限于紧急情况。如果公法上的无因管理成立,就产生相应的行政补偿、损害赔偿等请求权。例如,"德国联邦最高法院的消防案例,消防人员扑灭了几处森林大火,这些大火系由联邦铁路机车喷出的火星造成的,联邦最高法院认为消防对当时是公法组织的联邦铁路来说是无因管理"。③ 另外,台湾地区司法实务中也已获认可,如台湾地区"最高行"2010年度裁字第1769号认为,"……且上诉人身为医疗院所,系以提供医疗服务为其执业范围,并无为被上诉人管理任何事务之情形,与公法上无因管理须以为他人管理事务的要件无涉……"。我国存在大量"见义勇为"立法,④ 之所以需要给各种"义举"以补偿和奖励,根本原因并不是义举本身,而是因为公民履行了本应由行政机关履行的职责,构成了公法上的无因管理。⑤

5. 公法上的不当得利返还请求权。国家或行政主体向人民请求返还其并无公法上的原因而取得的利益,称之为公法上的不当得利返还请求权。例如,公民请求行政机关退还多缴的税款并加算银行同期存款利息,或者行政机关发现自己多退返还税款的,公民或者行政机关都可以通过一般给付诉讼,请求退还公法上的不当得利。

6. 基于行政协议。行政机关如果基于行政协议负有给付义务的,对之提起

---

① 参见陈新民:《行政法学总论》,三民书局2015年版,第548页。
② 参见毛雷尔:《行政法学总论》,高家伟译,法律出版社2000年版,第747页。
③ 转引自毛雷尔:《行政法学总论》,高家伟译,法律出版社2000年版,第748页。
④ 例如,《北京市见义勇为人员奖励和保护条例》《上海市见义勇为人员奖励和保护办法》《人民警察法》《消防法》等。
⑤ 参见李晓新:《论公法性质之无因管理》,载《公法研究》2009年第00期。

一般给付诉讼,其诉为有理由。台湾地区所谓"行政诉讼法"第8条第1款规定:人民与相关职能机关间,因公法上原因发生财产上之给付或请求作成行政处分以外之其他非财产上之给付,得提起给付诉讼。因公法上契约发生之给付,亦同。例如,如台湾阳明医学院因公费医学教育学生订立行政契约,其中第十四点规定"公法毕业生于规定服务期间,不履行其服务之义务者,……并应偿还其在学期间所享受的公费"①这种志愿书、保证书所订立的行政契约,当事人如未履行其服务义务者,行政机关可提起一般给付诉讼要求缔约方返还公费。

我国新《行政诉讼法》新增"行政协议",并将之列为可诉范围,如我国《行政诉讼法》第十二条第11项规定:"认为行政机关不依法履行、未按照约定履行或者违法变更、解除政府特许经营协议、土地房屋征收补偿协议等协议的。"《最高人民法院关于适用〈中华人民共和国行政诉讼法〉的解释》(法释〔2018〕1号)第68条规定:"行政诉讼法第四十九条第三项规定的'有具体的诉讼请求'是指……(六)请求解决行政协议争议。"

(二) 请求不作为的请求权基础

原告提起请求不作为的一般给付诉讼,如具有不作为请求权时,诉即为有理由。但公法上不作为请求权作为一种法制,有关其法律上依据、要件、限制及与结果除去请求权的区分等,还在继续发展中,尚未完全成形。公法上一般缺少与民法类似的规定,但根据判例学说见解,对权利受侵害的人,公法上权利保护不应少于私法,因此,一致认为,在公法上也应有如同民法一样的防御请求权存在。尽管该请求权的法律基础究竟是来源于基本权利的防御功能,还是类推适用民法规则有不同的主张,但可以确定的是,公法上不作为请求权在德国已是一种被承认的习惯法。

公法上不作为请求权的内容为人民因行政机关执行事实行为,因违法侵害其公法上的权利或法律保护的利益,并且担忧继续受该项侵害的,且有公法上防御请求权,其提起不作为之诉即为有理由。该项请求权应具备的要件为:(1) 原告具有受法律保护的权益;(2) 该权益因行政机关的事实行为侵害;(3) 该项侵害系属违法,并且原告不负有容忍的义务。

---

① 参见台湾地区释字48号解释理由书。

公法上的不作为请求权的规定在我国实体法上较为鲜见。大多数情况下，不作为请求权针对的是事实行为的给付。例如，《最高人民法院关于审理政府信息公正行政案件若干问题的规定》第十一条规定："被告公开政府信息涉及原告商业机密、个人隐私且不存在公共利益等法定事由的……政府信息尚未公开的，应当判决行政机关不得公开。"此外，对于公用设施，如公立学校、公共体育馆的噪音、公立医院的医疗废物的处理等产生污染排放的，都可以提起停止作为的一般给付诉讼。

二、一般给付诉讼的判决内容

原告提起一般给付诉讼，起诉合法并且符合诉有理由的全部特别要件的，法院应作出判令被告向原告诉求的一定作为或不作为的判决。该项给付判决内容应包含两项内容。一是确认原告具有其主张的给付请求权。二是原告可以该判决申请法院执行，以实现其请求权。如果请求金钱给付的，如对于请求的原因及数额具有争议时，法院也可是中间判决，先就其原因作出判决。

原告提起一般给付诉讼，如行政机关对原告的请求具有裁量权限，案情未达成熟时，法院可以在课予义务的同时，类推适用课予义务诉讼的"答复判决"，判令被告遵循判决所示见解，作一决定的义务。例如，溆浦县工伤保险管理中心就行政给付提起上诉案中认为：一审判决判明具体支付金额不符合法律规定，干预统筹地区劳动保障行政部门的调查核实和经办机构的核定。二审法院认为，在查明事实，分清行政法权利义务后，应当判决负有给付义务的行政机关履行给付责任。但依法定程序核算和支付工伤保险待遇，系行政职能部门的法定职责。一审法院判决被上诉人应予支付工伤保险待遇的具体数额，系司法权替代行政权，明显不当，应予以纠正。[①]

如果提起一般给付诉讼后，法院庭审结束前，给付请求权已解决的，可以与撤销诉讼和课予义务诉讼采取同样的做法，类推适用行政诉讼法上的"继续确认诉讼"程序。新《行政诉讼法》第七十四条第二款第3项规定："行政行为有下列情形之一的，不需要撤销或者判决履行的，人民法院判决确认违法：(三)被告不履

---

① 参见湖南省怀化市中级人民法院行政判决书，(2016)湘12行终127号。

行或者拖延履行法定职责,判决履行没有意义的。"从立法本意上,该条针对的是课予义务诉讼的继续确认违法诉讼,在实践中也可能适用于一般给付诉讼。例如,在政府信息公开案中,公民申请信息公开未得到行政机关依法答复而提起一般给付诉讼,诉讼过程中行政机关提出政府信息不存在,此时,法院可以政府信息不存在,判决履行没有意义,而将一般给付诉讼变更为确认违法诉讼。①

---

① 参见江苏省高级人民法院行政判决书,(2016)苏行终874号。

第五节 一般给付诉讼的争议问题

一般给付诉讼的客体范围,除了因公法上原因所产生的财产性给付和非财产性给付外,至于预防性不作为之诉、规范颁布之诉和公法上结果除去请求权之诉能否作为一般给付诉讼的客体,学界争议较大,现分述如下。

一、预防性不作为之诉

给付诉讼通常限于现付给付诉讼。至于将来给付而提起给付诉讼的,称之为"预防性不作为之诉"。学理与实务上多有争议。学者在讨论"给付诉讼",除将"课予义务诉讼"与"一般给付诉讼"纳入其中外,也有将"预防性不作为之诉"归类为"给付诉讼"的一种。持"否定论者"认为,行政诉讼的功能应当定位于事后救济,在行政行为尚未作出的情况下,法院就介入,可能影响行政执法和行政管理秩序,突破司法的事后救济功能,甚至于行政程序、行政复议程序等被规避不用。

"预防性不作为之诉"为德国学界与法院实务界所承认,但德国《行政法院法》中并无明确规定,此种诉讼制度设计仅对防止行政机关未来可能侵害人民权利的行为,人民可否事先诉请法院判令行政机关未来针对某一具体个案消极不作为?其中包括消极不作为一个具体行政行为,以及消极不作为除具体行政行为以外的其他行为。

"行政诉讼所增加和补充的行政诉讼类型,皆系针对行政机关已经或依法应作的行政行为而不为,属于一种事后救济,只有预防性不作为之诉系针对行政机关尚未作出任何行政行为,或依法尚应作出任何行政行为,唯恐一旦作成后,提起撤销、确认、义务等事后救济之诉讼,无法发挥及时有效救济效果,原告不具有容忍行政机关作成行政行为的义务,而认为有权利保护的必要,故提起预防性不作为之诉"。①

预防性不作为诉讼在德国法院实务上有针对未来消极不作为行政行为的案例：OVGluneburg某摇滚乐餐厅不定期向市府申请周末延长营业时间至凌晨三点，市府每次皆予以个别许可。邻居居民受到干扰深以为苦，因而提起预防性不作为诉讼，行政法院认为居民针对延长营业时间的许可提起撤销诉讼缓不济急，因为居民每次感受到餐厅又在深夜营业时，始察觉市府又已批准延长营业的许可。由于居民无法以事后救济方式达到有效法律救济，因而不能要求居民必须等到市府批准延长营业许可后再行诉讼救济。②德国《行政法院法》在针对防止行政机关未来不得作成行政处分与行政处分之外的行政行为，两者在"权利保护必要性"上，在不得作成行政处分之要求标准较高，此乃因为误打诉愿与撤销诉讼之提起具有暂时停止行政处分执行力之效果，因而针对行政机关行政处分的行政行为，一般而言，可采事后救济方式。相对之下，要求行政机关未来作成行政处分以外的行政行为，其"权利保护必要性"的标准相对较低。例如，德国联邦行政法院判决中指出，某公立大学学生要求法院判令该大学学生会对于非属大学学生学习受教育权相关事项如针对严重侵害人权之某外国元首支持或发动示威游行的行为，不得日后再从事此种与学生权益无关的类似动作或行为，行政法院判令学生可以提起预防性不作为之诉。

我国的行政诉讼基本上就是一种"亡羊补牢"式的事后补救之诉，加之行政诉讼暂时性权利保护制度设计的偏差，致使行政诉讼权利保障的功能尚未充分发挥。因此，预防性权利保护机制的建立并非完全没有必要。虽然预防性不作为诉讼与传统的司法审查时机成熟原则有所冲突，但只要将其限制在合理的范围内，还是能够满足某些特殊情形的需要的。当我们将目光投向西方法治发达国家时，不难发现，作为典型预防性行政诉讼的"反信息公开之诉"不仅有存在的必要而且完全可行。例如，在美国，联邦最高法院以1979年"克莱斯勒诉布朗案"的审理为契机，确认原告可以根据《联邦行政程序法》及《禁止公开贸易秘密法》提起"反情报自由法诉讼"。在日本，根据《信息公开法》第13条的规定，行政机关

---

① 参见翁岳生：《行政诉讼法逐条释义》，五南图书出版股份有限公司2002年版，第118页。
② 参见翁岳生：《行政诉讼法逐条释义》，五南图书出版股份有限公司2002年版，第118—119页。

在第三人已经明确提出反对信息公开意见的情况之下,如果仍然决定公开信息的,其公开决定之日与实施该公开决定之日之间至少应该设置两周的间隔时间,以便给予第三人以采取法定对抗措施的余地。值得关注的是,近年来我国已有个别学者开始对"反信息公开行政诉讼"的运作规则进行可贵的探索,从而为我国未来典型的预防性不作为诉讼的确立提供了重要的理论依据。

给付诉讼通常限于现时给付,但也会及于将来之给付。"所谓预防性不作为诉讼,系指人民请求行政法院,判令被告行政机关未来不得作成可能损害其权益之行政处分或其他高权行为(职务行为)"。[①] 行政诉讼法上的诉讼类型,一般针对行政机关已经作出或依法应作出而不作出的行政行为的事后救济。只有预防性不作为之诉针对行政机关尚未作出任何行政行为或依法尚不应作成任何行政行为,唯恐一旦作出后,通过撤销、确认、课予义务等事后救济的诉讼方式,无法发挥及时有效的救济效果,原告不具有容忍行政机关作成行政行为的义务,而认为有权利保护的必要。因此,从预防性不作为诉讼的权利保护功能的角度,确有其适用的必要性。

"预防性不作为"能否作为一般给付诉讼的标的,理论与实务上持有不同见解。德国学说持肯定态度,但对其适用作出了严格的限制。如果原告仅仅单纯担心权利受侵害,尚不具备权利保护的必要,则无权提出该诉讼。换言之,预防性不作为之诉必须有特别的(适格的)权利保护必要,例如,行政机关在发布行政处分之前以及在提起撤销诉讼之前,即已因法院判决而负有义务不得作出所意图的行政处分。如果对于原告而言,已"无期待可能性"去期待嗣后直到产生权利侵害才给予事后救济时,即可认为"有特别的权利保护必要"。[②]

在日本,预防性不作为诉讼被归入"无名抗告诉讼",属于"不服有关行政机关公权力行使"的抗告范围,具有预防妨害的诉讼功能,但被归为行政诉讼体系的例外情形。日本学者兼子仁认为,如果行政机关将来作成不利益处分的盖然性很高,且其处分的合法或违法,可以事先加以判断的情形,即具备适于裁判的

---

① 参见李惠宗:《行政法要义》,五南图书出版股份有限公司2004年版,第632页。
② 只有具备"行政机关已经实施妨害的行为,且人民必须担心进一步继续受侵害""存在有无法恢复的损害危险"两个条件,才能视为"有特别的权利保护必要"。参见陈清秀:《行政诉讼法》,翰芦图书出版有限公司1999年版,第137—138页。

"纷争成熟性",应准许提起预防性不作为之诉。① 日本行政诉讼法基本上以行政机关作出行政行为,当事人可以提起撤销诉讼或无效确认诉讼加以对抗,只有在例外情形下,即不能等待事后公权力发动的特别正当事由存在时,才允许提起预防性不作为诉讼。这些例外情形有:在行政行为为变更现状的事实行为或即时的以及短期完结的公权力事实行为,提起撤销诉讼,无法发挥救济功能;在行政处分所生事实状态持续的情形下,使用撤销诉讼虽可救济,但如在人民被强制收容的情形下,就人权保障周全防范的观点来看,防范行政处分之侵害于未然;如果可以预知行政处分与执行该行政处分之事实行为紧密相连而有立即执行的情形,即对于行政处分提起撤销诉讼恐将无法期待排除该执行行政处分之事实行为的不良后果。②

台湾所谓"行政法院"向来认为对于行政处分不得提起预防性不作为诉讼。③ 但对于行政处分之外的行政事实行为,可作为预防不作为之诉的对象。④ 台湾地区所谓"行政诉讼法"第8条虽未明文规定预防性不作为的可诉性,但是,一般给付诉讼的客体既然限于财产上给付或非行政处分之外的其他高权行为,则纵然承认预防性不作为诉讼,也无包括阻止官署为行政处分之余地。因此,根据台湾地区所谓"行政诉讼法"第8条的推定,预防性不作为作为一般给付诉讼的对象,在严格其权利保护必要的前提条件下,应予允许。⑤ 在承认预防性不作为的可诉性的同时,也应当为其设定严格的条件,"专就行政处分以外之单纯高权行为或事实行为,作为预防性不作为之诉的对象,则在严格的权利保护必要的条件下,应予准许。一般给付诉讼,不仅适于作为实现公法上之结果除去请求权的救济途径,也应赋予预防损害结果发生的功能。"⑥综上分析,预防性不作为诉讼的适法性应具备以下条件:(1) 具有实体法上的请求权基础;(2) 具有权利保护的必

---

① 转引自陈清秀:《行政诉讼法》,翰芦图书出版有限公司1999年,第139页。
② 参见陈清秀:《公法上给付诉讼之研讨》,载《全国律师》1999年第2期。
③ 参见中华民国时期1944年判字第45号判例,台湾地区"行政法院"1959年判字第96号判例、1962年判字第106号判例、1970年判字第211号判例等。
④ 参见台湾高雄"高等行政法院"2001年度诉案第462号原告黄文骞等115人与被告高雄市政府间都市计划事件,为预防不作为(事实行为)之案例。
⑤ 参见吴庚:《行政争讼法论》,三民书局2005年版,第137页。
⑥ 参见吴庚:《行政争讼法论》,三民书局2005年版,第137页。

要性;(3) 针对行政处分之外的行政事实行为或其他高权行为。

新《行政诉讼法》第七十三条"依法负有给付义务"的规定,也并不当然排除"预防性不作为之诉"。事实上,我国实体法上也不乏预防性不作为请求权。譬如,《最高人民法院关于审理政府信息公开行政案件若干问题的规定》第十一条规定:"被告公开政府信息涉及原告商业秘密、个人隐私且不存在公共利益等法定事由的……政府信息尚未公开的,应当判决行政机关不得公开。"现实生活中,公民不乏预防性不作为权利救济的必要性事例。例如,行政机关拟在某地兴建垃圾掩埋场,一旦该方案获论证、听证或行政许可程序通过后,位于该垃圾场地的土地必然会被征收,附近居民的生存环境必然会受到破坏,如果等到该方案最终获得兴建,再通过未来的撤销诉讼救济为时已晚,并且可能造成不可恢复原状的损害后果。再如,相对人认为行政机关透过媒体报道不利消息的行为损及其名誉、信誉,或者行政机关的违法调查、稽查行为影响到企业的正常运营,相对人可以基于预防权利受损的目的,提起预防性不作为之诉。

2014年《行政诉讼法》修订时,人民法院建议稿指出:"被告准备作出或者正在作出的特定行政行为违法,一旦作出将给原告的合法权益造成不可弥补的重大损害且没有避免此种损害的其他适当方法的,人民法院可以判决被告不得作出。"[1]但考虑到行政诉讼的功能在于事后救济,预防性诉讼可能干扰行政机关的行政管理秩序,突破了法院只是"最后一道保障"的原则,可能使得行政程序、行政复议程序被规避不用,因此,《行政诉讼法》修订最终未予采纳。但是,本书认为,行政诉讼系通过司法权对行政权的制衡与审查机制来保护当事人的权利免遭不可恢复的权利损害,属于"第一次权利救济"。相比"第二次权利救济"(国家赔偿诉讼)具有优先性。如果一种行政措施的实施未来可能会造成人民不可恢复的损害时,没有理由不从立法上允许当事人进行事先阻止。《行政诉讼法》修订前,国内曾有学者呼吁"建立对抗威胁性行政行为和事实行为的预防性行政诉讼制度,并认为预防性不作为的裁判方式取决于原告诉求。人民法院应根据原告诉求确认或给付出的请求权是否存在,作出确认判决或者责令履行法定职责

---

[1] 参见江必新:《新行政诉讼法专题讲座》,中国法制出版社2015年版,第278页。

的裁判"。① 因此,在司法实践中,应通过扩大解释,将预防性不作为诉讼纳入《行政诉讼法》第七十三条的适用范围。

在肯定预防性不作为之诉纳入《行政诉讼法》第七十三条时仍须注意以下几点:其一,基于实体法的预防不作为请求权。只要公民在实体法上享有预防性不作为请求权的,应承认当事人可以提出给付请求,以有效保障公民权利免受非法侵害。其二,预防性不作为诉讼主要针对违法的行政事实行为。当事人诉请为不作为的行政行为时,不宜提起一般给付诉讼。因为现行《行政诉讼法》对违法的行政行为已存在各种救济机制,例如,行政行为作出后相对人可以通过行政复议或者行政诉讼撤销类型加以救济,在诉讼过程中还可以根据《行政诉讼法》第五十六条的规定,申请裁定"停止执行"。但是,为避免司法权对行政权的过度干预,当事人不得申请法院预先判决行政机关不得某种行政行为。其三,如果诉请的不作为系行政行为之外的事实行为,可以类推适用民事诉讼法的规定,原告提起不作为请求之诉时,不能单凭过去违反义务之事实,必须存在被告将来有继续侵害的可能,从防止一般给付诉讼滥用的考虑,原告"无期待可能性"去期待嗣后直到产生权利侵害才给予事后救济时,方可认为有提起预防性不作为诉讼的必要。

二、规范颁布之诉

原告能否依一般给付诉讼提起规范颁布之诉?学理上仍存有争议。② 德国法上,对于请求行政机关制定法规或增补法规,也允许提起一般给付诉讼。若有请求制定法规的主观上权利,则诉讼法也就必须提供为实现该权利的机制以资利用。联邦行政法院允许对此提起一般给付诉讼,未作明确判决,而只是决定,倒不如说确认诉讼是较符合以权力分立原则为论据基础的理念,亦即法院应仅在为人民之权利保护绝对必要范围内,始能影响立法机关的决定自由。③ 也有学

---

① 参见解志勇:《预防性行政诉讼》,载《法学研究》2014年第4期。
② "否定论"认为,制定法规命令属于法规范创制行为,行政机关的"规范制定裁量权",与法律执行行为的行政裁量不同,行政机关享有形成自由;基于权力分立原则,司法权不能逾越权限。转引自盛子龙:《行政诉讼法上"请求法规命令制定之诉"初探》,载《当代公法新论(下)——翁岳生教授七秩诞辰祝寿论文集》,第195页。
③ 参见 Erich Eyermann, Ludwig Fröhler:《德国行政法院法逐条释义》,陈敏等译,"司法院"印行2002年版,第367页。

者支持以课予义务诉讼解决规范颁布之诉的问题,认为对怠于或拒绝制定法规命令的,可以课予义务诉讼。① 但是,在德国,请求行政机关不制定法规是容许的,但其通常会因欠缺请求不作为之主观权利而遭败诉。德国行政法院例外承认的案例为,一乡镇因与其相邻之乡镇有建筑计划意图而提起诉讼之情形。②

一般给付诉讼的内容即包括请求作成行政行为之外的其他非财产上的给付,因而人民是否可以提起一般给付诉讼要求法院判令行政机关应尽快根据法律的授权制定颁布法规命令或规章?此学说称之为"制定法规诉讼"或者"规范颁布之诉"。③ 行政诉讼类型中,针对每一种国家权力形式,都设置了相应的防御之诉和给付诉讼,唯独涉及行政规范时,虽然可以请求法院审查其合法性,但却不能请求颁布规范,这便会成为权利保护的漏洞。因为缺乏规范颁布之诉,不仅会导致公民和团体的权利因个别决定被拒绝,而且也越来越多地由于未颁布相应的规范而受到侵害,特别是在基本权利保护领域内,对一个为公民授益的规范颁布的停止作为,常常相当于一种来自《基本法》第19条第4款意义上的国家权力侵害行为。④ 因此,从权利救济的完整性考虑,行政诉讼法的规范颁布之诉确有存在的必要性。规范颁布之诉的讨论需要厘清两个层次的问题。首先是在实体法层面上,相对人有无请求颁布规范性文件的公权利?其次,在第一个问题的基础上明确应以何种诉讼类型予以司法救济。

(一)规范颁布之诉之争议

德国实务上曾有相当长时间对此持否定见解,其提出的主要论据有两点:⑤第一,立法者授权行政机关制定法规命令,而制定法规命令的行为实质上仍是法规范的制定、创造行为,因此,行政机关在此所享有的系"规范制定的裁量",与实质上仍属于法律执行行为的行政裁量有显著区别。行政机关就"是否""何时"制定法规命令以及法规命令的内容如何形成,享有相当的形成自由。基于权力分

---

① 参见李震山:《论订定法规命令之行政裁量——"行政法院"1999年度判字第4343号判决评释》,载《台湾本土法学杂志》2000年第15期。
② 参见陈敏等译:《德国行政法院法逐条释义》,"司法院"印行2002年版,第367页。
③ 参见翁岳生:《行政诉讼法逐条释义》,五南图书出版有限公司2002年版,第123页。
④ 参见弗里德赫尔穆·胡芬:《行政诉讼法》,莫光华译,法律出版社2003年版,第361页。
⑤ 转引自盛子龙:《行政诉讼法上"请求法规命令制定之诉"初探》,载《当代公法新论(下)——翁岳生教授七秩诞辰祝寿论文集》,第195页。

立原则,如果容许人民可以向法院起诉请求行政机关制定法规命令,势将使得行政机关的规范制定裁量权转移至法院之手,这显然已逾越了司法权的分际。第二,法规命令系抽象一般性的法规范,其所规范的对象系不特定事件及不特定的多数人。因此法规命令制定之目的的基本上是为了维护或促进公益,因此受规范者没有请求制定法规命令的公权利。另有学者认为,"引入规范颁布之诉是'立法者的事',仅仅通过法官法,不可能有理由引进一个新的诉讼种类;或者把现行的诉讼种类扩展到法定的特殊适用范围以外去"。[1]

然而,上述理由不足以令人信服,即使行政机关对规范性文件的具体内容享有一定的形成空间,对规范性文件的具体内容具有行政裁量权,在法律制定的裁量范围内也有成立个人公权利的可能性和必要性。例如,在宪法对立法者有明确的宪法委托时,人民享有请求其制定法律的权利。尽管颁布规范之诉涉及行政诉讼与行政立法之间的权力分配问题,但是,只能在涉及会议立法时,才可以主张分权和民主原则,规范颁布之诉,涉及的仅仅是"执行权"。如果颁布规范之诉旨在请求颁布一个"低于法律的规范"就是适当的,而要求颁布一个议会法律的给付诉讼,在任何情况下都是不适当的。[2] 司法审查的介入并不当然就是侵犯行政机关的规范制定裁量权而有违权力分立。司法机关职司保障人民权利之责,只要实体法上个人有请求制定法规命令的公权利,则司法机关就无以权力分立为由而拒绝提供人民权利救济之理。在权力分立下,行政权原本就必须受司法权的监督,只要司法权未侵害到行政权之核心领域,即无所谓违反权力分立原则。在行政机关怠于或拒绝制定法规命令的情形,司法机关固然不得代其制定一套法规命令,但并非不可以比较温和的判决方式督促其制定法规命令。[3]

当然,颁布规范之诉应遵循严格的原则。人民原则上不得提起一般给付诉讼,仅在行政机关依法负有订定行政命令之义务,且其怠于订定命令直接侵害人民个人之权利者,应例外允许人民借一般给付诉讼之提起,以资救济。[4] 公民是

---

[1] 参见弗里德赫尔穆·胡芬:《行政诉讼法》,莫光华译,法律出版社2003年版,第362页。
[2] 参见弗里德赫尔穆·胡芬:《行政诉讼法》,莫光华译,法律出版社2003年版,第365页。
[3] 转引自盛子龙:《行政诉讼法上"请求法规命令制定之诉"初探》,载《当代公法新论(下)——翁岳生教授七秩诞辰祝寿论文集》,第196页。
[4] 参见李建良:《试论一般给付诉讼之适用范围》,载《律师杂志》2000年第254期。

否具有请求颁布规范性文件权利,可以从三方面来判断。(1)如果实体法上赋予公民请求权,就应该赋予公民诉权以救济(不过这种立法较为鲜见)。(2)除非在法律明文规定行政机关须于一定期间内有颁布规范性文件的义务,或者一旦缺乏该规范性文件,出现法律无法执行的特殊情形。(3)行政机关依法负有制定规范性文件的义务,仅在直接侵害公民个人的权利时,方可例外允许公民一般给付诉讼以资救济。[①]

(二)规范颁布之诉的适法性

一个要求颁布低于法律的规范的诉,具有原则上的必要性,但规范颁布之诉并非要成为一个新的诉讼种类,确切地说,它可以被纳入现行的诉讼种类体系中去。[②] 在肯定规范颁布之诉具备原则上的适法性之后,接下来讨论人民请求行政机关履行规范性文件应以何种诉讼类型予以救济的问题。是否需要在行政诉讼中引入规范颁布之诉?或者把已有的某些诉讼类型应用至规范颁布上去?讨论产生的解决方案可分为三类:(1)规范颁布之诉是一个必须由立法者引入的法律政策问题;(2)通过法官的裁判使之成为可能;(3)把一种可能的规范颁布之诉,纳入现有的行政诉讼类型之中。

首先,规范颁布之诉能否成为一种新的诉种?德国学者曾建议设立一种类推适用一般给付诉讼的"独立的规范颁布之诉",如今这一争论已不再存在,因为这个诉讼种类的引入,法官法上的界线事实上可能会被过度扩展。由此可以排除颁布规范之诉作为独立的新的诉讼类型存在的可能性。规范颁布之诉并非要成为一个新的诉讼种类,确切地说,它可以被纳入现行的诉讼种类体系中去。[③]

其次,规范颁布之诉能否采用课予义务诉讼类型?课予义务诉讼仅针对行政机关怠于或拒绝作成具体行政行为所设计的诉讼类型,如果相对人依照授权规范向行政机关提议,请求制定法规命令,而行政机关就此提议所为之处理决定,其性质是否属于具体行政行为,亦不无争议。李震山教授认为,该处理决定属于具体行政行为,相对人针对行政机关怠于或拒绝制定法规命令,人民即可提

[①] 参见李建良:《试论一般给付诉讼之适用范围》,载《律师杂志》2000年第254期。
[②] 参见弗里德赫尔穆·胡芬:《行政诉讼法》,莫光华译,法律出版社2003年版,第363页。
[③] 参见弗里德赫尔穆·胡芬:《行政诉讼法》,莫光华译,法律出版社2003年版,第364—365页。

起课予义务诉讼。① 然而,盛子龙教授却认为,该处理不属于具体行政行为,理由为:此一决定系行政机关行使命令制定裁量权所为之决定,并非属于针对具体个案所为之行政裁量;行政机关对于人民请求制定法规命令或作成事实行为,在内部处理程序上,均必须先经过一个行政决定。如果把这种程序必经的先行决定,一律视为具体行政行为,那么特别区分课予义务诉讼与一般给付诉讼便失去意义。另外,德国行政法院认为,人民请求制定法规命令,行政机关加以拒绝的行为,性质属于消极立法行为,也并非具体行政行为。② 因此,请求颁布规范之诉的标的作为非具体行政行为,不宜适用课予义务诉讼类型。

再次,颁布规范之诉能否纳入确认诉讼?亦即相对人可否通过请求法院确认相对人与行政机关之间有一个请求法规命令制定请求权存在?或者说要求对规范颁布的义务予以确认?德国法认为,一般公法上给付诉讼典型的对象,是针对行政机关之具体个别行为,至于一般抽象之行政命令,其具体内容应由行政机关决定,行政法院无法代为决定,因此,人民无法请求判令行政机关颁布特定具体内容之行政命令,故性质上似不宜给付诉讼之途径请求救济,而宜以提起确认诉讼,请求确认行政机关有颁布一行政法规义务之方式解决。③

但问题是,这不仅与确认诉讼相对于给付诉讼补充性地位相矛盾,而且,原告以确认诉讼达到的也不是设置规范的义务,而只是确认一种(通常难以定义的)法律关系之存在。④ 根据德国《行政法院法》第43条第2项的规定,原告提起一般确认诉讼,请求确认法律关系的存在与否,只限于原告无法提起形成诉讼或给付诉讼,起诉才具有适法性,这便是确认诉讼补充性原则。在有一般给付诉讼可供利用的前提下,人民若提起确认诉讼,请求法院确认有请求行政机关制定法规命令的权利,即违反了确认诉讼的补充性原则,起诉不具有适法性。另外,由于公权力主体不一定会尊重行政法院判决,一般给付判决因为有可执行性,其所提供之权利救济的功能,要优于一般确认诉讼。因此,确认公法上法律关系成立

---

① 参见李震山:《论订定法规命令之行政裁量——"行政法院"1999年度判字第4343号判决评释》,载《台湾本土法学杂志》2000年第15期。
② 参见盛子龙:《行政诉讼法上"请求法规命令制定之诉"初探》,载《当代法公新论(下)——翁岳生教授七秩诞辰祝寿论文集》,第204页。
③ 参见吴绮云:《德国行政给付诉讼之研究》,"司法院"印行1995年版,第125页以下。
④ 参见弗里德赫尔穆·胡芬:《行政诉讼法》,莫光华译,法律出版社2003年版,第364页。

之诉不得作为相对人主张法规命令请求权之权利保护形式。"在规范颁布之诉作为确认诉讼时,原告可以请求确认规范颁布者的义务;作为一般给付诉讼时,原告可以请求判决颁布规范"。① 这便是确认诉讼与一般给付诉讼在颁布规范之诉适法性的界分。从判决的效果来讲,一般给付诉讼更易达到原告的诉讼目的。

最后,颁布规范之诉能否采用一般给付诉讼类型? 德国《行政法院法》及台湾地区所谓"行政诉讼法"虽无明文规定,但根据一般给付诉讼在行政诉讼体系中充当的"补充性诉讼"功能,对于行政机关怠于或拒绝制定法规命令导致公民权利受损害的,当然可以利用一般给付诉讼来寻求救济。例如,从台湾地区所谓"行政诉讼法"第 8 条关于一般给付诉讼的法律文义理解,一般给付诉讼的诉讼对象可以涵盖一切"行政处分以外的其他行政行为",可以当然解释为包括抽象的法规命令在内。通常情况下,一般给付诉讼不仅有助于请求在个别情况中作出事实行政行为,而且早已成为一种普遍的适用于一切非行政行为的权力行为的"兜底性诉讼"。并且原告凭借对颁布规范的判决所能得到的结果较单纯的确认诉讼更加丰富。② 这种学术观点已为多数学者所认可和接受。③ 在司法实务上,台湾地区"行政法院"类推适用所谓"行政诉讼法"第 200 条第 4 款的规定,亦即"原告之诉虽有理由,唯案件涉及行政机关之行政裁量决定,应判令行政机关遵照其判决之法律意见对原告制定法规命令"。在这种比较温和的判决方式下,并不会产生严重干预到行政机关命令制定裁量权的结果。④

综上分析,规范颁布之诉作为一般给付诉讼须符合以下两个条件。(1) 必须主张其拥有对规范颁布之诉的请求权,这种请求权可以从法律、承诺、平等原则或者行政协议中产生,但原告绝不可以是授益性规范的相对人。⑤ (2) 如果请求

---

① 参见弗里德赫尔穆·胡芬:《行政诉讼法》,莫光华译,法律出版社 2003 年版,第 366 页。
② 参见弗里德赫尔穆·胡芬:《行政诉讼法》,莫光华译,法律出版社 2003 年版,第 365 页。
③ 譬如,李建良教授对规范颁布之诉的学术观点从"一般给付诉讼的客体仅限于行政处分之外的具体行政行为,不包括法规命令或自治规章等抽象性规制行为"转向"只有基于公民权利的考虑,认为行政命令并非绝对不得为行政争讼之客体"。参见李建良等:《行政法入门》,元照出版有限公司 2000 年版,第 559 页,以及李建良:《试论一般给付诉讼之适用范围》,载《律师杂志》2000 年第 254 期。
④ 参见盛子龙:《行政诉讼法上"请求法规命令制定之诉"初探》,载《当代法公新论(下)——翁岳生教授七秩诞辰祝寿论文集》,第 207 页。
⑤ 参见弗里德赫尔穆·胡芬:《行政诉讼法》,莫光华译,法律出版社 2003 年版,第 365—366 页。

权能以其他方式得到满足,或者一开始就被排除了,则可能缺少法律保护需要。①颁布规范之诉在严格的前提下可以作为一般给付诉讼的客体,相对人可能主张颁布规范之诉请求法院判决行政机关给付特定的规范性文件。但需要注意的是,规范颁布之诉作为一般给付诉讼时,也可以考虑采用"答复判决",从而仅在原告上明确规范设置的义务,或者局限于部分调整。

尽管规范颁布之诉可以纳入现有的某种诉讼类型,但其诉讼具有特别性,德国《行政法院法》上对提起规范颁布之诉规定了特别严格的适法性条件:(1) 参加人的适法条件;(2) 适当的诉种——只能是给付诉讼或确认诉讼,从而并非独立的诉种,并且不能类推适用《行政法院法》第47条,必要时仅简单考察规范颁布之诉的一般问题;(3) 诉权:类推适用《行政法院法》第47条第2款(在给付诉讼中);(4) 一般的法律保护需要;(5) 其他适法条件。②

(三) 我国行政诉讼法规范体系下的思考

将上述问题置于我国行政诉讼法规范结构下思考,首先不要混淆规范颁布之诉与规范审查请求之诉的区分。根据《行政诉讼法》第五十三条和第六十四条的规定,法院可以依职权对规范性文件进行合法性审查,一般性地排除规范性文件的效力;也可根据相对人的申请,附带审查规范性文件的合法性,并以规范性文件是否违法作为判断行政行为合法性的依据,但这是以现行的规范性文件为前提条件。另外,还须注意《行政诉讼法》第十三条第2项关于"行政法规、规章或者行政机关制定、发布的具有普遍约束力的决定、命令"不予受理的规定,该规定在现行诉讼规范中应理解为相对人不能对现行的规范性文件单独提起司法审查请求。③《行政诉讼法》第五十三条、第六十四条以及第十三条第2项系对现行规范性文件审查之诉的相关规定,实质上并没有排除相对人要求制定规范性文件的请求权。因此,只有根据法院的裁判,规范性文件的制定者有义务,且必须颁布或补充一个规范时,才会产生真正意义上的规范颁布之诉。

---

① 参见弗里德赫尔穆·胡芬:《行政诉讼法》,莫光华译,法律出版社2003年版,第365—366页。
② 参见弗里德赫尔穆·胡芬:《行政诉讼法》,莫光华译,法律出版社2003年版,第638页。
③ 根据现行法律规定,凡是控告行政机关制定的法规、规章或者其他具有普遍约束力的决定、命令的,法院不能受理,可以告知当事人向制定该文件的行政机关的上一级行政机关或者同级人民代表大会常务委员会提出。

健全的社会法体系是国家实施给付行政的前提。我国社会法法典化程度及其行政机关的社会福利政策相对滞后,公民的社会权益只是政府的"恩惠",唯有建立颁布规范之诉,才能让公民基于福利政策主张社会权利。① 行政机关制定与之配套的社会福利政策的缺失,某种程度上会影响到公民基本权利的实现,允许公民通过一般给付诉讼请求行政机关颁布特定的规范性文件,对于加强司法权对行政立法权(执行权)的监督,预防行政机关的"立法怠惰",通过诉讼途径落实公民基本社会权利具有促进意义。

尽管新《行政诉讼法》没有明文规定一般给付诉讼对象的范围,但也没有排除"请求颁布规范性文件之诉"的适法性。从本次修法的目的来检视,《行政诉讼法》修订将"具体行政行为"修订为"行政行为",② 目的在于能够将种类繁多的行政争议纳入司法救济程序。本次修法对课予义务诉讼和一般给付诉讼作了区分,从一般给付诉讼的诉讼功能来讲,将颁布规范之诉纳入一般给付诉讼,符合诉讼类型的功能分类。但是,也应该预估到规范颁布之诉产生的实际权利救济效果可能不会令人满意,由于规范制定者的裁量权,加之如果案件的裁判时机不够成熟,这种判决往往只能是一种"答复式判决",对解决实际行政争议的效果并不理想。

三、公法上结果除去请求权之诉

"结果除去请求权"是指公民因其权利受到公权力的违法干涉,请求排除该违法干涉的事实结果,以恢复原有状况的权利。公法上的结果除去请求权学说由德国学说发展而来,并经由判例接纳而建立的制度。③ 德国公法学者 Bachof 于 1951 年在《请求为职务行为之行政法院诉讼》一文论及,德国二战后住宅短缺,主管机关依法可扣押人民的住宅,立即强制派遣无居住者进住,其后该扣押处分

---

① 参见杨东升:《论给付行政的基本原则》,载《天府新论》2015 年第 2 期。
② 行政行为是一个广义的概念,在内涵上,只要行政机关与行政职权相关联的作为与不作为行为,都属于行政行为的范畴。在外延上,仅仅排除行政机关与行政职权无关的民事行为和刑事侦查行为。行政机关与其行政职权相关的事实行为、内部行为、抽象行为均属于行政行为范畴,除了法律规定不属于行政诉讼受案范围的行政行为争议之外,所以行政行为引发的争议原则上属于行政诉讼受案范围。参见江必新:《新行政诉讼法专题讲座》,中国法制出版社 2015 年版,第 45 页、第 47 页。
③ 参见陈敏:《行政法总论》,新学林出版有限公司 2013 年版,第 1254 页。

纵然经提起诉讼被撤销,但进住者仍滞留不肯搬离。针对此情形依 Bachof 的见解,应依一般补偿法原则,依法行政原则以及民事诉讼法有关未确定判决强制执行的规定,建立结果除去请求权,使人民得据以排除因执行违法行政处分所生的持续性干预。其后该请求权迅速扩张适用于公权力事实行为干涉。①

该权利并非一般性的恢复原状请求权,与损害赔偿请求权(包括国家赔偿)不尽相同,结果除去请求权不以行政干涉是否存在故意或过失为要件,请求权的内容以恢复原状为原则,金钱赔偿为例外。结果除去请求权仅限于违法行为直接造成侵害的恢复原状。② 但是,结果除去请求权与国家赔偿请求权二者有并存的可能。③ 结果除去请求权的创立,是为了填补国家责任体系中的漏洞,使当事人能请求行政机关排除公权力行为所造成的不法结果,亦即现仍持续中、且对当事人不利的事实状态。④ 这种排除行政行为通常限于事实行为,例如,请求发还违法扣留的物品,请求发还因拓宽道路而违法占用的土地,请求撤回公务员公务上妨碍名誉的不实言论,请求销毁违法收集及储存的个人资料等。

(一) 法律根据

结果除去请求权系实体法上的请求权,这一请求权的法律根据,学者有不同的见解,诸如,法治国家原则、正义要求、自由基本权、民法上的恢复原状请求权的类推适用以及行政诉讼关于撤销诉讼的规定等。在法治国家中,由公行政构成的违法状况,不容许其维持其存在状态,已经成为基本共识。人民防御请求权的根据,可以是宪法上的基本权利、一般法律设定的权利,以及法律保留等。由宪法对公民基本权利的保障,国家赔偿责任相关规定可知,宪法不仅保障公民的基本权利,并且在公权力干涉其基本权利时,给予周密的保护。公权力的违法干涉,如已实际侵害人民基本权利,自应予以"恢复原状",必要时并给予补偿。

结果除去请求权系人民权利受公权力的违法干涉,而请求排除该违法干涉的事实结果,以恢复原有状态的权利。因此,应具备下列要件才能成立结果除去

---

① 转引自陈敏:《行政法总论》,新学林出版有限公司 2013 年版,第 1254 页。
② 参见吴庚:《行政争讼法论》,三民书局 2005 年版,第 138 页。
③ 参见陈敏:《行政法总论》,新学林出版有限公司 2013 年版,第 1260 页。
④ 参见林三钦:《公法上"结果除去请求权"之研究》,载《当代公法新论(下)——翁岳生教授七秩诞辰祝寿论文集》,元照出版有限公司 2002 年版,第 263 页。

请求权:(1)须干涉人民的权利;(2)须为公权力的干涉;(3)须产生违法状态;(4)须违法状态尚在持续中。①

结果除去请求权限于违法行为直接造成侵害的恢复原状,并非一般性的恢复原状请求权,与损害赔偿请求权(包括国家赔偿请求权)不尽相同。此一请求原则上以自然的方式给予补救,因此,不属于财产上的补偿请求权。其内容在于以自然方式除去持续侵害权利的违法事实状态,恢复因公法上行政行为干涉权利而被违法变更的原先事实状态,故补解为恢复原状请求权。因为没有给予完全的损害赔偿,故与民法上的恢复原状有别。相对民法上的恢复原判请求权,结果除去请求权无乃系减缩的自然恢复原状请求权。

(二) 请求权的行使

公法上结果除去请求权在行政诉讼上应以何种诉讼类型来实现,应视"除去结果"或"恢复原状"所需要的行政行为属于何种性质而定。② 由于事实上不利状态之去除所依赖的是"行政事实行为"(例如当事人请求返还被没收的车辆)而主张结果除去请求权的,应提起一般给付诉讼。"唯排除行为本身系行政处分时,则欲行使不法结果除去请求权时,必须先提起课予义务诉讼;又若违法状态系行政处分所生者,则应提起撤销诉讼,请求撤销该行政处分。"③基于立法者所考虑的诉讼经济因素和人民权利保护的效率原则,应参照台湾地区所谓"行政诉讼法"第8条第2款的规定,撤销诉讼与其后为实现结果除去请求权应合并提起一般给付诉讼。德国《行政法院法》第113条第2句也有类似规定,即:撤销行政处分的判决中,行政处分如已经执行的,法院应依申请宣告恢复原状,同时并宣告行政机关应使用何种方法使该执行恢复原状。但是,也有可能因为案情的发展尚未明朗,以至于当事人无法在提起撤销诉讼时即明确地提出除去结果的主张,此时应容许当事人事后单独提起一般给付诉讼主张"结果除去请求权"。④

---

① 参见陈敏:《行政法总论》,新学林出版有限公司2013年版,第1256页。
② 参见林三钦:《公法上"结果除去请求权"之研究》,载《当代公法新论(下)——翁岳生教授七秩诞辰祝寿论文集》,元照出版有限公司2002年版,第259页。
③ 参见李惠宗:《行政法要义》,五南图书出版股份有限公司2004年版,第630页。
④ 转引自林三钦:《公法上"结果除去请求权"之研究》,载《当代公法新论(下)——翁岳生教授七秩诞辰祝寿论文集》,元照出版有限公司2002年版,第259页。

我国行政法领域存在着诸多可适用结果除去请求权的情形,例如,《行政强制法》第四十一条规定:"在执行中或者执行完毕后,据以执行的行政决定被撤销、变更,或者执行错误的,应当恢复原状或者退还财物;不能恢复原状或者退还财物的,依法给予赔偿。"《公务员法》第一百一十条规定:"机关因错误的人事处理对公务员造成名誉损害的,应当赔礼道歉、恢复名誉、消除影响;造成经济损失的,应当依法给予赔偿。"《防治船舶污染海洋环境管理条例》第四十条第二款规定:"被征用的船舶和防治污染设施、设备、器材以及其他物资使用完毕或者应急处置工作结束,应当及时返还。"《重大税收违法案件信息公布办法(试行)》规定,对于达到一定涉案金额的偷税、逃税、骗税、抗税、虚开增值税专用发票等违法案件信息的公布。《环境保护法》第五十四条第三款规定:"县级以上地方人民政府环境保护主管部门和其他负有环境保护监督管理职责的部门,应当将企业事业单位和其他生产经营者的环境违法信息记入社会诚信档案,及时向社会公布违法者名单。"《食品安全法》第二十二条规定:"国务院食品药品监督管理部门应当会同国务院有关部门,根据食品安全风险评估结果、食品安全监督管理信息,对食品安全状况进行综合分析。对经综合分析表明可能具有较高程度安全风险的食品,国务院食品药品监督管理部门应当及时提出食品安全风险警示,并向社会公布。"在以上法律规定中,如果行政违法的干涉造成了相对人的损害,相对了即取得基于结果除去请求权主张恢复原状。

新《行政诉讼法》第七十六条和第七十八条新增"采取补救措施",有学者将其称之为"行政诉讼补救判决",并将"结果除去请求权"作为"补救判决"的"请求权基础"。[①] 但持反对意见的学者认为,无论引起不利事实结果的是具体行政行为还是非具体行政行为,结果除去请求权作为权利保护在第三层次上的权利或权力形态,其在行政诉讼中应当并且只能通过第七十三条的一般给付判决予以实现。[②] 本书认为,将结果除去请求权视为补救判决的请求权基础欠妥当,补救判决并非独立的判决种类,作为法官依职权的附带判决,不需要请求权的基础;再者,可能忽视了赔偿请求权与结果除去请求权的界限和内涵。结果除去请求

---

① 参见陈思融:《论行政诉讼补救判决的请求权基础》,载《中外法学》2016年第1期。
② 参见蒋成旭:《论结果除去请求权在行政诉讼中的实现路径——以霍菲尔德基本法律概念为视角》,载《中外法学》2016年第6期。

权更多的是恢复原状请求权,请求恢复因行政机关的违法干涉前的事实状态。

我国《行政诉讼法》修订前,曾有学者建议适用《最高人民法院关于执行〈中华人民共和国行政诉讼法〉若干问题的解释》(法释〔2000〕8号)第五十九条第2项关于"撤销并责令补救判决"弥补撤销判决解决纠纷的不彻底性,以保障当事人结果除去请求权的实现。[①] 本书认为,除非结果除去请求权的成立以某一具体行政行为的抵消为前提,才需要考虑"撤销并责令补救判决",况且司法实践中鲜见此类情形,《行政诉讼法》修订后,由于"结果除去请求权"系针对行政事实行为,完全可以直接适用《行政诉讼法》第七十三条一般给付判决予以权利救济。

[①] 参见陈思融:《行政诉讼撤销并责令补救判决论》,载《四川师范大学学报(社会科学版)》2014年第2期。

第六节　一般给付诉讼的特别要件

提起一般给付诉讼的要件应具备一般实体要件和特别实体要件。一般实体要件包括法院的管辖权,当事人能力与诉讼能力,起诉还应当符合法定程序及其他要件,权利保护之必要等,欠缺一般实体要件又不能补正时,法院原则上可以程序判决或者裁定驳回起诉。除与其他诉讼类型一样须具备一般实体要件之外,还需要具备特别实体要件,一般给付诉讼的特别实体要件如下:

一、给付原因须基于行政法律关系

人民与行政机关间的彼此给付有基于私法或公法法律关系而产生,前者如人民因承揽工程发生工程款支付有争议,应依民事诉讼程序提起民事诉讼。后者因公法法律关系产生的给付争议应根据行政诉讼法提起一般给付诉讼。由于公法法律关系系以各种不同形式表示,其给付内容也不同。

1. 以公法法律的形式

我国《公务员法》第五十三条规定:"奖励分为:嘉奖、记三等功、记二等功、记一等功、授予荣誉称号。对受奖励的公务员或者公务员集体予以表彰,并给予一次性奖金或者其他待遇。"第五十四条规定:"给予公务员或者公务员集体奖励,按照规定的权限和程序决定或者审批。"若甲公务员被依程序记为一等功,所在政府部门只为发放荣誉,却不依法核发一次性资金或者其他待遇,此时甲公务员可根据相关公务员法的条款提起一般给付诉讼,请求核发一次性资金或其他待遇。

再如,根据《公务员法》第二十一条规定:"公务员的领导职务、职级应当对应相应的级别。"公务员的职务与级别是确定公务员工资及其他待遇的依据。"政府只调整增加了甲公务员的待遇,但并未核准甲公务员的职务与级别,此时,甲公务员可提起课予义务诉讼,请求其所在行政机关作出职务晋升的行政行为。

2. 以具体行政行为的形式

根据我国《税收征收管理法》第五十一条规定:"纳税人超过应纳税额缴纳的税款,税务机关发现后应当立即退还;纳税人自结算缴纳税款之日起三年内发现的,可以向税务机关要求退还多缴的税款并加算银行同期存款利息,税务机关及时查实后应当立即退还;涉及从国库中退库的,依照法律、行政法规有关国库管理的规定退还。"纳税义务人对于税收征收行政机关未退税款的,可以提起一般给付诉讼。在行政诉讼制度中,还允许行政机关透过一般给付诉讼对错领国家给付的行政相对人提起诉讼以追回损失。譬如,台湾地区所谓"行政程序法"第127条规定:"授予利益的行政处分……经撤销、废止或条件成就而有溯及既往失效之情形时,受益人应返还因该处分受领的给付,其行政处分经确认无效者,亦同。"行政机关对于受领给付之受益人可以选择作成一个命令相对人为给付的行政处分,或者提起一般给付诉讼。①

3. 以行政协议的形式

行政机关基于公共利益的考虑,为达成特定的行政目的,与人民约定提供某种给付,并使接受给付者负合理的负担,或者其他公法上对待给付的义务,而成立行政协议关系。例如,师范大学可以根据《教育部直属师范大学师范生免费教育实施办法(试行)》(国办发〔2007〕34号)与公费教育学生订立行政契约,其中第四条规定:"免费师范生入学前与学校和生源所在地省级教育行政部门签订协议,承诺毕业后从事中小学教育十年以上。到城镇学校工作的免费师范毕业生,应先到农村义务教育学校任教服务二年。国家鼓励免费师范毕业生长期从教、终身从教。免费师范毕业生未按协议从事中小学教育工作的,要按规定退还已享受的免费教育费用并缴纳违约金。"依此订立的行政协议,当事人如不履行其服务义务者,行政机关当可提起一般给付诉讼要求缔约方返还已享受的免费教育费用并缴纳违约金。当然,人民也可以基于行政协议请求行政机关给付金钱。

新《行政诉讼法》新增了"行政协议"为受案范围,如《行政诉讼法》第十二条第11项规定的"认为行政机关不依法履行、未按照约定履行或者违法变更、解除

---

① 也有人主张公法上的给付,基于行政处分而生且可透过行政执行之方式达到目的的,则宜以命相对人为金钱给付的行政处分,而不需要提起一般给付诉讼。

政府特许经营协议、土地房屋征收补偿协议等协议的"。除了政府特许经营协议,土地房屋征收补偿协议外,还应当包括行政机关不依法履行、未按照约定履行或者违法变更、解除国有土地使用权出让合同、征收与征用补偿合同、特许经营合同、公共工程承包合同等行政协议的行为一律纳入行政诉讼的受案范围。[①]

4. 以事实行为的形式

行政机关以直接发生事实上的效果而不发生法律效果的行为,一般欠缺法效性的观念通知也将其列为事实行为,因而人民要求行政机关发表道歉或澄清某事的声明,要求行政机关完成缔结行政契约,当事人阅览资料或卷宗内容发现自身的记载有错误,请求相关机关更正,而该相关机关不同意更正的;就行政机关向人民提起一般给付诉讼者,如我国《传染病防治法》第三十条规定:"疾病预防控制机构、医疗机构和采供血机构及其执行职务的人员发现本法规定的传染病疫情或者发现其他传染病暴发、流行以及突发原因不明的传染病时,应当遵循疫情报告属地管理原则,按照国务院规定的或者国务院卫生行政部门规定的内容、程序、方式和时限报告。"如果当事医师违反报告义务除受到处罚外,行政机关也可以提起一般给付诉讼,判令当事医生提供相关报告。

二、给付内容排除具体行政行为

给付内容限于财产性给付和除行政行为之外的其他非财产性给付。财产性给付包括金钱或虽非金钱有财产交易价值之物,如政府已同意依社会救助法每月给付生活扶助金,公务人员退休金给付,然均未见支付,如果人民请求财产上给付必须先以行政机关同意与否为前提的,则必须先提起课予义务诉讼。

财产上的给付发生原因常见于损失补偿事件。行政法上损失补偿法理基础采取特别牺牲说,即财产权负有社会义务,其损失如系社会义务范围内的,负有容忍义务,不在补偿之列,必其损失超过社会义务而高于一般人容忍的程度后,如不予补偿将失去公平的,将构成特别损失,可以就特别损失部门提起补偿。行政法中基于特别牺牲的理论明文规定损失补偿的不胜枚举。譬如,《行政许可法》第八条规定:"公民、法人或者其他组织依法取得的行政许可受法律保护,行

[①] 参见江必新:《新行政诉讼法专题讲座》,中国法制出版社2015年版,第63页。

政机关不得擅自改变已经生效的行政许可。行政许可所依据的法律、法规、规章修改或者废止,或者准予行政许可所依据的客观情况发生重大变化的,为了公共利益的需要,行政机关可以依法变更或者撤回已经生效的行政许可。由此给公民、法人或者其他组织造成财产损失的,行政机关应当依法给予补偿。"再如,《行政强制法》第二十八条第二款规定:"解除查封、扣押应当立即退还财物;已将鲜活物品或者其他不易保管的财物拍卖或者变卖的,退还拍卖或者变卖所得款项。变卖价格明显低于市场价格,给当事人造成损失的,应当给予补偿。"再如《突发事件应对法》第十二条规定:"有关人民政府及其部门为应对突发事件,可以征用单位和个人的财产。被征用的财产在使用完毕或者突发事件应急处置工作结束后,应当及时返还。财产被征用或者征用后毁损、灭失的,应当给予补偿。"受损人凡因国家提前撤回行政许可、违法采取行政强制措施的、应对突发事件给个人财产造成损失的,都可以提起一般给付诉讼请求判令行政机关支付相应的补偿款项。

至于具体行政行为以外的非财产性给付,系指人民无法透过撤销诉讼或课予义务诉讼,而请求法院判令行政机关作出具体行政行为以外的其他公法行政行为,如,事实行为、单纯性高行政等。简言之,人民诉求内容只要不属于要求行政机关作出具体行政行为的,都可以提起一般给付诉讼。此类的公法行政行为类型颇多,譬如,请求准许阅览卷宗、更正错误资料、要求行政机关为某事公开道歉、要求行政机关签订行政契约、对于公法上违法结果排除请求权。当然,如果人民向行政机关申请以上给付而遭到行政机关同意或拒绝时,如申请阅览卷宗或提供资料遭拒绝时,该拒绝本身为具体行政行为,而应提起撤销诉讼,合并提起一般给付诉讼。[①]

三、存在权利保护的必要性

为避免行政诉讼权利被原告滥用,提起一般给付与其他诉讼类型均应有权利保护的必要,才能由法院作出裁判。本实体要件虽非行政诉讼法的明文规定,应属当然解释,因而,提起一般给付诉讼的原告必须主张行政机关的不作为(行

---

① 参见翁岳生:《行政诉讼法逐条释义》,五南图书出版有限公司 2002 年版,第 123 页。

为、不行为或容忍之给付)导致其权利受到损害。譬如,因行政契约发生的给付已届清偿期,行政机关仍未给付。或者公法给付清偿期虽不明确,但被告(特别是当行政机关向人民请求给付时),有将来恐不能履行之嫌的才具有权利保护的必要。

四、须不属于撤销诉讼并为请求的给付

给付的裁判,如果以具体行政行为的撤销为依据的,基于"诉讼经济原则",同时为避免裁判结果相互抵触,可以在提起撤销诉讼时,通过法官的阐明义务的履行,告知原告提起撤销诉讼时,同时合并追加给付诉讼。譬如,市民依社会救助法申请生活扶助,遭行政机关拒绝,市民针对此一拒绝的具体行政行为提起撤销诉讼,同时合并请求给付一定金额的生活扶助金。当然,撤销诉讼合并给付诉讼仅限于行政机关为被告的情形。当行政机关请求人民给付时,并不适用撤销诉讼合并给付诉讼。

第四章
给付诉讼类型之选择适用

任何一个起诉,都应当有明确的诉讼请求,这不仅是诉的具体的内容,是原告的诉讼主张,也同时构成了法院审理和裁判的对象。过去,原告提起诉讼常常只说对某个具体行政行为不服,这是因为旧《行政诉讼法》基本只有撤销诉讼一种类型,法院所要解决的,主要是对被诉行政行为的合法性进行审查。新《行政诉讼法》在撤销诉讼之外增加了不少新的诉讼类型……不仅可以针对行政行为起诉,还可以请求判决行政机关履行法定职责或者给付义务……可以说,诉讼类型越丰富,权利救济的渠道也就越丰富。人民法院针对具体的诉讼请求进行审理和裁判,也更有针对性,更能作出具体明确的解决实际问题的判决。如果当事人不知道如何正确表达诉讼请求,也可以要求人民法院提供帮助,予以释明。[1]行政诉讼类型的完善,基于确保权利保护的完整性与国家机关行使公权力的合法的任务,各自担负着分工与合作的机能。通说认为,行政诉讼法上的诉讼类型之间具有排斥、交错、选择、转换、结合与补充的关系。[2]只有理解和把握诉种之间的关系,才可能在具体的行政诉讼案件中选择正确且适当的诉讼类型,以资救济。鉴于给付诉讼为新《行政诉讼法》所增补的诉讼类型,本章内容分别以课予义务诉讼和一般给付诉讼为中心,论述其与其他诉讼类型之间的关系及其适用。

第一节 给付诉讼类型选定的前提

原告对行政诉讼类型的选择,本身包含着实现诉讼目的的意义。如果原告提出的具体诉讼请求不正确,或者不能达到救济的目的,起诉往往被视为"欠缺权利保护必要"被驳回。原告对诉讼类型的选择涉及行政行为种类的认定、行政行为与诉讼种类间的关系、诉讼类型之间的关系与界限的考虑。甄别如此专业的诉讼程序,即便专业法律人也并非毫无困难。"如果原告所提起的诉讼类型不正确或者不具备正确诉讼类型的实体裁判要件,有可能带来败诉的后果,或者权

---

[1] 参见北京市第二中级人民法院行政判决书,(2015)二中行初字第815号。
[2] 参见蔡志方:《行政救济法新论》,元照出版有限公司2007年版,第215页。

利得不到充分的救济,最终难以达成诉讼的目的。"① 具体个案的事实基础及法律争议各有不同,所寻求的诉讼类型自然不同,甚至于一些复杂的个案未必通过单一诉讼类型所能解决。面临如此复杂的诉讼程序,实务中很难确保处于弱势地位的原告,能够透过自力的方式选择正确无误的诉讼类型予以应诉。

在学理上,我国行政诉讼类型化研究成果可谓丰硕。② 但遗憾的是,行政诉讼类型间的关系、转化与选择仍缺乏理论研究。在肯定行政诉讼类型化为当事人提供正确、完整、有效的权利保护模式,方便法官统一且合目的地处理大量复杂行政争议案件的同时,必然也会增加原告的诉讼程序负担和诉讼难度。毕竟,行政诉讼最终能否胜诉,或者说权利能否得到充分救济,皆与行政诉讼类型是否正确选定息息相关。在司法实务中,原告选择诉讼类型的错误可能产生的不利益或危险,应在审查各种诉讼类型特别实体要件前,由法官行政阐明权(法官阐明义务)予以排除。③ "司法解释"④第二条明定了"法官阐明义务",对原告误选具体诉讼请求的,必然要求法官透过阐明义务协助原告在起诉时选择"正确""有效"的诉讼类型。面对交错重叠的诉讼类型关系,如何厘清它们之间的关系的基础上协助原告选择正确的诉讼类型,对法官而言并非易事。新《行政诉讼法》修订增加并完善了课予义务诉讼和一般给付诉讼两种新的诉讼类型。基于司法实务与应用需要,应要在新的行政诉讼法环境下进一步探讨诉讼类型的法官阐明义务、诉讼类型之间的关系、界定及其选定等问题,以期待原告在法官阐明下选择正确有效的诉讼类型确定权利救济的有效性和完整性。

一、法官阐明义务

所谓阐明,原仅指本来不明了者使其明了而言。但根据现在的解释,不再限于不明了的情形,即当事人的声明及陈述不完足的,法院应令其补充。这种阐

---

① 参见吴庚:《行政争讼法论》,三民书局 2014 年版,第 146—145 页。
② 通过中国知网,以"行政诉讼类型"为关键词检索出学术论文 57 篇,博士论文 2 篇,硕士论文 17 篇。另外行政诉讼类型研究相关专著也达 4 部。
③ 参见彭凤至:《德国行政诉讼制度及诉讼实务之研究》,"行政法院"印行 1998 年版,第 36 页以下。
④ 是指《最高人民法院关于适用〈中华人民共和国行政诉讼法〉若干问题的解释(法释〔2015〕9 号)(以下简称为"司法解释")。

明,以法院的职权观察,称为阐明权;从法院的义务观察,称为阐明义务。[①] 如果当事人对自己的陈述及其声明的意旨不清晰明了;或者当事人陈述及其声明,对该民事争讼事情并不适当;或者当事人就该民事争议没有形成充分的声明或陈述,以上缺陷自然会带来阐明权的问题。[②]

行政诉讼领域中,由于诉讼类型正确选择涉及十分复杂之行政法学,故基于人民权利之有效保障,法官应善尽阐明义务,协助原告提出正确的诉讼类型。[③] 在行政诉讼程序中,透过法官阐明义务,可避免当事人因提起错误的诉讼类型使利益受损或者权利得不到充分救济;同时,法院可依职权探求原告诉讼的真实目的,确定其行政争议应属何种诉讼类型,并就该类型的诉讼要件进行审判,经审理认为原告所主张的诉讼类型有误时,协助其纠正成正确的诉讼类型。

法官的阐明义务,并不强行要求原告更正为正确的诉讼类型,如果经法官阐明后,原告仍然坚持错误的诉讼请求,而导致错误适用诉讼类型的,法院应以该诉讼不合法予以驳回。因此,从原告诉权保障的角度,行政诉讼法对阐明义务的履行从程序性进行了严格的限定,以确保阐明义务的正当履行,并且理论上原告也可以就法官未履行阐明义务进行单独救济。

新《行政诉讼法》第一百零一条有"准用民诉程序"的规定,为法官行使阐明义务提供了程序依据。新《行政诉讼法》第五十一条第三款规定:"起诉状内容欠缺或者有其他错误的,应当给予指导和释明,并一次性告知当事人需要补正的内容。不得未经指导和释明即以起诉不符合条件为由不接收起诉状。"《最高人民法院关于适用〈中华人民共和国行政诉讼法〉的解释》(法释〔2018〕1号)第九十四条第二款规定:"公民、法人或者其他组织起诉请求确认行政行为无效,人民法院审查认为行政行为不属于无效情形,经释明,原告请求撤销行政行为的,应当继续审理并依法作出相应判决。"第九十五条规定:"人民法院经审理认为被诉行政行为违法或者无效,可能给原告造成损失,经释明,原告请求一并解决行政赔偿

---

① 参见王甲乙:《阐明权》,载杨建华:《民事诉讼法论文选辑(上)》,五南图书出版公司1984年版,第323—324页。
② 参见王甲乙:《阐明权》,载杨建华:《民事诉讼法论文选辑(上)》,五南图书出版公司1984年版,第323—324页。
③ 参见翁岳生:《行政诉讼法逐条释义》,五南图书出版股份有限公司2004年版,第63页。

争议的,人民法院可以就赔偿事项进行调解;调解不成的,应当一并判决。人民法院也可以告知其就赔偿事项另行提起诉讼。"上述规定直接明定了法官对原告选择正确的诉讼请求的阐明义务,这也意味着在新《行政诉讼法》增加完善课予义务诉讼和一般给付诉讼类型的前提下,为原告选择"适当"并且"正确"的诉讼类型,已成为法官针对具体行政争议个案必须掌握的审判技术。

二、诉讼类型的分类

行政诉讼类型化是法官通过阐明义务指导原告变更纠正"具体诉讼请求"以及作成与之相当的裁判类型的前提。结合新《行政诉讼法》及其司法解释的规定,诉讼类型的分类应注意两个问题:第一,为避免造成分类上的逻辑错误和无法穷尽的分类结果,划分的标准必须统一,并且唯一;第二,诉讼类型的划分,除参照德国、台湾地区实体法上的标准外,还要结合我国行政诉讼法上通过"具体的诉讼请求"以及"判决种类"[①]表现出来的新增诉讼类型。

(一)行政诉讼类型化的经验

根据德国《行政法院法》所包含的诉讼种类,从法条的体系来看,可以分为撤销诉讼、课予义务诉讼、确认诉讼、其他形成诉讼、一般给付诉讼、继续确认诉讼以及法理上不排除的新诉讼种类。[②] 学理上基于个人对各种诉讼种类之间关系及其认识不同,也有不同的分类。譬如,有学者从撤销诉讼与"继续确认诉讼"法律上的关联性分析,将"继续确认诉讼"纳入撤销诉讼之中,不再作为独立的诉讼类型。有学者考虑到课予义务诉讼与一般给付诉讼,确认诉讼与继续确认在性质上的关联性而将前后两者合并,最终形成撤销诉讼、给付诉讼与确认诉讼三大类。还有学者认为,"第三人权益的邻人诉讼"与"竞争者诉讼"[③]应作为单独的行政诉讼类型。[④] 从学者个人的理论判断,行政诉讼类型也并非一成不变,但是,基本分类至少可分为形成之诉(撤销诉讼)、给付诉讼和确认诉讼三种。台湾地区

---

① 参见《行政诉讼法》第七十条、第七十二条、第七十四条、第七十五条、第七十六条。
② 参见彭凤至:《德国行政诉讼制度及诉讼实务之研究》,"行政法院"印行1998年版,第38页。
③ 笔者认为,邻人诉讼与竞争者诉讼,系基于具体案件内容所作的分类,与三分法的分类标准不同,不宜作为诉讼类型种类看待。
④ 参见彭凤至:《德国行政诉讼制度及诉讼实务之研究》,"行政法院"印行1998年版,第39页。

所谓"行政诉讼法"则将行政诉讼基本类型明定为撤销诉讼、确认诉讼及给付诉讼。① 学者亦有进一步将给付诉讼再细分为课予义务诉讼和一般给付诉讼加以讨论者。② 本书认为,此种分类基于同一标准,即依诉讼内容而区分的基本类型,具有科学性和标准的统一,几乎所有的行政争讼事情皆可归入其中。③

(二) 我国行诉讼类型的分类

随着社会法治国时代行政任务的变化,传统自由主义法治国时代受限于国家目的的单纯性而产生的行政行为"单一性"(即只依靠具体行政行为)已不符合时代的需求。④ 与之对应的,传统的撤销诉讼一体主义的旧行政诉讼格局也会被相应打破。我国行政诉讼法在深受行政行为形式论的影响下,在以撤销诉讼为中心的立法模式下,几乎将行政诉讼全部等同于以具体行政行为为诉讼对象的撤销诉讼,整部《行政诉讼法》的法条设计几乎全部是专门为撤销诉讼所精心准备的,因此,从严格意义上讲,我国并不存在实质上的类型化的行政诉讼。充其量只能说存在几种类型诉讼的萌芽。在这种情况下,即使出现了若干新类型的行政诉讼,现行《行政诉讼法》也无法为其提供起码的诉讼规则,甚至可以说,新型诉讼根本就难以融入现行行政诉讼的制度框架之中。⑤

《最高人民法院关于审理政府信息公开行政案件若干问题的规定》在旧《行政诉讼法》时代已率先进行了诉讼类型化的尝试。这次《行政诉讼法》修订过程中,司法实务界和理论研究人员极力倡导类型化改造。⑥ "虽然限于《行政诉讼

---

① 台湾地区所谓"行政诉讼法"第3条规定:"前条所称之行政诉讼,指撤销之诉、确认诉讼及给付诉讼。"该分类标准系基于"判决内容"或"原告之目的"进行的分类,属于诉讼的基本类型。至于该第9条的"公益诉讼"以及第10条的选择罢免诉讼,与前三种诉讼并非基于相同的分类标准进行的分类。此种"三分法"分类理论参见徐瑞晃:《行政诉讼法》,元照出版有限公司2015年版,第53页。
② 此种"四分法"可请参见陈敏:《行政法总论》,新学林出版有限公司2013年版,第1386页。
③ 譬如,台湾地区所谓"行政诉讼法"中的"公益诉讼"(第9条)、"选举诉讼"(第10条)虽然本身具有特殊性,诉讼要件有所不同,但诉讼内容不外乎请求"行政法院"就争议事件作出形成、确认或给付判决,依诉讼的性质仍可准用抵销、确认或给付诉讼的相关规定。参见陈敏:《行政法总论》,新学林出版有限公司2013年版,第1372页。
④ 参见陈新民:《公法学札记》,中国政法大学出版社2001年版,第105页。
⑤ 参见章志远:《行政诉讼类型构造研究》,法律出版社2007年版,第74页以下。
⑥ 参见李广宇、王振宇:《行政诉讼类型化:完善行政诉讼制度的新思路》,载《法律适用》2012年第2期。学者们建议在对各种诉讼类型不以专门章节规定,而是在受案范围、诉讼时效、审查标准、处理方式、诉讼程序等不同章节之下,对不同的诉讼类型做特别规定,以保持法典体系的紧凑。参见何海波:《理想的〈行政诉讼法〉——〈中华人民共和国行政诉讼法〉学者建议稿》,载《行政法学研究》2014年第2期。

法》立法修订体例进行彻底改造的难度,但通过具体化诉讼请求以及类型化样态的判决方式的设计,新《行政诉讼法》在诉讼类型分类上基本明晰,所欠缺的只是一些不同于撤销诉讼但为各个诉讼类型所必要的特殊规则"。①

我国《行政诉讼法》未明定行政诉讼类型,从而导致学理上的分类比较紊乱。根据不同的分类标准有"五分法"②"六分法"③"七分法"④等等。凡此造成诉讼类型分类的多样化,皆因缺乏统一的分类标准和分类层次。但通说认为,行政诉讼类型分类应以"当事人诉讼请求的内容"作为类型化最基本的标准。原因是诉讼请求是当事人诉讼目的的具体体现,行政诉讼遵循"不告不理"原则,行政诉讼程序只能通过原告的起诉行为来启动,而原告在起诉时必须说明其诉讼请求,亦即希望通过法院的审理得到什么样的结果。行政诉权作为一种基本权利,其行使应当由当事人依自己的意愿而定,换言之,在行政诉讼中,当事人提出什么请求,要求什么样的司法保护,应当完全基于其自己的独立意愿。另外,诉讼请求比诉讼目的更具有操作性。诉讼请求是当事人诉讼目的的具体体现,比较诉讼目的更容易量化,当事人往往通过明确的诉讼请求来实现其提起行政诉讼的诉讼目的。而且诉讼目的并不是诉的构成要素之一,难以成为具体的操作标准。再则,诉讼请求具有高度的涵盖性,在每一个具体的行政诉讼中,诉讼请求的内容虽然多样化,但按照一定的标准归纳起来,不外乎三种:当事人请求对具体行政行为是否违法、无效或行政法律关系存否予以确认;当事人请求判决行政机关履行行政义务;当事人请求判决改变或消灭现存的行政法律关系;与之相对应的诉讼类型即为确认诉讼、给付诉讼和形成之诉。以当事人诉讼请求的内容作为我国未来行政诉讼类型构建的基本标准比较合适,既体现了对当事人意志的尊重,也有利于对其合法权益的保障。

当然,我国行政诉讼类型化设计时不能简单地将当事人诉讼请求的内容作

---

① 参见李广宇:《行政诉讼法逐条注释》,法律出版社2015年版,第606页。
② 参见应松年:《行政诉讼法学》,中国政法大学出版社1994年版,第189—191页;刘飞:《行政诉讼类型制度探析——德国法的视角》,载《法学》2004年第3期。
③ 参见姜明安:《行政法与行政诉讼法》,北京大学出版社2011年版,第414页。
④ 参见马怀德:《完善〈行政诉讼法〉与行政诉讼类型化》,载《江苏社会科学》2010年第5期。

为唯一的划分标准,还应当考虑到两个补充性标准。① 一是被诉行政行为的类型。行政行为的具体表现形式多样,有具体行政行为、行政指导、行政协议、行政允诺、事实行为、行政机关的意思表示等,被诉行政行为的类型不同,其应遵循的诉讼规则必然也不相同。二是行政争议的性质。解决行政争议是行政诉讼的直接功能,行政争议有不同的种类,如行政机关之间或者行政机关与内部工作人员之间发生的行政争议,行政机关与外部的行政管理相对人之间的行政争议,甚至还包括与相对人个人权利无直接关系的争议。不同种类的行政争议在性质、特征以及处理争议遵循的诉讼规则存在差异,因此,需要根据不同的行政争议设置不同种类的行政诉讼。② 我国也有学者主张划分行政诉讼类型还应综合考虑以下因素:(1)原告的诉权;(2)行政审判权力与行政职权关系的宪法定位;(3)被诉行政主体行为的种类;(4)行政诉讼程序的多维化程度;(5)法院行政审判权能与保护人民权益的因应程度。③ 还有学者认为,在考虑行政诉讼判决种类的因素外,还应考虑诉讼目的、原告的诉权、行政诉讼客体、进入行政诉讼程序的行政争议性质、法官在审理行政案件时的权力。以此分类的行政诉讼类型为撤销诉讼、确认诉讼、课予义务诉讼、一般给付诉讼、公益诉讼、机关诉讼、当事人诉讼。④ 本书认为,此种分类没有统一的标准,分类的逻辑上将公益诉讼、机关诉讼、当事人诉讼与撤销诉讼、给付诉讼及确认诉讼并列作为我国未来行政诉讼基本类型的设想欠妥当,因为这些所谓的新型行政诉讼本身都可以纳入撤销诉讼、确认诉讼、给付诉讼三种基本诉讼类型中的任何一种,并通过诉讼标的、行政争议辅助标准的解释,将其归入相应诉讼类型的亚类。

我国学者一般倾向于将我国行政诉讼类型在三种基本类型的基础之上,将广义的给付诉讼根据被诉行政行为的类型不同细分为课予义务诉讼、一般给付诉讼,亦即学界普遍认为的行政诉讼类型为撤销诉讼、课予义务诉讼、确认诉讼、

---

① 参见章志远:《行政诉讼类型构造研究》,法律出版社2007年版,第95页;王珂瑾:《行政诉讼类型化研究》,山东大学出版社2011年版,第75—76页。
② 参见王珂瑾:《行政诉讼类型化研究》,山东大学出版社2011年版,第76页。
③ 参见江必新、梁凤云:《行政诉讼法理论与实务》,法律出版社2016年版,第986—987页。
④ 参见马怀德:《完善〈行政诉讼法〉与行政诉讼类型化》,载《江苏社会科学》2010年第5期;马怀德、吴华:《对我国行政诉讼类型的反思与重构》,载《政法论坛》2001年第5期。

一般给付诉讼。① 我国司法实务界在研究给付判决时,则倾向于将给付类判决细分为课予义务判决、一般给付判决以及禁令判决。② 本书认为,司法实务界力推禁令判决为单独的给付诉讼的亚类型,有失偏颇。给付诉讼的适用范围不仅包括作为行为,也包括不作为行为;既包括未来的作为行为,也应包括未来的不作为行为。因此,禁令判决无须成为单独的给付诉讼的亚种,如果诉讼内容"诉请未来不作为"的性质为行政行为的,应归入课予义务诉讼,如果不作为是非行政行为的其他行为,则归入一般给付诉讼,比较符合诉讼类型分类的逻辑。本书认同理论界的通说,即将给付诉讼分为课予义务诉讼和一般给付诉讼的"两分法"。

我国行政诉讼类型可参照民事诉讼类型的划分方法,以当事人诉讼请求为标准,先划分为撤销诉讼、给付诉讼和确认诉讼三种基本类型,这三种诉讼类型基本可以覆盖当事人诉讼请求的所有情形,在此基础之上,再根据诉讼标的不同,将三种基本诉讼类型划分为若干子类型。给付诉讼可分为课予义务诉讼和一般给付诉讼。鉴于现代给付行政内涵的不断拓宽和手段的日渐多样,可以对亚类型的给付的内容作进一步细分。其中课予义务诉讼包括"行政不作为之诉"和"行政拒绝作为之诉"两种子型;一般给付诉讼则包括"财产性给付诉讼""非财产性给付诉讼""行政合同给付诉讼""预防性不作为之诉"四种子类型"。③

(三) 我国行政诉讼类型化的实务见解

新《行政诉讼法》可以看到德国、台湾地区分类标准的"影子",即将诉讼类型分为撤销诉讼、课予义务诉讼、确认诉讼和一般给付诉讼四大基本类型。④ 透过《行政诉讼法》的法条释义,这种学理上的"四分法"已为我国行政诉讼法所吸

---

① 关于行政诉讼类型的"四分法"的相关论点可参见吴华:《行政诉讼类型研究》,中国政法大学博士学位论文,2003年;章志远:《行政诉讼类型构造研究》,法律出版社2007年版;赵清林:《行政诉讼类型研究》,法律出版社2008年版;王珂瑾:《行政诉讼类型化研究》,山东大学出版社2011年版;江必新、梁凤云:《行政诉讼法理论与实务》,法律出版社2016年版。
② 相关给付类判决的分类可参见江必新、梁凤云:《行政诉讼法理论与实务》,法律出版社2016年版;梁凤云:《行政诉讼判决之选择适用》,人民法院出版社2007年版;李广宇、王振宇:《行政诉讼类型化:完善行政诉讼制度的新思路》,载《法律适用》2012年第2期。
③ 参见章志远:《行政诉讼类型构造研究》,法律出版社2007年版,第98页。
④ 参见章志远:《行政诉讼类型研究》,法律出版社2007年版,第98页;王珂瑾:《行政诉讼类型研究》,山东大学出版社2011年版,第78页;吴华《行政诉讼类型研究》,中国政法大学博士论文,2003年。

收。① 我国《行政诉讼法》虽未直接明定诉讼类型,但可以透过"司法解释"第二条对"具体诉讼请求"的解释类型以及法院可采取的判决方式(新《行政诉讼法》第七十条、第七十二条至第七十六条)推知隐藏于行政诉讼法中的诉讼类型。譬如从"司法解释"第二条第1项以及新《行政诉讼法》第七十条可推定撤销诉讼,"司法解释"第二条第3项、第4项以及《行政诉讼法》第七十四条、第七十五条可推定确认诉讼;从"司法解释"第二条第2项以及《行政诉讼法》第七十二条和第七十三条的判决方式便可推知课予义务诉讼和一般给付诉讼的区隔。②本书认为,结合我国新《行政诉讼法》的规定,以原告诉讼目的为划分标准,行政诉讼类型可划分为撤销诉讼、确认诉讼、课予义务诉讼、一般给付诉讼四大类型。"四分法"本质上与民事诉讼类型"三分法"(形成之诉、确认诉讼、给付诉讼)的相同,只是"四分法"对"给付诉讼"采取"普通诉讼类型"(一般给付诉讼)与"特别诉讼类型"(课予义务诉讼)相结合模式罢了。

三、诉讼类型之间的关系

为了保护法院有限资源不致浪费,原告如果必须起诉,就应选择一种最有效率的诉讼类型,在一次诉讼中实现其权利保护的目的。在选择前,除了了解诉讼种类与行政行为的关系以外,还必须了解各种诉讼种类之间的相互关系与适用界限,以确保在有两种以上诉讼种类可供原告法律保护时,决定如何取舍。③另外,法官如何判定原告选择的诉讼类型"不正确",或者"不能达成诉讼目的"?能否透过法官阐明义务改用或者补充其他诉讼类型?解决这些问题的前提,首先要厘清诉讼类型之间的关系类型。

多数学者将这四种诉讼类型关系以排斥关系、竞合关系、并存关系、补充关

---

① 参见江必新:《新行政诉讼法专题讲座》,中国法制出版社2015年版,第253—295页;李广宇:《新行政诉讼法逐条注释》,法律出版社2015年版,第563—655页。
② 参见杨东升:《一般给付诉讼之适用范围——〈行政诉讼法〉第73条评释》,载《行政法学研究》2015年第6期。
③ 参见彭凤至:《德国行政诉讼制度及诉讼实务之研究》,"行政法院"印行1998年版,第49页。

系四种关系加以探讨。[①] 本书认为,陈敏教授的分类坚持了统一的分类标准,不会出现重叠交叉的现象,分类的内涵及其外延较为周延、稳定,具有一定的说服力。

(一) 排斥关系

排斥关系,仅指某一诉讼类型正确,而其他诉讼类型皆为正确之诉讼类型所排斥,即为排斥关系。"原告诉讼请求,原则上只有一种诉讼类型最能达成有效法律保护目的,因为立法设计上已将行政诉讼划分成各自独立的类型以后,其适用上属于相互排斥的关系。"[②]诉讼类型排斥关系的存在,主要因诉讼类型各自的适法性要件不同,或者因为某一诉讼类型应优先适用或排除其他诉讼类型的适用所致。基于诉讼经济原则,每一特定的具体行政争议,应尽量使其仅有一种合法的诉讼类型可以利用。如果存在两种及以上的诉讼类型可供选择时,允许原告选择其中不具有诉讼经济的类型,便会浪费司法资源。

(二) 竞合关系

竞合关系,系指对特定行政诉讼事件,有两个以上诉讼类型均可适用,原告可选择其中一种诉讼类型,两种均为正确的诉讼类型,相互之间存在"竞合关系"。司法实务中存在此种诉讼类型相互关系的极为鲜见,一般都将其归入补充关系之中。

(三) 并存关系

并存关系,是指两种以上诉讼类型均可适用,原告可以同时,也可以先后提起,以达成诉讼目的。譬如,建筑主管机关采取行政强制执行方式,拆除已经认定的违章建筑,当事人可以提起确认诉讼,请求确认已经执行完毕的拆除行为违法,并同时合并提起赔偿请求。再如,遭免职的公务员,提起撤销该免遭行政行为的撤销诉讼来恢复公务员地位,等复职后再提起给付薪金的一般给付诉讼。

[①] 相关分类可参见陈敏:《行政法总论》,新学林出版有限公司2014年版,第1377页及以下;刘宗德、彭凤至:《行政诉讼制度》,载翁岳生《行政法(下)》,中国法制出版社2002年版,1356页及以下;蔡志方:《行政诉讼种类与诉之声明》,载《中律会讯》2000年第4期,第23页及以下。

[②] 如台湾地区所谓"行政诉讼法"第6条第3项、第8条第2项分别规定"确认诉讼"的补充性,以及"一般给付诉讼"的补充性。

(四) 补充关系

补充关系,系指针对特定的行政争议,本应采用一特定正确的诉讼类型,但该诉讼类型如果不能达到诉讼目的时,就必须采用另一种诉讼类型予以补充。后一种诉讼类型相对前一种诉讼类型处于补充适用地位。譬如,确认诉讼对撤销诉讼的补充性、一般给付诉讼相对课予义务诉讼的补充性。

有学者认为,除以上四种诉讼类型的关系之外,还存在"转换关系",即同一事实所生行政诉讼事件,经提起某一诉讼类型后,因不符合该诉讼类型适法要件,或情事变更等理由已无续行的必要,而转换为其他诉讼类型,目的是为了减省已进行的诉讼程序。例如,撤销诉讼转换为无效确认诉讼,等等。[1] 但有学者认为,前后两诉讼类型间之关系,系因"转换"的"诉讼行为"所造成,并非基于前后两个诉讼类型的本质而产生的,不宜将其列为一种独立的诉讼类型关系。再者,转换后的诉讼类型,与原诉讼类型间,固然以后者补充前者,此亦系因"转换"的"诉讼行为"所造成,似不宜将其纳入"转换关系"加以论述。[2]

另外,有学者采取排斥关系、交错关系、选择关系、转换关系、结合关系、补充关系的"六分法"。[3] 笔者认为,纵然该分类通过"图表"来寻找正确合适的诉讼类型固然有益,但该分类并非基于同一的分类标准,容易导致类型上的交叉重叠,并且司法实务中法官面临如此复杂的结构层式分类,不利于原告以及法官选择正确的诉讼类型。

四、诉讼类型选定的原则

行政诉讼类型间的关系、界限以及选定应结合多个考虑因素进行阐明。诉讼类型的选定,可以结合"行政行为的合法性审查"优先于"行政法律关系诉讼""原告诉讼请求目的""行政诉讼类型的补充性"三个因素的位阶进行考虑。[4] 第一次考虑因素以"行政行为合法性审查"优于"行政法律关系诉讼"为原则,即撤销诉讼、确认行政行为无效之诉、课予义务诉讼优于一般给付诉讼或行政法律关

---

[1] 参见刘宗德、彭凤至:《行政诉讼制度》,载翁岳生《行政法(下)》,中国法制出版社2002年版,1365页。
[2] 参见陈敏:《行政法总论》,新学林出版有限公司2013年版,第1379页。
[3] 参见蔡志方:《行政诉讼种类与诉之声明》,载《中律会讯》2000年第4期,第23页及以下。
[4] 参见刘宗德、赖恒盈:《台湾地区行政诉讼:制度、立法与案例》,浙江大学出版社2011年版,第210页。

系是否存在的确认诉讼;第二次考虑因素应考虑"原告诉讼的目的",在第一次考虑的基础上,筛选出撤销诉讼、课予义务诉讼、确认无效诉讼之后,再次以"原告诉讼目的及其权利救济要求"而定。如原告起诉涉及行政行为的效力,则应选择撤销诉讼或确认处分无效之诉。反之,如果原告起诉目的在于请求被告作成行政行为,或者特定内容的行政行为的,则应提起课予义务诉讼。第三次考虑因素为确认诉讼的补充性。法官依据前两次考虑因素仍无法选择适当的诉讼类型的,只能选择一般给付诉讼、确认行政法律关系是否存在以及确认违法之诉三者之间选择适当诉讼类型。基于确认诉讼的补充性特点,原告应优先考虑提起一般给付诉讼,如果一般给付诉讼仍无法满足原告诉讼请求,则考虑提起确认行政法律关系存否的诉讼,或者确认违法诉讼。这里要注意,以上诉讼类型选择原则仅具宏观指导作用,针对具体行政争议个案的诉讼类型选择可能更为复杂。

第二节　课予义务诉讼之选定

课予义务诉讼与撤销诉讼、确认诉讼、一般给付诉讼之间的选定既有选择原则的规定,同在特定的案件中,还需要结合案件的特殊性作具体性分析。以下分别以课予义务诉讼和一般给付诉讼为轴心,就各种诉种之间的选择结合具体典型案例详细讨论。

一、课予义务诉讼与撤销诉讼

在行政诉讼类型化之后,针对原告同一的诉讼请求,根据行政争议事件的不同,可能有多种不同的诉讼种类可供选择保护其权利。譬如,甲申请建筑许可证被行政机关驳回,甲首先最主要可提起课予义务诉讼予以权利救济,但由于行政机关的驳回为具体行政行为,甲也可以针对该驳回行政行为提起撤销诉讼。除此之外,甲还可以提起确认诉讼,请求确认甲有请求核发建筑许可证的请求权。行政诉讼种类齐备在满足了权利救济的周延性和有效性的同时,原告应选择更直接、有效的诉讼类型来达到权利保护的目的。亦即原告起诉时,如有不同诉讼种类可供其诉请保护权利的,则仅能选择最简易、最有效实现其诉讼请求之诉讼种类提起之,其起诉方属合法[①]。然而在司法实务中,课予义务诉讼与撤销诉讼的诉讼标的皆为具体行政行为,它们之间的适用界限最具有争议性。

至于课予义务诉讼与撤销诉讼的关系,首先令人感兴趣的是,撤销诉讼的目的既然在撤销某一具体行政行为,而具体行政行为的撤销本身就是一个具体行政行为,则原告要达到撤销某一行政处分的目的,似乎可以提起课予义务诉讼,请求法院判令行政机关撤销特定行政处分的撤销处分。单纯从理论上而言,似乎是可以的。然而未免过于迂回,不符合权利救济的有效性宗旨。[②] 以下结合较

---

① 参见吴绮云:《德国行政给付诉讼之研究》,"司法院"印行 1995 年版,第 94 页。
② 参见翁岳生:《行政诉讼法逐条释义》,五南图书出版股份有限公司 2002 年版,第 91 页。

为复杂且特别的诉讼案例,分析课予义务诉讼和撤销诉讼的选择适用问题。

(一)"分离的撤销诉讼"的合法性

"分离的撤销诉讼"系学说与判解的专门用语,专指原告申请行政机关作成一授益行政行为遭到拒绝(驳回),因而向法院提起撤销诉讼,请求撤销该拒绝(驳回)决定。该情形之下,原告原本可以直接提起课予义务诉讼,请求法院判令行政机关作成其所申请的行政行为,但原告竟然自我减缩诉求,仅针对行政机关的拒绝(驳回)决定,提起撤销诉讼。

这种"分离的撤销诉讼"是否合法?首先要厘清行政机关拒绝(驳回)决定的性质。行政机关拒绝(驳回)决定的性质是否为具体行政行为,如果为具体行政行为,那么提起撤销诉讼,即为合法。因为"分离的撤销诉讼"也属于撤销诉讼。支持者认为,行政机关拒绝人民请求作成一授益处分之申请,即是对申请人权利的创设或确认,拒绝决定具有拘束力的驳回,该行政机关拒绝(驳回)决定本身属于负担性行政处分。但也有反对者主张,行政机关之拒绝(驳回)人民申请行政处分,通常情形下,人民之法律地位并没有因此受到改变,行政机关该项措施不具规制内容,不发生法律效果,因此不属于行政处分。①

虽然通说认为,行政机关拒绝(驳回)决定系属具体行政行为,可为撤销诉讼的对象,但大部分学者和判决见解仍主张"分离的撤销诉讼"原则上不合法。主要理由为:②(1)违背诉讼类型的系统架构。其理由有:根据行政诉讼类型设计的系统构架,撤销诉讼对课予义务诉讼,时常具有某些程度的补充性质;课予义务诉讼对撤销诉讼而言是一种"特殊"的诉讼种类,当符合课予义务诉讼的特殊要件时,撤销诉讼应该被"挤退";撤销诉讼与课予义务诉讼之间并非具有补充性,各自有权利保护目的范围。对行政机关拒绝(驳回)授益行政行为申请的决定,原告原则上并无选择提起撤销诉讼或课予义务诉讼的余地,只有提起课予义务诉讼才合法。(2)欠缺权利保护的必要性要件。根据诉讼原则,只有在权利保护具有必要性时,才能诉请法院救济。"分离的撤销诉讼"欠缺此项"一般权利保护必要"要件。原告起诉时,如起诉所追求的目的应经由其他更简易、更有效的途

---

① 转引自吴绮云:《德国行政给付诉讼之研究》,"司法院"印行1995年版,第96页。
② 参见吴绮云:《德国行政给付诉讼之研究》,"司法院"印行1995年版,第97—98页。

径达到诉讼目的,就属于欠缺一般权利保护必要性。譬如,甲申请建筑许可证遭到行政机关的驳回,甲如果仅针对该驳回决定提起撤销诉讼,便不能获得建筑许可证。如果行政机关再以其他理由拒绝核发建筑许可证,甲必然要另行起诉。在此情形下,课予义务诉讼应更能有效保障甲方权利。

当然,在特定的情形下,"分离的撤销诉讼"可能具有合法性。(1) 根据行政争议事实,原告根本无须申请许可。例如,甲申请核发建筑许可证,行政机关以不符合建筑规划为由驳回。后来甲发现其所建的建筑物根本不须经行政机关的许可,在此情形下,如果甲提起课予义务诉讼,会因没有许可的必要,而遭诉无理由被驳回。甲可无须经许可建筑,但又害怕日后行政机关拆除,此时应认可甲有请求撤销该行政机关拒绝(驳回)决定的正当利益。(2) 原告基于事后事实或法律状态变更等事由,已无法请求作成当初所申请的授益处分或目前虽无意愿取得该授益处分,但仍希望保留以后再有取得授益处分的机会。譬如,原告请求核发营业许可被行政机关拒绝,原告又因现另有营业,虽目前暂不再有兴趣获得曾经申请的营业许可,但仍然希愿保留以后有机会再取得该类营业许可时,应认可原告有提起"分离的撤销诉讼"。

(二) 竞争者诉讼

竞争者诉讼如何选择正确的诉讼类型,较为复杂。同业竞争者之间的利益冲突,在行政诉讼程序中,竞争者可根据不同的诉讼请求以及权利保护的目的,选择不同的诉种进行权利救济。

1. 消极的竞争者诉讼。在经济活动中因行政机关的授益行政行为,造成营业竞争情况发生变动,而使得市场上其他未获益的同业竞争者的竞争能力、地位受到不利影响,如果作为第三人的同业竞争者不服该行政机关的授益行政行为提起诉讼,以寻求"消极的竞争权利保护",同业竞争者应提起撤销诉讼以达到诉讼的目的。例如,行政机关给予一申请营业人营业许可,该同行业的已存在的同业者认为自己法律上的利益受到侵害,即可提起撤销诉讼,请求撤销该营业许可。

2. 积极的竞争者诉讼。[①] 如果因同业者获得行政机关给予的利益,其他同业者也想获取相同利益的,为"积极的竞争权利保护"。例如,针对同业者获得补助

---

① 参见弗里德赫尔穆·胡芬:《行政诉讼法》,莫光华译,法律出版社2003年版,第284页。

贷款,尚未获得补助贷款的同业者应提起课予义务诉讼或者一般给付诉讼。此时,已获利益的同业者并没有因竞争者的起诉而直接受到影响。原告提起课予义务诉讼,总是希望通过他的请求获得授益,从而达到一种较之于初始状况更佳的境况。因此,原告通常不会要求撤销行政行为,而是想通过法院宣布,行政机关负有作出原告所期望的某个行政行为的义务。以"积极的竞争者诉讼"为例,处于一个竞争格局中的原告自己想要获得某种授益,如果行政机关已经将这种授益赋予第三人,那么这个授益决定对于原告显然是不利的,但是对于未得到照顾的原告而言,仅仅通过撤销诉讼对竞争对手的授益,通常不足以实现其原本的目的。倘若原告自己想要取得争议的那种法律地位,此时原则上只有课予义务诉讼才是适当的诉讼种类,而此时提出撤销诉讼,并不具有补充的必要性。这样的案例有:要求颁发一个私人广播许可证;要求颁发出租车许可或者长途货运许可;要求公务员法上的任命之诉。

3. 排除的竞争者诉讼。"排除的竞争者诉讼"涉及竞争者互相争取国家提供的数额有限的利益的情形。该类诉讼在分配程序中未获利益的人,在可分配限额用尽后,认为其他竞争者所获利益违法,而诉请应由其取得该部分利益的诉讼。① 通常情况下,要求行政机关提供给付的,必须以提起给付诉讼的方式进行,而且应以行政行为的法律形式给予法律地位的范围,则须提起课予义务诉讼。在此范围内,课予义务诉讼与撤销诉讼并没有接触点。但如果所要求的给付是有限额的(譬如,在可供利用的预算范围内提供经济补助、大学生就读配额、举办民间游艺活动的许可、升等职位、依客运法或汽车货运法有限额的许可、赌场的许可、私人广播主办人的许可、于污水设备容量有限情形下接管至下水道的权利)且主要的争议点在限额是否已用尽,则仍应提起课予义务诉讼。

如果"正确分配的限额已经用尽",则提起请求分配法律地位的课予义务诉讼,便会因此原告的请求"已无理由",但是行政机关的拒绝决定可能会有瑕疵。此时针对拒绝决定提起的"分离的撤销诉讼"或是提起课予义务诉讼,请求重新对申请作决定,可能有意义。因为行政机关重新对申请作无瑕疵的裁决时,可决定自行将违法分配给第三人的限额,经由撤销或废止给予的利益,而使该限额可

---

① 参见吴绮云:《德国行政给付诉讼之研究》,"司法院"印行1995年版,第104—105页。

供利用。

在确定的限额已用尽的情形下,可针对给予第三人有限额的给付的授益行政行为提起撤销诉讼,即所谓的竞争者诉讼,此诉讼可以空出限额,从而对提起课予义务诉讼有决定性的帮助。但是只有当竞争者提起诉讼请求判令行政机关应给予有限额且在诉讼时已用尽的给付时,才强制有必要提起撤销诉讼,在此情形下提起撤销诉讼是被准许的。但是提起诉讼的竞争者,仅在能主张给予第三人利益而使自己的权益遭受侵害时,才具有诉讼权能。因此,一般竞争者提起撤销诉讼只有在此情形下。此外,如果第三人的范围可能非常广泛,譬如大学的入学许可、依汽车货运法核发的许可,并不知道具体的各个人。在限额已用尽时,比较实际的作法只有起诉请求行政机关重新作裁决或者提起分离撤销拒绝决定的诉讼。但如果依此诉讼策略,即使获得胜诉,对可能已经产生存续力的给予第三人利益不予理会时,始能达致最终所争取的行政机关提供的给付。

除撤销诉讼外,也可考虑提起课予义务诉讼,请求行政机关撤销对第三人给予的利益,提起此诉讼是被允许的,但是只有在特别情形的例外情形,才有请求撤销的权利。

(三)相邻权人诉讼

课予义务之诉也可以是因为具体行政行为损害了第三人利益而提起诉讼,此时取决于相应的决定情况以及原告的出发点。[①] 倘若他作为邻居想要消除许可,就可以通过撤销诉讼达到目的。例如,因建筑主管部门核发建筑许可证,相邻权人认为该行政许可行为损害其采光权等合法权益,通说认为,相邻权人有权提起撤销诉讼,因为撤销诉讼可以完全保护相邻权人的权利的目的,而此时提起课予义务诉讼被认为不合法。

但是,如果相邻人希望颁布一个为邻居设置负担的噪声防止命令,或者希望采取一个建筑监督上的措施,而且建筑主管部门先前有对相邻权有不核发建筑许可证的行政承诺,此时相邻权人就只能提起课予义务诉讼,而不得提起撤销诉讼。但如果相邻权人起诉的目的是加负担于建筑许可证的持有人。例如,相邻权人对行政机关核发许可证并无争议,但为了排除自身权利所受之损害,只能提

---

① 参见弗里德赫尔穆·胡芬:《行政诉讼法》,莫光华译,法律出版社2003年版,第285页。

起课予义务诉讼诉请行政机关附加附款于行政许可之上(如应设置隔音设备的负担)。

(四) 授益行政行为附款的救济

行政机关可以对具体行政行为附加附款以达到补充或限定行政行为的内容。附款的类型有期限、条件、保留废止权、负担、负担保留等。绝大部分的附款存在于授益行政行为当中,通过用于限制授益行政行为的授益内容。在权利救济方面,是否可以单独就不利的附款内容提起撤销诉讼还是课予义务诉讼?

根据德国联邦行政法院传统判决见解,诉讼类型的选择,应根据附加附款的种类来定。如果附款为期限、条件、保留废止权的,一般被认为形成行政行为的构成部分,与行政行为本身在法律上不具有可分性,不能单独提起撤销诉讼,授益人对不服该类附款的限制,应提起课予义务诉讼,诉请行政机关另行作出无附款的行政行为。如果附款为负担或负担保留的,因为其具有独立规制的内容,与主授益行政行为具有可分性,可单独提起撤销诉讼。

上述法院传统裁判见解受到大部分学者反驳,理由是,所有种类的附款原则上都可以提起撤销诉讼,行政行为部分违法,法院可以判决部分撤销,原告起诉时,可声明仅限制诉请撤销违法的部分。既然如此,当然可以对行政行为的附款部分单独提起撤销诉讼。附款的授益行政行为的相对人能否单独提起撤销诉讼,并不是以附款种类为依据,而是视附款是否与授益行政行为可分离而定。两者可分离即可单独提起撤销诉讼。如不可分离,则只能针对整体授益行政行为提起课予义务诉讼,请求判令行政机关作出新的、无附款的授益行政行为。

另外,行政行为的附款是否可以单独作为撤销诉讼的对象问题,最大的争议在于授益行政行为具有裁量空间的情形。授益行政行为与附加的负担附款有不可分的关系,是两者并存而生裁量的决定。如单独对负担撤销,撤销结果所剩下的可能是一个与行政机关本意所不同,或者甚至是违法的授益行政行为,因此对于这种撤销结果,将可能改变行政机关裁量决定的附款,不得允许单独对其提出撤销诉讼,而只能提起课予义务诉讼。因此,负担与真正授益行政行为内容间的关系,应是判断撤销诉讼有无理由的关键。当然,也有判决见解认为,附款是否可以被单独撤销,并非决定于授益行政行为是否为裁量行政行为,而是取决于如果撤销附款后,该授益行政行为内容是否仍能够合法存在。

与附款要严格区分的是所谓的"修正的负担"。"修正的负担"是指人民申请作成一授益行政行为,行政机关对其申请内容加以变更后再作出的行政行为。申请人所获得的授益行政行为,与其提起申请的内容不同,既可能是量上的减少,也可能是质上的改变。譬如,甲某申请兴建 30 间房间的旅馆,行政机关仅核发 20 间房间旅馆的建筑许可证;申请建筑尖屋顶形式的房屋,但行政机关核准为建筑平屋顶形式的房屋。这种"修正的负担"实质上已经直接变更了授益行政行为的内容,二者合而为一,因此,根本不是行政行为的附加附款。原告请求救济应提起课予义务诉讼,请求判令行政机关作出没有变更的授益行政行为。①

(五) 行政允诺、行政协议

如果行政机关对公民存有行政允诺,例如承诺将对相对人作出有利的授益行政行为,在行政机关不履行行政允许的情形下,相对人可以提起课予义务诉讼实现其权利。同理,行政机关与公民之间签订行政协议,而负有作出给付特定的行政行为的义务,在行政机关不履行行政协议设定的义务时,协议相对人也可以提起课予义务诉讼迫使行政机关作出行政行为,如果行政协议约定的是消极的不作出行政行为的,而行政机关违约作出行政行为,此时相对人应提起撤销诉讼,而不是课予义务诉讼。②

(六) 社会给付的拒绝

在德国,申请人如果不协力澄清事实关系而根据《社会法》第 1 章第 66 条拒绝社会给付的,有特别的规定。根据德国联邦行政法院的判决见解,在此情形下,不许可提起请求给予社会给付的课予义务诉讼,而就应针对依据《社会法》第 1 章第 66 条所作的拒绝裁决,提起撤销诉讼。因为根据德国社会法第 1 章第 66 条作成的拒绝具有特殊之处,该项拒绝因具有制裁的效果,从而是超出单纯的裁决。如行政机关已正确地作出该项裁决,则唯有补行协力,始有帮助,且如补行,也无溯及的效力。行政机关要于申请人补行协力后,始就关于社会给付实体上裁决。但如果行政机关因单纯行政程序法上所定期限的届满而拒绝给付的,则

---

① 参见吴绮云:《德国行政给付诉讼之研究》,"司法院"印行 1995 年版,第 111 页。
② 参见翁岳生:《行政诉讼法逐条释义》,五南图书出版股份有限公司 2002 年版,第 94 页。

仍应提起课予义务诉讼。①

二、课予义务诉讼与确认诉讼

课予义务诉讼与确认诉讼的关系,须强调的,诉请行政机关作成确认行政行为违法,也应提起课予义务诉讼,而不是确认诉讼。② 但仍应以该确认公法上权利义务关系的确认行政行为有法律明文规定为限,如果法律对确认行政行为没有法律上的明文规定,就应提起确认诉讼,而非课予义务诉讼。其原因在于:如欠缺法律的明文规定,行政机关也无权作出确认行政行为,或者说原告没有要求行政机关确认行政行为的法律上的请求权。

如果提起课予义务诉讼,在诉讼过程中和诉讼终结前,行政机关已主动作出原告所要的行政行为,此时继续课予义务诉讼已没有意义,如果行政机关当初拒绝(驳回)的行政行为已经对原告造成权利侵害,原告则可以将课予义务诉讼转换为请求确认原拒绝(驳回)的行政行为违法的确认诉讼。这在德国学说上被称之为"延续课予义务诉讼的确认诉讼"。我国《行政诉讼法》也规定了"继续确认诉讼",如《行政诉讼法》第七十四条第二款第 2 项之规定:"(三)被告不履行或者拖延履行法定职责,判决履行没有意义的。"

三、课予义务诉讼与一般给付诉讼

课予义务诉讼与一般给付诉讼同属于广义上的给付诉讼类型,系特别型与普通型的类型关系。"两者之间的界定和区分的标准有两种,一种以给付的标的内容,另一种以法律关系的具体化程度"。③

(一) 以给付标的是否为具体行政行为作为区分

1. 一般给付诉讼相较课予义务诉讼的关系

司法实务中常以"补充性"关系来区分两者之间的关系,并且沿用至今。在诸多判决书中不断使用"补充性""备位性"来区分一般给付诉讼与课予义务诉讼

---

① 参见陈敏等译:《德国行政法院法逐条释义》,"司法院"印行 2002 年版,第 364 页。
② 参见翁岳生:《行政诉讼法逐条释义》,五南图书出版股份有限公司 2002 年版,第 94 页。
③ 参见程明修:《课予义务诉讼与一般给付诉讼间选择之争议问题分析》,载行政诉讼研讨会:《行政诉讼研讨(一)》,台湾法学出版股份有限公司 2012 年版,第 156 页。

的关联性。课予义务诉讼与一般给付诉讼同属于广义上的给付诉讼,两者的共通点皆为实现公法上的给付请求权。两者之间的区别在于各自的给付内容不同,课予义务诉讼的给付限于具体行政行为,一般给付诉讼的适用范围为除具体行政行为之外的其他公权力行政行为。因此,一般给付诉讼相对于课予义务诉讼具有"补充性"。① 但这种补充功能又不同于确认诉讼与撤销诉讼的"补充性"与"备位性"相提并论。② "一般给付诉讼的制度功能,系于课予义务诉讼之外提供一项有效的诉讼种类,以资解决所有公法上争议,而且有'补余诉讼'的性质"。③ 因此,从逻辑上讲,一般给付诉讼与课予义务诉讼在本质上应互为排斥的给付诉讼子类型,亦即,公法上给付请求权事件,依事件性质应提起课予义务诉讼的,无提起一般给付诉讼的可能和必要,只有在不属于课予义务诉讼救济的范畴的,才可能归入一般给付诉讼的适用对象。

在行政诉讼法规定的各种诉讼类型中,针对给付诉讼以及确认诉讼,原则上皆作一般型和特殊性的区分。④ 课予义务诉讼与一般给付诉讼的关系,理论界与司法实务界通常认为他们之间存在着"补遗功能"。根据台湾地区所谓"行政诉讼法"第5条与第8条第1项的规定,直接表达出了同属于给付诉讼类型的课予义务诉讼与一般给付诉讼的最重要区分要素。提起课予义务诉讼的目的,最终在于希望行政机关作出原告所要求的具体行政行为,而提起一般给付诉讼则至少包括请求"行政法院"命行政机关作出:(一) 财产上之给付;(二) 行政处分之外的其他财产上给付;(三) 公法上契约之给付等类型的诉讼。相对课予义务诉讼,一般给付诉讼的适用范围则是删除课予义务诉讼后所剩余的其他给付诉讼适用范围。因此,一般给付诉讼于课予义务诉讼具有"补余诉讼"的特征。

关于两者的关系,学界争议较大。⑤ 林明昕教授认为,如果采用"补遗诉讼"用语来描述两者的关系容易产生混淆,宜采用"一般诉讼"与"特别诉讼"的关系来界定比较清晰,符合特别要件的,就是课予义务诉讼,就不得回到一般给付诉

---

① 参见弗里德赫尔穆·胡芬:《行政诉讼法》,莫光华译,法律出版社2003年版,第306页。
② 参见蔡志方:《行政救济与行政法学(四)》,正典文化出版社2004年版,第272页。
③ 参见高雄"高等行政法院"2002年度诉字第683号。
④ 譬如,"一般确认诉讼"与"确认行政行为无效诉讼"为一般诉讼和特别诉讼的关系。
⑤ 参见《课予义务诉讼与一般给付诉讼(行政诉讼法第4次研讨会)》,载行政诉讼研究会:《行政诉讼研讨(一)》,台湾法学出版社有限公司2012年版,第193页。

讼上来。① 彭凤至认为,从诉讼类型的角度,两者的请求内容完全不一样,根本没有等同的余地。请求的内容到最后只有一个正确的诉讼类型,所以在诉讼种类上两者之间没有选择关系。张文郁认为,应从原告的声明来判断诉讼类型,诉之声明如果只是要行政机关采取什么作为,但不涉及具体行政行为,那就是一般给付诉讼;如果直接要行政机关去采取做出具体行政行为,不管是对自己还是对第三人,应该是课予义务诉讼,如果原告的诉讼请求不清楚,不明确,法官有阐明义务。② 刘淑范认为,对于"补余功能""补遗功能"的概念不妨保留,概念本身只要没有误导之嫌,对于学术性探讨,常有助于问题的定位与勾勒。所谓"一般"给付诉讼,系针对"特别"给付诉讼,即课予义务诉讼而言。

德国《行政法院法》至今仍未就一般给付诉讼的程序合法要件以及判决内容作出明文规定。不论有无明文规定,关于一般给付诉讼的适用范畴,至今仍难从正面积极地加以界定,仅能运用排除、扣减等消极划分方式。以此类推,一般给付诉讼可以请求的给付内容,应指具体行政行为以外之其他具有公法性质的作为或者不作为。这种消极的界分方式,意味着一般给付诉讼拥有相当宽广的承接功能,即所谓的"补遗功能""补余功能"。不仅原告可以借用一般给付诉讼向行政机关请求行政处分之外各种作为或不作为,同时行政机关也可提起一般给付诉讼,反向人民请求履行其公法上的给付义务(如基于行政协议而产生的给付义务)。再者,不同行政主体之间就公法上给付义务(尤其是金钱给付义务)引发争议时,也可以提起一般给付诉讼寻求解决。所以说,一般给付诉讼的"补余功能"具有多层面向之功能。

也有学者提出,作为给付诉讼类型的子类型,课予义务诉讼和一般给付诉讼是否能统合成一个给付诉讼? 也是未来法政策上的一个有趣省思,但纵然能简化为一个给付诉讼,在实体法上仍须面对具体行政行为与行政事实行为的区分。现行《行政诉讼法》既然备有课予义务诉讼和一般给付诉讼两种诉讼类型,即无法回避其彼此适用关系的问题。

我国《行政诉讼法》虽未明确规定给付诉讼的子类型,但从《最高人民法院关

---

① 参见行政诉讼研讨会:《行政诉讼研讨(一)》,台湾法学出版社有限公司2012年版,第193页。
② 参见行政诉讼研讨会:《行政诉讼研讨(一)》,台湾法学出版社有限公司2012年版,第201页。

于适用〈中华人民共和国行政诉讼法〉的解释》(法释〔2018〕1号)第六十八条第2项"请求判决行政机关履行特定法定职责或者给付义务"以及《行政诉讼法》第七十二条课予义务判决以及第七十三条一般给付判决似乎可以推定,我国给付诉讼类型上已将给付诉讼分为特别给付诉讼和普通给付诉讼,现行《行政诉讼法》可以将"履行特定法定职责"理解为"给付具体行政行为",将"给付义务"理解为除具体行政行为之外的其他给付内容。凡构成课予义务诉讼的特别要件的,应适用课予义务诉讼。如不构成课予义务诉讼特别要件的其他公法上的给付请求权一律以一般给付诉讼类型。

2. **以请求给付的标的物作为区分**

区分课予义务诉讼与一般给付诉讼,重点在于给付内容是否属于行政行为。大致而言,人民所请求的如果只是行政机关单纯的通知、咨询服务、资讯提供、建议、事实陈述或其他不直接发生法律效果的事实行为,就应提起一般给付诉讼。如果事实给付必须以行政机关事前的许可为先决要件,也就是双阶行为的情形,则针对第一阶属法律行为的许可,应提课予义务诉讼,第二阶履行阶段的事实给付,则提起一般给付诉讼。但需要注意的是,并非每一事实行为都有先行的法律行为的存在,是否属于双阶行为,仍须个案判断。[①] 在实践中,行政机关也常常不需要形式上的"名号"就可以作出一个先行行政行为来决定其事实行为的作出。[②] 另外,请求主管机关不作为或不作成行政行为,因请求内容不是作成具体行政行为,只能提起一般给付诉讼。

在履行合同之诉中,如果要求行政机关履行行政协议,起决定作用的是这种合同履行的法律性质,如果要求设置合同承诺的某个交通标志的诉讼就是课予义务诉讼;而如果要求设置一个花坛以减缓车流的诉讼,却是一般给付诉讼。采用一般给付诉讼的例子还包括:要求准许一个公务员作证的诉讼,要求查阅机动车车主目录的诉讼,请求销毁一份卷宗的诉讼,等等。

在人民依法申请案件的具体法律法规中,有可能赋予行政机关作成行政行为、缔结行政契约或作出其他行政措施的行为形式的选择自由,以满足人民的申

---

① 参见翁岳生:《行政诉讼法逐条释义》,五南图书出版股份有限公司2002年版,第91页。
② 参见弗里德赫尔穆·胡芬:《行政诉讼法》,莫光华译,法律出版社2003年版,第285页。

请要求。例如,台湾地区所谓"废弃物清理法"第72条第1项规定:"公私场所违反本法或本法授权订定的相关命令,而主管机关疏于执行时,受害人民或公益团体得叙明疏于执行的具体内容,以书面告知主管机关。主管机关于书面告知送达之日起六十日内仍未依法执行者,受害人民或公益团体得以该主管机关为被告,对其怠于执行职务的行为,直接向'高等行政法院'提起诉讼,请求判令其执行。"据此规定,在受害人民依法请求而行政机关怠于作为时,受害人民在起诉请求"行政法院""判令主管机关执行职务"的诉讼中,可以请求主管机关自行清理废弃物(事实行为)或命令应负责的第三人清理(行政行为)。在这种情形下,均满足课予义务诉讼和一般给付诉讼的适法要件。两诉种为"择一的并存"关系,而无补充关系。这也正反映因应原告请求行政机关给付标的内容不同选择不同的诉种。①

3. 给付决定与拒绝给付决定的性质

课予义务诉讼与一般给付诉讼的界限,原本仅以原告起诉请求给付的内容是否为具体行政行为作为区分。但因为提起给付诉讼之前,多数曾经历过向行政机关请求给付而遭拒绝的程序。行政机关所为拒绝给付的表示,其法律性质的判断原来与给付诉讼的提起无关。以台湾地区所谓"行政诉讼法"第5条规定可以推断出,提起课予义务诉讼的前提条件只需要原告向行政机关请求给付后,行政机关于法定期限内不作决定,或直接拒绝,就可以依法提起课予义务诉讼。在这里,行政机关的拒绝作出行政行为的决定也属于具体行政行为,并不影响单独提起课予义务诉讼的合法性。

相对地,透过一般给付诉讼请求行政机关作出行政行为之外的其他行政行为,特别是事实行为。行政机关也可能在先前的请求阶段中作出拒绝的意思表示。这一拒绝表示的法律性质争议较大。假设拒绝给付事实行为的决定属于具体行政行为,那么提起一般给付诉讼前就应该提起撤销诉讼来废止该具体行政行为(拒绝决定)的存续力,要不然就会与一般给付的请求权相矛盾。但吴庚认为,人民请求作成事实行为者,拒绝的答复则属事实行为而非具体行政行为。②

---

① 参见程明修:《课予义务诉讼与一般给付诉讼间选择之争议问题分析》,载行政诉讼研讨会:《行政诉讼研讨(一)》,台湾法学出版股份有限公司2012年版,第159页。
② 相关观点参见吴庚:《行政法之理论与实用》,中国人民大学出版社2005年版,第336页。

程明修持相反观点认为,对拒绝作成给付(行政行为或非行政行为)决定的法律性质,与申请给付的内容并非同一概念,特定情形下,针对拒绝事实给付的决定也可能是具体行政行为,因此,也不应排除撤销诉讼的可能性。台湾地区司法实务中广泛采纳"人民申请作成事实行为的,拒绝答复则属事实行为而非具体行政行为"的法律见解。①

例如,"人民因行政机关办理开发工程时,对当事人所有系争土地进行施工整地、施设排水道及施筑梯形坡地。当事人以行政机关的施工行为致其权益受损害,向行政机关提出损失补偿的申请,请求准予补偿申请人新台币1亿元,及自本书状送达之翌日起……之利息",后被行政机关函复拒绝。当事人提起行政诉讼,法院作出裁判意旨为:"行政机关对于人民的请求予以拒绝,并不全部属于行政行为。对于请求作出行政行为,如核定损失补偿金额予以拒绝的,为行政行为;对于请求作出事实行为,如给付一定的损失补偿金额予以拒绝的,因其不影响事实状态(如损失补偿是否存在的效果),不具有法效性,即不属于行政行为。由此可见,台湾地区'最高行政法院'认可申请给付与拒绝给付的行为法理相同"。②

4. 行政行为与行政机关的程序行为

课予义务诉讼与一般给付诉讼的适用范围也可能因人民向行政机关请求作成所谓的"程序行为"而衍生争议。通常情况下,基于程序经济的立法原则以及救济资源有限的考量,不宜单独针对程序中的行为提供独立的救济。③ 但如果程序行为带来权利侵害,仍存在单独救济的可能。接下来便是面临着如何选择课予义务诉讼与一般给付诉讼的问题。选择的前提条件仍要解决请求作出的程序行为是否为行政行为的判断。

程序行为的法律性质,须结合具体个案来判断行政机关的决定是否具有对外直接规制的效力。如果具有对外直接规制的效力,即属具体行政行为。但也有一些程序行为可能只是准备行为而不具备对当事人产生规制的效力,当事人

---

① 参见台湾地区"最高行政法院"2004年度判字第544号判决;2005年度判字第1137号判决。
② 台湾地区"最高行政法院"2004年度判字第544号判决。
③ 转引自程明修:《课予义务诉讼与一般给付诉讼间选择之争议问题分析》,载行政诉讼研讨会:《行政诉讼研讨(一)》,台湾法学出版股份有限公司2012年版,第165页。

受到的影响也可能只是增加程序上的负担,未必可以被认定为行政行为,譬如,向行政机关申请阅览、抄写、复印有关资料或卷宗,提起课予义务诉讼还是一般给付诉讼仍存在争议。

程序行为是否有规制效力,实务上采取"资讯提供重心"进行判断,即以行政机关行为的重心是在资讯的提供或者拒绝本身,还是在针对资讯提供所表达出来,内含有对于资讯请求附加法律上规制的法律决定之上来区别资讯提供行为的法律性质。[①] 德国学界还提供了"以资讯提供是否需要经过一个制式的决定程序"来判断其法律属性的另一种方式。如果纯粹资讯提供行为,应为非行政行为,它也不会形成任何的履行请求权。只有当资讯的提供违法时才可能产生损害赔偿请求权。但是如果行政机关并不是单纯地开启储存的档案,而是对于使用资讯申请的决定,则可能有行政行为的存在。

台湾学者则认为,所有行政机关决定资讯提供的行为或者所有拒绝提供的行为作全面与单一的法律性质的定性并不可取,比较理性的做法仍应回到具体个案中进行判断,是否在具体个别的行政机关对外表示中,可以认知到行政机关对于资讯的提供行为上的权利与义务,已表达出有拘束力的规制意义,来确定是否有行政行为的存在。[②]

(二) 以法律关系的具体化程度为区分

1. 以是否需要经过行政行为的具体化来区分

提起一般给付诉讼请求财产性给付,必须是以诉讼可"直接"行使给付请求权才被允许。"如果根据实体法的规定,必须先由行政机关确定其给付请求权时,在提起一般给付诉讼之前,应先提起课予义务诉讼,请求作出该确定的行政行为。由于该要件的限制,关于请求金钱给付事件,可提起一般给付诉讼的,只限于请求金额已获准许,或者已保证确定的金钱支付或者返还"。[③] 此见解在台

---

① 转引自程明修:《课予义务诉讼与一般给付诉讼间选择之争议问题分析》,载行政诉讼研讨会:《行政诉讼研讨(一)》,台湾法学出版股份有限公司 2012 年版,第 166 页。
② 参见程明修:《课予义务诉讼与一般给付诉讼间选择之争议问题分析》,载行政诉讼研讨会:《行政诉讼研讨(一)》,台湾法学出版股份有限公司 2012 年版,第 165 页。
③ 参见吴绮云:《德国行政给付诉讼之研究》,"司法院"印行 1995 年版,第 129 页。

湾地区司法实务上得到广泛运用。①

实务上以给付诉讼的原告是否具有具体的请求权作为区分课予义务诉讼与一般给付诉讼的判断。如果原被之间的权利义务关系仍需要借助行政机关作出行政行为加以具体化,应提起课予义务诉讼。只有在直接通过一般给付诉讼实现原告具体拥有的请求权内涵。例如,德国《社会法典》总论第40条第1项规定:"当法律或者基于法律所规定的特定构成要件都满足时,即有对于社会给付的请求权。"因此,这种事实给付请求权的实现途径应该不需要再经过行政机关通过另一个行政行为进一步具体确认,即可提起一般给付诉讼。

如果法律关系的具体化需要得到行政机关通过行政行为进一步确认,但如果行政机关根据法律保留原则的要求,并没有作出行政行为的权限,就可能构成行政行为手段的选择滥用,那么该行政行为应为无效。因此,当事人请求事实给付,是否必须先经课予义务诉讼请求行政机关作出行政行为确认给付请求权,应取决于行政机关是否有法律上的权限。如果行政机关没有法律的权限,事实给付请求的实现可直接通过一般给付诉讼实现,无须先经课予义务诉讼。

在授权行政机关以行政行为决定是否提供给付的法律法规中,往往又存在授权行政机关的行政裁量权。例如,台湾地区所谓"社会救助法"第10条第1项规定,"低收入户得向户籍所在地直辖市、县(市)主管机关申请生活扶助",但第2项又规定,"直辖市、县(市)主管机关应自受理前项申请之日起五日内,派员调查申请人家族环境、经济状况等项目后核定之;必要时,可委由乡(镇、市、区)公所为之"。同法第11条第1项规定生活扶助以现金给付为原则,第2项规定:"前项现金给付,中央、直辖市主管机关并得依收入差别订定等级;直辖市主管机关并应报中央主管机关备查。"从以上条文可判定台湾社会救助法赋予主管机关"核定"的裁量权限,同时可经由作出行政行为完成。因此,生活扶助请求权的实现,就有必要先通过课予义务诉讼先请求行政机关作出核定的行政行为(包括是否给予扶助,以及扶助金额的多少)。再如,公法上的勤务关系中衍生的金钱给付请求,如退休金、薪资等案件,也先须确定实体法上是否授权行政机关判断决定。

---

① 吴庚认为,这是"行政法院"基于司法消极主义以及减少案源的考量,如形成规则,将大量限缩一般给付诉讼的适用空间。参见吴庚:《行政争讼法论》,三民书局2005年版,第134—135页。

这种方式得到司法裁判的见解,如"提起一般给付诉讼,须以该诉讼请求无须由行政机关裁量作出行政行为的决定,而可'直接'行使给付请求权为限。如实体法规定必须先经行政机关核定其给付请求权的,则于提起一般给付诉讼之前,应先提起课予义务诉讼,请求行政机关作出该特定的行政行为"。①

2. 基于行政协议而发生的给付请求

行政机关滥用行政权作出具体行政行为的案例也会发生于行政协议领域。台中"高等行政法院"2003年度诉字第247号裁判见解认为,"行政法院"并未具有上级行政机关的功能,不得取代行政机关自行决定。因此,台湾地区所谓"行政诉讼法"第8条所规定因公法上原因发生财产上的给付,而提起一般给付诉讼,其请求金钱给付者,必须以该诉讼可直接行使给付请求权为限。如依实体法的规定,尚须先由行政机关核定或确定给付请求权的,则于提起一般给付诉讼之前,应先提起课予义务诉讼,请求作出核定的行政行为。因此,可提起一般给付诉讼的,应限于请求金额已获准许或已保证确定的金钱支付或返还。基于台湾地区所谓"行政诉讼法"第8条第1款第2句,"因公法上契约发生之给付,亦同"的规定。行政契约领域的给付请求权同样适用此判决见解,换言之,行政机关必须依法律规定以行政行为确定给付内容的,应先提起课予义务诉讼。

---

① 参见台湾地区"最高行政法院"2004年度判字第903号判决见解。

第三节 一般给付诉讼之选定

一般给付诉讼是我国行政诉讼法新增的给付诉讼的子类型,与撤销诉讼、课予义务诉讼比较,无起诉期间的限制,其功能在于补充撤销诉讼、课予义务诉讼类型的功能不足,可以让具体行政行为之外的公权力行为(如事实行为、行政允诺、行政协议等)经由行政诉讼得到全面救济,以贯彻有效广泛的权利保护原则、达到概括保障人民诉讼权利的目的。然而,基于诉讼经济原则以及权利保护的必要性原则,一般给付诉讼与相关诉讼类型之间的选择适用也要严格区分和界定。

一、一般给付诉讼与撤销诉讼

在给付行政领域,一般给付诉讼相较撤销诉讼,更有利于相对人通过诉讼达到行政争议的解决和合法权益的有效保护。例如,日本社会保险、公法上的扶助、社会津贴、社会福利以及劳动保护等问题,在以预先预防国民经济生活中的困难,保障救济国民最低生活,加强对社会弱者的保护及其福利为目的的各种给付领域中,行政机关实施的各种资格认定和给付内容的确定等各种行为,出于立法政策上的理由,将此定位为"具体行政行为",使其与审查请求乃至撤销诉讼相联系。这些行为被视为国家机关委托事务,让人们看到它与国家对法律运用实施强有力的监督和统制相联系,甚至无视或否定公民的生存生活权。并且对社会福利法规定的"福利措施"缺少对措施请求程序和有效的行政救济,导致无法追究国家和地方公共团体有关各种设施的责任,最终导致在法律上无法实现这一领域的公民权利的实现。[①] 因此,某种意义上,一般给付诉讼更有利于合法权益,尤其是公民基本生存权利的保护。

通常情形下,人民对国家的给付请求权必须向行政机关提出申请,在遭到行

---

① 参见室井力:《日本现代行政法》,吴微译,中国政法大学出版社1995版,第356页。

政机关拒绝后才可以提起诉讼。如果未先行申请即行起诉,原则上被认为欠缺权利保护的必要。但需要注意的是:如果此处将行政机关对单纯给付的拒绝理解为具体行政行为,就会造成几乎所有的一般给付诉讼都必须和撤销诉讼一并提起,进而造成一般给付诉讼受撤销诉讼的先行程序和起诉期间的限制,因此实务上不采用这种见解。但是,"如果行政机关在拒绝给付时,故意选择以具体行政行为的方式,特别是该具体行政行为中包含法律救济程序的规定时,或者相关实体法明文规定行政机关同意给付时必须作成行政行为,那么针对该行政行为的诉讼类型,应选择撤销诉讼,合并提起一般给付诉讼。"①

如果行政行为已经执行完毕,但为了排除执行所带来的事实状况,也可以提起撤销诉讼,合并提起一般给付诉讼。此为原告行使结果除去请求权的情形之一。② 再者,在邻人诉讼中,某一噪音侵害系经过运动场建设许可认可的,原告为排除相关行政机关认可范围内的噪音侵害,可以行使噪音排除请求权,但不能以一般给付诉讼加以排除,只能先提起撤销诉讼。最后,两者之适用与界限,还可以结合给付行政行为是否为羁束行政还是裁量行政有所不同。譬如,德国《社会法院法》第54条第4项对羁束给付与裁量给付加以区别规定,如果系羁束给付的拒绝,应合并提起撤销诉讼与一般给付诉讼。如果是裁量给付的拒绝,则应提起课予义务诉讼。

二、一般给付诉讼与确认诉讼

"确认诉讼的目的是对已经存在的、实质上的请求权提供一种特别的权利保护,而不是满足原告的请求权。其效力仅限于其在判决内所为宣示性、具有法律确定力的确认,并不具有命令给付之内容,也不能发生法律关系变动之形成力,不能直接实现原告实体法上之权利。"③原告如果通过一般给付诉讼能够达成确认诉讼目的的,提起确认诉讼即为不合法。因为一般给付诉讼比确认诉讼更能够达到满足原告权利保护的需要。这种确认诉讼"补充性"的法理基础是:如果

---

① 参见彭凤至:《德国行政诉讼制度及诉讼实务之研究》,"行政法院"印行1998年版,第53页。
② 参见德国《行政法院法》第113条第4项规定:"除撤销行政处分外,原告得并为请求一项给付者,法院得于同一诉讼程序中就给付请求并为判决。"
③ 参见叶百修、吴绮云:《德日行政确认诉讼之研究》,"司法院"印行1991年版,第1页。

原告怠于提起撤销诉讼,听任行政行为确定,然后再以无起诉期间限制的确认诉讼主张确认法律关系存否,便会造成行政行为的效力永远处于不确定状态,进而使得撤销诉讼成为多余的诉讼类型,甚至于损害到法律秩序的安定性。[1]

在法院判决前,该行政行为如因行政机关主动依职权撤销或其他事由而解决时,原告可声明本案争讼已解决,但是如果原告具有正当利益,此时也可以变更诉讼,改请法院确认该已解决之行政行为"曾为违法"。以上两种方式,原告择一行使,如果原告选择后一种方式,学说上称之为"继续确认诉讼"。台湾地区所谓"行政诉讼法"第6条规定:人民因相关职能机关对其依法申请之案件,于法令所定期间内应作为而不作为,认为其权利或法律上利益受损害者。亦即提起一般给付诉讼时,因无实际履行的意义或者无履行的可能时,可以继而转换为确认违法之诉,并可合并提起损害赔偿及其财产上的给付。《行政诉讼法》第七十四条第二款第3项规定:"行政行为有下列情形之一的,不需要撤销或者判决履行的,人民法院判决确认违法:(三)被告不履行或者拖延履行法定职责,判决履行没有意义的。"我国行政诉讼法上认可课予义务诉讼向确认违法之诉转换,但一般给付诉讼是否可以类推适用该条款,即提起一般给付诉讼,如果被告存在给付不能、给付无意义时,进而转换为确认违法诉讼,如造成原告利益损害的合并提起行政赔偿,没有法律上的障碍。

三、一般给付诉讼与课予义务诉讼

该部分的论述参见本章第二节第三部分,不再赘述。

---

[1] 参见吴庚:《行政争讼法论》,三民书局2014年版,第184页。

第五章
我国给付诉讼类型的理解与适用

新《行政诉讼法》明确了"诉讼请求"的给付内容[《最高人民法院关于适用〈中华人民共和国行政诉讼法〉的解释》(注释[2018]1号)第六十八条第2项]以及与给付内容分别对应的判决方式(《行政诉讼法》第七十二条、第七十三条),新的"诉判关系"意味着我国行政诉讼将广义的给付诉讼类型根据给付内容的不同区分为两类子类型。① 然而,这种"非明定主义"的立法模式,必然会导致课予义务诉讼和一般给付诉讼的给付内容界限并不清晰,对法条本身也容易出现不正确的理解。以《行政诉讼法》第七十二条为例,从字面无法清晰界定,"不履行的法定职责",既可能是法律行为,也可能是行政事实行为。行政机关的法律行为,可能为具体行政行为,也可能是除具体行政行为之外的其他行政行为。第七十三条的"给付义务"的理解也同样存在这样的问题。在缺乏明确的司法解释前,这种概括性立法背后的法理为何,容易让人产生费解。但从"诉判决关系"的立法目的来看,立法上已经作了课予义务诉讼与一般给付诉讼的区分。未来如何对《行政诉讼法》第七十二条、第七十三条在审判实务加以应用,可能会碰到若干待解的问题。从立法例上来看,我国的给付诉讼类型应是参考与借鉴了德国法、台湾地区法上的分类。因此,运用比较法的研究方法,参考借鉴德国法、台湾地区的行政诉讼的理论和实务来讨论我国给付类判决的应用问题具有可行性。

第一节 课予义务判决——《行政诉讼法》第七十二条

对《行政诉讼法》第七十二条的理解与适用,应结合"诉判关系"加以分析。《行政诉讼法》第七十二条规定,"人民法院经过审理,查明被告不履行法定职责的,判决被告在一定期限内履行"。《最高人民法院关于适用〈中华人民共和国行政诉讼法〉的解释》(法释[2018]1号)第九十一条规定:"原告请求被告履行法定职责的理由成立,被告违法拒绝履行或者无正当理由逾期不予答复的,人民法院

---

① 对《行政诉讼法》第七十二条、第七十三条对应的"诉判关系"被司法实务界认同于课予义务诉讼和一般给付诉讼。相关见解请参见江必新、梁凤云:《行政诉讼法理论与实务》,法律出版社2016年版;江必新:《新行政诉讼法专题讲座》,中国法制出版社2015年版;梁凤云:《新行政诉讼法逐条注释》,中国法制出版社2017年版;李广宇:《新行政诉讼法逐条注释》,法律出版社2015年版。

可以根据行政诉讼法第七十二条的规定,判决被告在一定期限内依法履行原告请求的法定职责;尚需被告调查或者裁量的,应当判决被告针对原告的请求重新作出处理。"修法之后,使得我国行政诉讼法上的课予义务判决更加完善,但由于行政诉讼法没有明定行政诉讼类型,仍需要通过类型化的分析架构中对课予义务判决的审理规则加以理解和应用。《最高人民法院关于审理政府信息公开行政案件若干问题的规定》(法释〔2011〕17号)第九条规定:"被告对依法应当公开的政府信息拒绝或者部分拒绝公开的,人民法院应当撤销或者部分撤销被诉不予公开决定,并判决被告在一定期限内公开。尚需被告调查、裁量的,判决其在一定期限内重新答复。被告提供的政府信息不符合申请人要求的内容或者法律、法规规定的适当形式的,人民法院应当判决被告按照申请人要求的内容或者法律、法规规定的适当形式提供。人民法院经审理认为被告不予公开的政府信息内容可以作区分处理的,应当判决被告限期公开可以公开的内容。被告依法应当更正而不更正与原告相关的政府信息记录的,人民法院应当判决被告在一定期限内更正。尚需被告调查、裁量的,判决其在一定期限内重新答复。被告无权更正的,判决其转送有权更正的行政机关处理。"以上为现行《行政诉讼法》及其相关司法解释对课予义务诉讼的相关规定。《行政诉讼法》第七十二条规定的"强制履行判决义务"条款,从法律意义上讲,更类似于课予义务判决。

一、何为"不履行"

行政机关的行为是否属于不履行,首先要从行政机关职责来源入手,实践中产生的行政机关职责来源化的事实表明,仅仅从法律、法规、规章中寻找行政机关职责的做法是不能够充分回应行政的发展趋势的。行政机关的内部管理规范、决定以及法院的判决或裁定都可以作为行政机关职责的来源。是否存在要求行政机关履行职责的请求是论定行政机关不作为的中间环节。通过对行政不作为的各种形态的考察,拒绝履行和不予答复、怠于履行、未全面履行等不作为形态中最终完成对行政不作为构成要件的建构。

不履行是一个含义广泛的概念,应包括以下几种形态。(一)拒绝履行。拒绝履行是行政机关以明示方式拒绝履行法定职责。但又因行政行为的不同样态而有所不同。对于有法定期限的行政行为,行政机关只有超出法定期限拒绝履行的,才属于拒绝履行。对于没有法定期限的,但有合理期限的,行政机关超出合理期限的,也应视为拒绝履行。对于合理期限的判定,应根据《行政诉讼法》第四十七条"两个月"的规定,即:"公民、法人或者其他组织申请行政机关履行保护其人身权、财产权等合法权益的法定职责,行政机关在接到申请之日起两个月内不履行的,公民、法人或者其他组织可以向人民法院提起诉讼。法律、法规对行政机关履行职责的期限另有规定的,从其规定。公民、法人或者其他组织在紧急情况下请求行政机关履行保护其人身权、财产权等合法权益的法定职责,行政机关不履行的,提起诉讼不受前款规定期限的限制。"(二)部分履行。行政机关履行法定职责,应当遵循全面履行原则,如果行政机关虽然履行部分义务,但没有履行全部义务。例如,相对人向行政机关提出数个申请,只有部分申请获得核准。(三)拖延履行。拖延履行是指行政机关在法定或合理的期限内以不作为的方式不履行行政义务。

在实践中,"不履行"的范畴还包括"不适当履行"的情形,不适当履行(瑕疵履行)指行政机关虽然实施了履行法定职责的行为,但是没有达到履行目的的情形。例如,公安机关接到报警称某租房可能有人自杀,公安机关查看后没有异样离去,公安机关走后有人自杀。

需要注意的是,对于"履行不能""预期不履行"不能纳入"不履行"的范畴。履行不能是由于特定原因,事实上已不可能履行法定职责,例如,行政机关收到当事人申请之后,由于行政机构改革不再承担相应的行政职权。预期不履行是指行政机关在法定期限或合理期间届满前,明确表示或以自己的行为表示不履行法定职责的行为,对于行政机关履行法定职责有法定期限或合理期限的,行政机关即使明确表示将不履行法定职责,但由于其仍在期限内,其表示并不具有最终效力。

二、"法定职责"的依据何在

从字面理解,似乎可以将法定职责理解为"法律规定的职责",实质上,此处的法定宜作"扩张解释","法定职责",除了广义上的宪法、基本法律、法律、行政法规、地方性法规、规章、其他规范性文件外,还应包括法律认可的行政机关基于行政协议、先行行为、行政承诺、信赖利益等名义的履行职责。

(一)法律明定的履行义务

法律明确规定的履行义务是行政机关履行法定职责的主要来源。譬如,《婚姻登记管理条例》明确规定:"婚姻登记机关对当事人符合结婚条件的,应当当场予以登记,发给结婚证。"除了法律法规的明确且详细的规定之外,也有采用概括式立法例的形式,如法律规定公民可以对行政管理事项进行举报,行政机关有权查处。

(二) 特定行政机关的履行义务

特定行政机关的履行义务是指行政机关由于从事某项特定的公共服务,申请人可以依法要求履行职责。例如,公安具有保护公民生命财产安全,消防机关有灭火的行政作为义务。

(三) 行政合同、行政承诺等合意行政行为产生的履行义务

本次《行政诉讼法》的修订,扩张的可诉的行政行为的种类,即包括行政协议,也包括行政承诺等事实行为。在司法实践中,拒不履行行政合同义务、行政承诺义务已经成为难以解决的重大问题。例如,税务机关发布公告对举报偷税漏税行为的公民给予奖励。

(四) 先行行为引起的履行义务

先行行为是指行政机关因自己的行为导致产生一定危害结果的危险而负有采取积极措施防止危害结果发生的行政义务。例如,行政机关依法拆除违章建筑,使用爆破手段造成周边房屋的毁损而产生的恢复原状的履行义务,公立医院的医生在救治过程中发现病人情形严重而放弃治疗而产生的继续治疗的义务。另外一部分先行行为是由违法行为所产生的,例如,公安机关违法采取限制人身自由措施后发现违法,将受害人置于离限制人身自由地点几百公里的派出所。由先行行为导致的危险源监督义务包括三个方面。一是危险的先行行为产生了对他人的危险,先行行为人有义务消除;二是对于公权力监督管理范围内的危险源,可产生危险源监督义务;三是行政机关对于受其监督人的行为进行监督的义务。由先行行为导致的危险源监督义务主要是第一种情形。[①]

(五) 信赖利益引发的履行义务

信赖利益本身不是行政义务,而是因为信赖利益产生的给付义务和附随义务。这种附随义务不是双方义务,而是单指行政机关的单方义务。信赖利益通常是基于行政机关的作为行为而产生的。例如,《行政许可法》第八条规定:"公

[①] 参见江必新、梁凤云:《行政诉讼法理论与实务》,法律出版社2016年版,第1660页。

民、法人或者其他组织依法取得的行政许可受法律保护,行政机关不得擅自改变已经生效的行政许可。行政许可所依据的法律、法规、规章修改或者废止,或者准予行政许可所依据的客观情况发生重大变化的,为了公共利益的需要,行政机关可以依法变更或者撤回已经生效的行政许可。由此给公民、法人或者其他组织造成财产损失的,行政机关应当依法给予补偿。"公民可基于信赖利益保护的权利获得补偿给付请求权,从而要求行政机关履行补偿金给付的义务。

三、对"一定期限"的理解

新《行政诉讼法》第七十二条关于"一定期限"的规定,一般可以参考相关法律法规规章对履行法定职责的期限规定,但是要考虑到经过诉讼之后,行政机关耽误的履行期限已经较长,人民法院可以根据确定少于法定的期限要求行政机关履行法定职责。对于"尚需被告调查或裁量的",该条虽然没有规定法院判决被告在一定期限内重新作出处理,但也是题中之意。应该说《行政诉讼法》第七十二条关于"一定期限"的规定也适用于"答复判决",人民法院针对"尚需被告调查或者裁量的"判决不成熟案件,也应参照行政机关履行法定职责的法定期限以及《行政诉讼法》第四十七条第一款确定的两个月期限、合理期限等确定履行期限。在司法实务中"一定期限"仍具有一定的司法裁量空间,从大量的司法裁判案件中,"一定期限"的司法裁判也不完全相同。

《行政诉讼法》第四十七条第二款规定,公民、法人或者其他组织在紧急情况下请求行政机关履行保护其人身权、财产权等合法权益的法定职责,行政机关不履行的,提起诉讼不受前款规定期限的限制。该条规定只是对原告提起诉讼的期限所作的没有限制性的规定,但我国现行《行政诉讼法》对针对紧急情况下的行政不作为的判决履行期限没有作出规定。在紧急情况下,原告请求保护其合法权益免受侵害,法院是否采取特殊的救济程序,各国的做法并不相同。法国《行政诉讼法典》则规定了紧急审查程序,原告起诉要求撤销或者修改一项行政行为的,包括拒绝的行政行为,若在预审阶段原告提出了恰当理由并引起对被诉行政行为的合法性的严肃怀疑,并且由于存在紧急情况下需要全部或者部分暂停被诉行政行为的执行,则原告在提出暂停请求的前提下,紧急审法院有权裁定全部或部分暂停被诉行政行为的执行。作出暂停执行的裁定后,法官应当尽快对撤销或者修改被诉行政行为的诉讼请求作出裁判。如果公法人或者负责管理公共服务的私立机构在行使权力时对一项基本自由造成了严重且明显违法的伤害,在紧急状况下原告提起诉讼,紧急审法院有权裁定所有必要措施保护该基本自由。紧急审法官应当在48小时内作出裁决。

德国行政诉讼制度规定,原告可以申请法院作出暂时命令。德国《行政法院法》第123条规定,如果改变现状有可能会使得申请某项权利的实现变得不能或者相当困难,法院即便在起诉前也可以依申请采取与争议标的有关的暂时命令。尤其对于持续性的法律关系来说,为了避免重大不利、阻止公权力的威胁或者其他必要的情况下,暂时命令也可以用来规范某一争议的临时状态。

在我国司法解释制定过程中,曾有意见认为,在紧急状态下,行政机关不履行保护原告合法权益的法定职责,将可能造成无法弥补的损害后果的,人民法院根据原告申请裁定被告作出保护原告人身权、财产权的行政行为。但也有反对意见认为,法院对行政争议的事实判断具有极高的要求,一旦误判,法院将可能面临国家赔偿问题。《最高人民法院关于适用〈中华人民共和国行政诉讼法〉的解释》(法释〔2018〕1号)对此问题也没有予以明确。

四、无裁量余地的课予义务诉讼

课予义务诉讼针对的是具体行政行为,法院可以判决行政机关作出具体行政行为以便履行法定职责。行政机关作出具体行政行为,有的是法律规定比较明确或事实比较清楚的,行政机关没有进一步裁量斟酌的空间,一般称为"无裁量余地""裁量缩减为零";行政机关如果还存在进一步裁量空间,一般称之为"有裁量余地"。有无裁量余地,对于法院的判决内容显然不同。人民法院经审理认为被告不履行法定职责,如果事实清楚、法律规定明确,被告没有裁量余地,为了减少当事人的诉累,减少程序空转,法院应当尽可能判决到位,即判决被告在一定期限内依法履行原告请求的特定职责。例如,法院经过审理认为原告符合结婚的条件、原告已通过全国司法统一考试后并已具备领取律师执业证书的其他条件,法院就应该直接判决发给证书。如果原告请求被告履行法定职责的理由成立,被告违法拒绝履行或无正当理由逾期不答复的,人民法院可以根据《行政诉讼法》第七十二条,判决被告一定期限内依法履行原告请求的法定职责。

五、有裁量余地的课予义务诉讼

《最高人民法院关于适用〈中华人民共和国行政诉讼法〉的解释》(法释〔2018〕1号)第九十一条规定:"……尚需被告调查或者裁量的,应当判决被告针对原告的请求重新作出处理。"此规定为有裁量余地时的课予义务诉讼。如果行政机关存有裁量空间,即尚需要行政机关调查或者行政裁量时,人民法院应当尊重行政机关的"首次判断权"。基于行政权与司法权的划分,人民法院应判决行政机关针对原告的请求重新作出处理。《最高人民法院关于审理政府信息公开行政案件若干问题的规定》第九条第一款、第四款以及第十条的司法解释吸收借鉴了有裁量余地的课予义务诉讼的裁判方式。"尚需被告调查或者裁量的",意味着行政机关对于行政事项还有裁量空间和余地,人民法院不宜以自己的判断代替行政机关的判断。

判决被告针对原告的请求重新作出处理,体现了判决要求行政机关针对原告的请求作出相应处理。法院经审理认为原告请求被告履行法定职责的理由成立,被告违法拒绝履行或者无正当理由逾期不予答复的,法院实际上已经表明了自己的"法律观",即原告的请求理由是成立的,而被告采取了违法拒绝履行或者无正当理由逾期不予答复的方式,法院在判决理由中已经肯定了原告的诉讼请求,并且否定了被告不履行法定职责的行为,只是由于被告对相应的行政事项尚具有裁量、调查和判断空间,法院才不作出"具体判决",而交由行政机关按照法院的"法律观""裁判意旨"作出相应的行政行为。

六、裁判时机成熟

在理由具备性方面,大陆法系国家的撤销诉讼与课予义务诉讼最重要的差别是,作为课予义务判决之前需要裁判时间成熟问题,即在事实和法律上的前提均已具备。一般来说,只有行政机关才有权创造成熟的判决时间。必要时,法院也可以创造事实和法律上的条件,以使裁判时机成熟。法院可以一方面通过行政机关补做相应的事实调查,另一方面,也可以进一步清晰法律问题等途径,促使裁判时机成熟。

第二节 一般给付判决——《行政诉讼法》第七十三条

一般给付诉讼的适用范围须从客体范围及其行政诉讼类型的界分两个维度把握。一般给付诉讼的客体范围包括"直接"的财产性给付和行政行为之外的非财产性给付。考虑权利救济的完整性,未来应将颁布规范之诉、预防性不作为以及结果除去请求权纳入《行政诉讼法》第七十三条的客体范围。一般给付诉讼类型的界分应遵循"补充"和"备位"的功能原则,凡不属课予义务诉讼(特殊给付诉讼)的客体范畴,均应归入一般给付诉讼。若以行政行为撤销与否为依据的,应提起撤销诉讼合并给付请求。财产性给付限于可"直接"提起一般给付诉讼,如果依法必须先由行政机关核定其请求权者,应先提起课予义务诉讼。

新《行政诉讼法》第七十三条规定:"人民法院经过审查,查明被告依法负有给付义务的,判决被告履行给付义务。"第七十二条规定:"人民法院经过审理,查明被告不履行法定职责的,判决被告在一定期限内履行。"由此可推知,《行政诉讼法》在新增给付诉讼的基础上已作出课予义务诉讼与一般给付诉讼的区分。

但遗憾的是,《行政诉讼法》及其配套司法解释在明确一般给付诉讼类型的前提下并未对其适用范围以及与其他诉讼类型的关系予以明确,这必然会带来司法适用上的困惑。旧《行政诉讼法》时代,我国行政诉讼法未建立一般给付诉讼制度,学者对一般给付诉讼类型的适用范围的探讨也较为鲜见,仅在行政诉讼类型化研究中有所涉及,[①]抑或对行政给付诉讼不作广义和狭义之区分。[②] 对于

---

① 以"一般给付诉讼"为主题通过中国知网仅检索到1篇论文。一般给付诉讼的适用范围多散见于行政诉讼类型化研究之中。相关研究参见章志远:《行政诉讼类型构造研究》,法律出版社2007年版;王珂瑾:《行政诉讼类型化研究》,山东大学出版社2011年版;梁凤云:《行政诉讼判决之选择适用》,人民法院出版社2007年版;陈惠菊:《行政诉讼类型化之研究》,中国政法大学博士论文,2008年;熊勇先:《行政给付诉讼制度研究》,武汉大学博士论文,2010年;刘飞:《行政诉讼类型制度探析——德国法的视角》,载《法学》2004年第3期;熊勇先:《德国一般给付诉讼之考察与启示》,载《湖南科技学院学报》2011年第2期。

② 譬如,章志远教授认为,行政给付诉讼的类型应包括财产给付诉讼、请求事实行为之诉、请求规范颁布之诉和请求不作为之诉,在此基础上对行政给付诉讼类型展开论述。参见章志远:《给付行政与行政诉讼法的新发展——以行政给付诉讼为例》,载《法商研究》2008年第10期。

一般给付诉讼的适用范围多数从给付诉讼的种类及其亚类型的形式予以间接讨论。① 德国、台湾地区一般给付诉讼制度建立较早，相关理论研究与实务裁判值得我国学习与借鉴。②

《行政诉讼法》的修订扩大了"行政诉讼受案范围"③，可诉的行政行为将不再局限于具体行政行为，各种行政争议，尤其是行政事实行为的争议，可通过一般给付诉讼予以救济。但是，一般给付诉讼作为我国行政诉讼法上的新型诉讼类型，其适用范围的不确定性，必然影响到司法实务上如何界分给付诉讼、规定一般给付诉讼的起诉要件以及实体裁判规则等问题。《行政诉讼法》第七十三条中的"依法负有给付义务"是一条内涵极其丰富，需要结合司法实践予以应用的重要条文。

一、一般给付诉讼的客体范围

《行政诉讼法》第七十三条规定："人民法院经过审查，查明被告依法负有给付义务的，判决被告履行给付义务。"此项诉讼学理上称之为"一般给付诉讼"，依此规定，相对人可以请求判决被告依法给付特定的物或行为。但是，"被告依法负有给付义务"尚有两个问题待解。第一，这里的"依法"如何解释？这一问题涉及公法上的请求权基础；第二，给付的客体范围又该如何界定？

（一）如何理解《行政诉讼法》第七十三条中的"依法"

根据江必新教授的观点，"依法"可以是依照法律、法规等规范性文件的明确规定，也可以依照法律法规所认可的名义，例如，行政合同、行政允诺、先行行为

---

① 譬如，章志远教授将一般给付诉讼区分为积极给付诉讼（请求金钱给付、请求作出事实行为、请求规范颁布）和消极给付诉讼（请求停止作为、请求不作为）两种亚类型（参见章志远：《行政诉讼类型构造研究》，法律出版社2007年版，第165—170页）；王珂瑾博士将一般给付诉讼种类分为"请求财产给付诉讼""请求非财产给付诉讼""请求行政合同给付诉讼"和"预防性不作为诉讼"（参见王珂瑾：《行政诉讼类型化研究》，山东大学出版社2011年版，第164—168页）。由此可见，学理上一般给付诉讼的客体范围并没有统一的划分标准，并且我国学者对诉讼类型的界分鲜有论及。

② 关于一般给付诉讼制度的主要研究文献可参阅吴绮云：《德国行政给付诉讼之研究》，"司法院"印行1995年版；弗里德赫尔穆·胡芬：《行政诉讼法》，莫光华译，法律出版社2003年版。

③ 行政诉讼法修订后受案范围的扩大主要体现为：《行政诉讼法》用"行政行为"统一取代"具体行政行为"的概念；将人身权、财产权扩大到"等其他合法权益"，以及第12条增加可诉行政行为，这些都无疑增加了行政相对人的权利救济范围。

等。① 但这样的"扩大解释",势必超出《行政诉讼法》第十二条第 10 项所列举行政给付行为。根据依法行政原理,行政相对人基于法律、法规、规章以及规范性文件所产生公法上的给付请求权似乎没有争议,例如,纳税人可以依据《税收征收管理法》第五十一条的规定,请求税务机关退还多缴的缴款;社会弱者可以依据《社会救助暂行办法》的规定,享有最低生活保障、住房、医疗、教育所需要的金钱、物资的给付请求权;普通公民可以根据《政府信息公开条例》请求政府提供信息;行政相对人可以基于《行政许可法》第八条获得损失补偿请求权,等等。

除了法律、法规、规章以及规范性文件,行政相对人能否基于宪法基本权利来推导出相应的请求权?有学者认为,有关公法上给付请求权是否存在,涉及请求权基础根据,应依宪法、相关法律规定以及一般法律原则或法理判断之,②譬如,可以根据人性尊严之尊重与保护及人格自由发展权利,推导出人民可以请求行政机关撤回有损名誉表示之请求权。本书认为,随着现代行政规制方式的逐渐增多,行政机关采取非具体行政行为的手段来达到行政管控的目的,往往也会侵犯到相对人的隐私权、名誉权。譬如,我国在食品药品监管领域中存在的"黑名单"制度,相对人从防御商业信誉免受不法侵害而有请求行政机关不作为的权利。

除了宪法、法律、法规、规章以及规范性文件等公法作为给付请求权的依据,相对人亦可根据基本权利的防御功能或者类推适用《民法典》第一百七十九条"排除妨碍"的规定,推导出行政法上的结果除去请求权,甚至于公法上的不作为请求权。

《行政诉讼法》第十二条第 11 项将多种"行政协议"争议列入受案范围。"司法解释"第十五条的规定:"原告主张被告不依法履行、未按照约定履行协议理由成立的,人民法院可以根据原告的诉讼请求判决被告继续履行协议,并明确继续履行的具体内容。"《行政诉讼法》第七十三条虽未明定行政协议是否为一般给付诉讼的适用范围,但根据《行政诉讼法》第十二条第 11 项以及"司法解释"第十五

---

① 参见江必新:《新行政诉讼法专题讲座》,中国法制出版社 2015 年版,第 277 页。
② 参见陈清秀:《一般给付诉讼对于行政程序及行政救济程序之影响》,载社团法人台湾行政法学会:《台湾行政法学会学术研讨会论文集——(1999)行政救济、行政处罚、地方立法》,元照出版有限公司 2001 年版,第 51 页。

条可以推定,因行政协议争议发生给付请求的,可依法纳入一般给付诉讼的标的。其他地区对行政协议争议的处理一般也采用一般给付诉讼。例如台湾地区所谓"行政诉讼法"第8条规定:人民与相关职能机关间,因公法上原因发生财产上之给付或请求作成行政处分以外之其他非财产上之给付,得提起给付诉讼。因公法上契约发生之给付,亦同。

综合所述,这里的"依法"应作广义上的理解,既包括宪法、法律法规、规章、规范性文件,还应该包括行政机关的先行行为,如公法上的无因管理、不当得利、行政协议、行政承诺等。

(二) 给付的客体范围如何界定

一般给付诉讼的目的,在于请求法院判决行政机关作出具体行政行为之外的其他公法上的给付,包括财产性给付和非财产性给付等事实行为。

1. 财产性给付

财产性给付的对象包括金钱,或者具有财产交易价值之物,以下从财产性给付请求权发生的原因对其客体范围加以论述。

其一,依法取得财产性给付请求权。公法上的财产给付请求权,相对人除了请求支付抚恤金、最低生活保障待遇或者社会保险待遇外,须作进一步扩张解释。例如,失业职工请求给付失业保险金、贫困家庭请求领取低保待遇,受灾人员请求给付赈灾物资,符合条件的相对人请求租住廉租房、经济适用房,以及社会弱者根据《社会救助暂行办法》享有的各项救助权利等等。只要符合法律、法规、规章以及规范性文件的给付条件,均可提起一般给付诉讼予以权利救济。

其二,公法上不当得利之返还。公法上不当得利是指因欠缺公法上的原因发生财产性变动,从而导致一方得利,另一方失利。公法上的不当得利最初源于民法上的概念,但是与民法上的不当得利所不同的,公法上的不当得利的法理基础为依法行政原则。[1] 公法上不当得利之发生要符合"财产变动、公法范畴、欠缺法律上之原因"三个要件。[2] 公法上不当得利请求权多属于行政相对人向行政机

---

[1] 参见林锡尧:《公法上不当得利法理试探》,载《当代公法新论(下)——翁岳生教授七秩诞辰祝寿论文集》,元照出版有限公司2002年版,第268页。

[2] 参见林锡尧:《公法上不当得利法理试探》,载《当代公法新论(下)——翁岳生教授七秩诞辰祝寿论文集》,元照出版有限公司2002年版,第269页。

关提出的给付请求权。譬如,相对人可以根据我国《税收征收管理法》第五十一条的规定,请求税务机关退还多缴的税款及其相应的利息。"唯独不当得利返还请求权通常系国家或行政主体向人民作出请求,例如,退休公务员溢领退休金的问题,退休公务员再任公职,依法应返还已领取之退休给付,而均属于应返还之情形,即属公法上之金钱给付,该机关应基于公法上不当得利之理,提起一般给付诉讼"。① 我国台湾地区的公法上不当得利返还请求权,可以是行政主体对人民的请求权(例如:请求人民返还不法给付之补助金),也可以是人民对行政主体的请求权(例如:请求返还依法不必给付的规费),亦可能是行政主体相互间的请求权。② 亦即行政机关也可以基于公法上的不当得利返还请求权取得行政诉讼法上的原告资格,此种规定符合依法行政以及公平正义之原理。但是,由于我国行政诉讼法原告主体资格的恒定性,行政机关尚无法透过《行政诉讼法》第七十三条的规定向相对人主张不当得利返还请求权,而只能通过现行的行政强制执行或申请法院强制执行的方式来实现权利。

其三,公法上的无因管理请求权。公法上未受委任而无义务,为行政主体或他人处理事务,也是公法上的债成立的原因之一。私人并无法律上原因而为官署管理事务,取得对行政主体偿还请求权,或行政主体因无因管理而对私人取得偿还请求权。行政法要受到依法行政原则的支配,而无因管理是"未受委任并无义务而为他人管理事务"。③ 公法上的无因管理,只有在特定的情形之下才具有合法性,即公民在没有法定或约定义务的紧急情况下,为了维护公共利益的需要,主动代替、协助国家机关及其公务人员执行公务履行公职,见义勇为,同时在使他人受益的情形下,才有权通过一般给付诉讼请求国家给予补偿。

其四,基于行政协议的给付请求权。《行政诉讼法》第十二条第11项及其"司法解释"第十一条至第十六条首次将"行政协议"纳入受案范围,基于行政协议所产生的给付义务包括金钱给付和非金钱给付。根据台湾地区所谓"行政诉讼法"

---

① 参见吴庚:《行政争讼法论》,三民书局2005年版,第139页。
② 参见林锡尧:《公法上不当得利法理试探》,载《当代公法新论(下)——翁岳生教授七秩诞辰祝寿论文集》,元照出版有限公司2002年版,第269页。
③ 参见吴庚:《行政争讼法论》,三民书局2005年版,第138—139页。

第 8 条的规定,①行政机关可以向法院提起一般给付诉讼,请求行政合同的另一方当事人履行合同给付义务,而不能以具体行政行为直接督促或强制其履行行政协议的给付义务,只有获得胜诉判决后,方可申请法院强制执行。由于我国行政诉讼法原告主体地位的恒定性,我国行政诉讼法暂不支持行政机关具有一般给付诉讼的原告主体资格,但是从解决行政争议以及诉权保护的完整性考虑,我国可以借鉴台湾地区所谓"行政诉讼法"第 8 条立法经验,在一般给付诉讼中设立"机关诉讼",以赋予行政机关给付请求权的权利救济。

2. 非财产性给付

根据立法经验,非财产性给付一般不包括具体行政行为的给付。《行政诉讼法》第七十三条虽然没有对非财产性给付的具体内容作出规定,但根据《行政诉讼法》第七十三条与第七十二条的关系可以推断,凡相对人请求行政机关作出行政行为,应适用《行政诉讼法》第七十二条的课予义务诉讼。例如,台湾地区对非财产性给付有法律上的概括性规定,台湾地区所谓"行政诉讼法"第 8 条将非财产性给付限定为"作成行政处分以外之其他非财产上之给付"。相对人除了不可直接请求行政机关作出行政行为外,可以请求行政机关作出任何作为、不作为或忍受其他非财产上之给付。在司法实践中,能够成为一般给付诉讼的非财产性给付的范围十分广泛,为论述的方便,本书仅从区分积极作为给付与消极不作为给付的角度进行讨论。

积极作为之给付诉讼,系请求行政机关积极作出公法上的意思表示、观念通知或单纯的行政事实行为。例如,请求行政机关告知肇事公务员姓名,以便提起损害赔偿之诉;请求将特定档案资料作废,请求撤回妨害名誉的主张。② 请求行政机关更正不利于特定人资料错误记载;请求政府就某事件公开道歉,向行政机关申请阅览、抄写、复印、摄影有关资料或卷宗等。在德国,公民甚至可以请求政府作出生存照顾和基础设施的给付,例如授课、照顾一个残疾人、维修道路。③ 如

---

① 台湾地区所谓"行政诉讼法"第 8 条第 1 款规定:人民与相关职能机关间,因公法上原因发生财产上之给付或请求作成行政处分以外之其他非财产上之给付,得提起给付诉讼。因公法上契约发生之给付,亦同。
② 参见李建良:《试论一般给付诉讼之适用范围》,载《律师杂志》2000 年第 254 期。
③ 参见弗里德赫尔穆·胡芬:《行政诉讼法》,莫光华译,法律出版社 2003 年版,第 306 页。

果行政机关在当事人的居所前放置了垃圾箱从而大大妨碍了当事人,移转垃圾箱的行为并不是行政行为,而是所谓纯行政活动(事实活动或事实行为),因为放置垃圾箱的行为并不具备法律规定的特征,如果放置垃圾箱侵害了当事人的权利,当事人可以提起给付诉讼要求行政机关撤除垃圾箱。① 从上述列举发现,此类给付客体通常为公法上的意思表示、观念表示,或者单纯的行政事实行为。

积极作为给付也可能涵盖内部行政行为或公务员法上非行政行为的争议。"公务员法上的争议,例如,记过、警告处分,实务上认为非属具体行政行为,属于无法提起撤销诉讼的情形,即得允许以提起一般给付诉讼方式寻求救济。例如,公务员请求职务主管撤回有损名誉的职务上指责,即属之。"② 德国的给付诉讼还可以适用于纠正学生成绩、从人事档案中去除档案、撤销调离决定等。我国行政诉讼将行政机关工作人员的奖惩、任免以"内部行政行为"为由排除在受案范围之外,内部行政行为对司法审查的排除系建立在特别权力关系理论基础之上,但随着该理论的消解,公务员因身份或财产上遭受行政处分,若认为有违法或不当,有行政争讼权利。③

请求消极不作为,系针对行政机关将来可能作成行政行为,事先以一般给付诉讼予以阻止,请求法院判令行政机关不得为该行政事实行为。例如,请求公立运动场所、幼儿园、儿童游乐场地等不再制造不能忍受之噪音等。④ 某邮局之邻居要求该邮局不要在晚上处理信件,制造噪音。公民可以请求行政机关不再提供资讯的行为。譬如,某药商得知主管机关即将公告一份具有副作用药品之名单,而该药商所经营之药品亦在其列,故可透过一般给付诉讼,诉请主管机关不得公布该名单。⑤ 请求消极不作为之诉也可用于请求行政机关不为一定的公害行为,

---

① InWEnt 德国国际继续教育与发展协会、最高人民法院行政审判庭、国家法官学院:《中德行政法与行政诉讼法实务指南——中国行政法官实践手册》,中国法制出版社 2008 年版,第 339 页。
② 参见吴绮云:《德国行政给付诉讼之研究》,"司法院"印行 1995 年版,第 131 页。
③ 台湾地区"司法院"大法官释字第 187 号解释:"公务人员依法办理退休请领退休金,乃行使法律基于宪法规定所赋予之权利,应受保障。其向原服务机关请求核发服务年资或未领退休金之证明,未获发给者,在程序上非不得依法提起诉愿或行政诉讼。"此解释使得趋向极端化的特别权力关系理论有了转机,打破了以往特别权力关系不得司法救济的禁忌。
④ 参见吴绮云:《德国行政给付诉讼之研究》,"司法院"印行 1995 年版,第 133—134 页。
⑤ 参见李建良:《试论一般给付诉讼之适用范围》,载《律师杂志》2000 年第 254 期。

例如军用机场附近之居民请空军指挥机关不要在特定区域作低空飞行演习。①我国食品药品监管"黑名单"制度,不当公开可能对食品药品制造企业带来商业信誉以及市场销售的负面影响,涉事企业可基于一般给付诉讼主张权利。②

综合所述,一般给付诉讼的客体范围包括财产性和非财产性给付,非财产性给付一般限于行政事实行为。至于一般给付诉讼的适用范围可否包括规范颁布之诉,预防性不作为之诉以及公法上结果除去请求之诉,这些争议性问题已在本书第三章第五节有充分探讨。

二、一般给付诉讼的备位功能

一般给付诉讼类型功能可以弥补其他诉讼类型的不足,一般给付诉讼较其他诉讼类型,特别对以"行政行为"为中心的撤销诉讼与课予义务诉讼,具有"备位"性质。若其他诉讼类型能够提供权利救济时,则无须提起一般给付诉讼,这是直接适用一般给付诉讼的前提。

(一)一般给付诉讼的"补充功能"

一般给付诉讼与课予义务诉讼均为现实行政法上的给付请求权而设定,唯一不同的是,一般给付诉讼只针对"非行政行为"的救济,凡不属于课予义务诉讼的客体范畴,原则上都可归入一般给付诉讼,这体现了一般给付诉讼的诉种"补充功能"。例如,台湾地区"最高行政法院"2009年度判字第147号判决认为:"人民请求国家为一定之行为时,国家应为之行为,可能是法律行为,也可能是事实行为。如属法律行为,可能为行政处分,亦可能为行政处分以外之其他法律行为。如属行政处分者,人民固应依所谓'行政诉讼法'第5条之规定,提起课予义务诉讼。如属行政处分以外之法律行为或事实行为,则得依所谓'行政诉讼法'第8条规定提起给付诉讼。"

再者,提起一般给付诉讼,必须限于可以"直接"行使给付请求权。如果根据实体法规定,必须先由行政机关核定给付请求权的,在提起一般给付诉讼之前,

---

① 参见蔡志方:《行政救济法新论》,元照出版有限公司2000年版,第181页。
② 参见《国家食品药品监督管理总局关于印发药品安全"黑名单"管理规定(试行)的通知》(国食药监办〔2012〕219号)。

应先提起课予义务诉讼,请求行政机关作出特定内容的具体行政行为。申请金钱给付,必须由行政机关核准的,如果行政机关拒绝申请,申请人必须先提起课予义务诉讼,不能直接提起一般给付诉讼。①

《行政诉讼法》第七十二条、第七十三条分别规定了课予义务诉讼与一般给付诉讼,适用原则可总结如下:相对人请求行政机关作出具体行政行为的,符合课予诉讼的特别要件的,应提起课予义务诉讼,除此之外的给付请求应归入一般给付诉讼。如果根据法律的明文规定,一般给付诉讼的救济必须以课予义务之诉的结果为前提的,则也应先提起课予义务诉讼。

(二) 撤销诉讼合并给付请求优先

台湾地区所谓"行政诉讼法"第8条第2款规定:"前项给付诉讼之裁判,以行政处分应否撤销为据者,应于依第四条第一项或第三项提起撤销诉讼时,并为请求。原告未为请求者,审判长应告以得为请求。"因此,基于诉讼经济目的以及裁判结果一致性,如果能在撤销诉讼中合并请求给付的,应排除一般给付诉讼的单独适用。给付诉讼以行政处分应否撤销为依据的,如果允许原告直接提起给付诉讼,则无异于免除审查具体行政行为的合法性。再者,如果没有此项限制,许多原本可以提起撤销诉讼的案件,可能会流入一般给付诉讼领域,从而削减"撤销诉讼司法中心"的地位和功能。②因此,如果属于应在撤销诉讼中合并请求给付情形的,不得单独提起一般给付诉讼。譬如,我国特困人员根据《社会救助暂行办法》办理特困人员供养手续,遭到行政主管部门的拒绝,可对行政机关的拒绝行为提起撤销诉讼,合并请求给付特困人员供养手续。《行政诉讼法》配套司法解释(法释〔2015〕9号)第二条第10项规定:"当事人未能正确表达诉讼请求的,人民法院应当予以释明。"据此,若相对人的给付请求权以行政行为的撤销为依据的,如果相对人错列诉讼请求,法院有告之原告改变具体诉讼请求的义务,将案由从一般给付诉讼变更为撤销诉讼合并给付请求。

(三) 可"直接"请求财产性给付

就财产性给付提起一般给付诉讼的,必须限于"直接"行使给付请求权。可

---

① 参见台湾地区"高等行政法院"2006年度判字第1767号。
② 参见吴庚:《行政争讼法论》,三民书局2005年版,第137页。

直接提起一般给付诉讼,应限于请求金额已获准许可或已保证确定之金钱支付或返还。① 因为行政法院并不具备上级行政机关的功能,不能取代行政机关而自行决定。凡提起一般给付诉讼,请求给付金钱的,必须以该诉讼直接行使给付请求权为限。如依实体法之规定,尚须先由行政机关核定或确定其给付请求权的,应在提起一般给付诉讼前,先提起课予义务诉讼,请求作出核定之行政处分。② 对于基于公法上原因发生的事实行为的金钱给付,须限于所请求的金额已获许可或者已经行政机关确定应支付或返还,方可直接提起一般给付诉讼。譬如,学校教职员之退休案须先经主管机关加以审定,而退休案经审定后,退休教职员之退休金给付请求权即已确定,审定机关应通知支给机关核转退休教职员之原服务学校,依法定日期发给退休金。退休教职员于审定退休后,如因退休金发给、执行等争议涉讼,因已经向相关主管机关主张过退休金给付请求权,其请求权可视为已经主管机关审核确定,即可以直接依所谓"行政诉讼法"第8条第1项规定提起一般给付诉讼,无须提起课予义务诉讼,请求相关主管机关作成核定之行政处分。③

综上所述,《行政诉讼法》第七十三条关于一般给付诉讼的客体范围,包括财产性给付、行政行为以外的非财产性给付。基于公民权利保障的完整性考虑,凡不能以撤销诉讼、课予义务诉讼达到权利救济的目的,一般均可纳入一般给付诉讼的客体范围。

一般给付诉讼的类型界分应遵循"补充"和"备位"原则。凡不属于撤销诉讼和课予义务诉讼的客体范畴,请求给付的事实行为均可归入一般给付诉讼。基于诉讼经济原则,以行政行为应否撤销为给付前提条件的,须提起撤销诉讼合并给付请求,不得单独提起一般给付诉讼。就财产性给付而言,能够直接提起一般给付诉讼,应限于请求金额已获准许可或已保证确定之金钱支付或返还,如果依法必须先由行政机关核定其请求权的,应先提起课予义务诉讼。就非财产性给付而言,如果以行政机关作出"行政行为"为前提,那么不论行政行为的内容结果是否涉及财产或非财产性事项,均应按《行政诉讼法》第七十二条

---

① 参见台湾地区"最高行政法院"2003年度判字第1429号。
② 参见台湾地区"最高行政法院"2003年度判字第1592号。
③ 参见台湾地区"最高行政法院"2003年度判字第147号。

提起课予义务诉讼。

《行政诉讼法》第七十三条关于一般给付诉讼的包容空间极其广泛，这就给一般给付诉讼的客体范围的扩大提供了创设空间。未来司法实践中，有必要通过司法解释将颁布规范之诉、预防性不作为之诉以及结果除去请求权之诉纳入《行政诉讼法》第七十三条一般给付诉讼的客体范围，并明确严格具体的特别要件。

结　语

结　语

行政诉讼类型化是未来行政诉讼法朝着精细化发展的方向之一。新《行政诉讼法》通过"诉判关系"隐性构建了给付诉讼类型的框架，并基于给付内容的不同，将其区分为特别给付诉讼类型(课予义务诉讼)和普通给付诉讼类型(一般给付诉讼)两类子类型，这无疑为实现公民公法上的给付请求权提供了完整的诉种。但给付诉讼类型如何应用，审判实践中亟需明确相关的审理规则和诉讼程序，并使之规范化和格式化，这是司法审判实践的需要，也是实现从给付判决向给付诉讼类型精细化方向发展的要求。课予义务诉讼和一般给付诉讼应有各自的适用范围，分别承载着不同的诉讼功能。鉴于给付诉讼内容的多样性以及诉讼案情的复杂性，其特别判决要件、判决内容、裁判基准时、与其他诉种的选择适用问题也变得异常复杂。

课予义务诉讼和一般给付诉讼的适用范围应以"给付内容"和"法律关系具体化程度"为划分标准。课予义务诉讼的适用范围为请求行政机关作出具体行政行为，除此之外的其他财产性给付和非财产性给付，只要可以"直接"向被告主张请求权的，都可以提起一般给付诉讼，这也体现了一般给付诉讼诉种的"补充功能"。课予义务诉讼和一般给付诉讼的特别诉讼要件是构建给付诉讼类型的重要审理规则，应结合具体的给付内容以及针对特别的案情而有所不同。课予义务诉讼在特别判决要件的构成上应区分拒绝作为具体行政行为之诉和延迟作为具体行政行为之诉。针对特别案情，其诉是否有理由、是否有权利保护的必要性、案情是否成熟的认定上也有不同的认定要求。课予义务诉讼的裁判基准时，原则上应以最后言词辩论终结时的事实和法律状态为基准。如果行政争议所依据的实体法明文另有规定，或者基于原告所请求行政行为的本质，也可以以行政机关作出决定时，甚至于原告提出行政行为申请时作为裁判的基准时。一般给付诉讼的适用范围，随着行政诉讼理论的完善和发展，未来的诉讼对象可能会不断拓展，对于预防性不作为之诉、规范颁布之诉、公法上结果除去请求权之诉具有争议的给付内容，在严格的适用条件下可以提起一般给付诉讼。课予义务诉讼、一般给付诉讼与其他诉种的关系选定的前提和条件在于诉讼类型的分类、诉讼类型的关系、法官的阐明义务，同时还应遵循诉讼类型的选定原则才能选定适当的诉种。

在给付诉讼审理规则阙如的框架下，实现从给付判决向给付诉讼类型化的方向发展,应结合我国行政诉讼制度的特点,通过对课予义务诉讼和一般给付诉讼的适用范围、特别判决要件、裁判基准时、判决方式、举证责任、诉种选定原则等审理规则和诉讼程序的法理阐释和探讨,并将之抽象的理论具体化为法律适用的立法表述上来,从而实现新《行政诉讼法》上的"非明定主义"给付诉讼类型变得规范化、明确化和格式化。

参考文献

一、中文资料

（一）图书类

[1] 奥托·迈耶(Otto Mayer). 德国行政法[M]. 刘飞,译. 北京：商务印书馆, 2002.

[2] 伯阳(Bjorn Ahl). 德国公法导论[M]. 北京：北京大学出版社, 2008.

[3] 蔡震荣. 行政法理论与基本人权之保障[M]. 2版. 台北：五南图书出版公司, 1999.

[4] 蔡志方. 行政救济法新论[M]. 台北：元照出版有限公司, 2007.

[5] 蔡志方. 行政救济与行政法学(四)[M]. 台北：正典出版文化有限公司, 2004.

[6] 陈敏, 等译. 德国行政法院法逐条释义[M]. 台北："司法院"印行, 2002.

[7] 陈敏. 行政法总论[M]. 台北：新学林出版有限公司, 2014.

[8] 陈清秀. 行政诉讼法[M]. 台北：翰芦图书出版有限公司, 1999.

[9] 陈新民. 德国公法学基础理论[M]. 增订新版. 北京：法律出版社, 2010.

[10] 陈新民. 公法学札记[M]. 增订新版. 北京：法律出版社, 2010.

[11] 陈新民. 行政法学总论[M]. 台北：三民书局, 2015.

[12] 大桥洋一. 行政法学的结构性变革[M]. 吕艳滨,译. 北京：中国人民大学出版社, 2008.

[13] 大须贺明. 生存权论[M]. 林浩,译. 北京：法律出版社, 2001.

[14] 弗里德赫尔穆·胡芬(Friedhelm Hufen). 行政诉讼法[M]. 莫光华,译. 北京：法律出版社, 2003.

[15] G. 平特纳. 德国普通行政法[M]. 朱林,译. 北京：中国政法大学出版社, 1999.

[16] 格奥格·耶利内克(Georg Jellinek). 主观公法权利体系[M]. 曾韬,赵天书,译. 北京：中国政法大学出版社, 2012.

[17] 龚向和. 社会权的可诉性及其程度研究[M]. 北京：法律出版社, 2012.

[18] 哈特穆特·毛雷尔(Hartmut Maurer). 行政法学总论[M]. 高家伟,译. 北京：法律出版社, 2000.

[19] 汉斯·J.沃尔夫,奥托·巴霍夫,罗尔夫·施托贝尔.行政法(第一卷)[M].高家伟,译.北京：商务印书馆,2002.

[20] 何海波.行政诉讼法[M].北京：法律出版社,2011.

[21] InWEnt德国国际继续教育与发展协会,最高人民法院行政审判庭,国家法官学院.中德行政法与行政诉讼法实务指南:中国行政法官实践手册[M].北京:中国法制出版社,2008.

[22] 江必新,梁凤云.行政诉讼法理论与实务[M].3版.北京：法律出版社,2016.

[23] 江必新.新行政诉讼法专题讲座[M].北京：中国法制出版社,2015.

[24] 江必新.行政许可法理论与实务[M].北京：中国青年出版社,2004.

[25] 姜明安.行政法与行政诉讼法[M].6版.北京:北京大学出版社,高等教育出版社,2015.

[26] 金东熙.行政法Ⅱ[M].赵峰,译.北京:中国人民大学出版社,2008.

[27] 康拉德·黑塞(Konrad Hese).联邦德国宪法纲要[M].李辉,译.北京：商务印书馆,2007.

[28] 李广宇.新行政诉讼法逐条注释[M].北京：法律出版社,2015.

[29] 李惠宗.行政法要义[M].台北:五南图书出版股份有限公司,2004.

[30] 李建良,等.行政法入门[M].台北:元照出版有限公司,2000.

[31] 李建良.行政法基本十讲:2012年[M].3版.台北：元照出版有限公司,2012.

[32] 梁凤云.新行政诉讼法逐条注释[M].北京:中国法制出版社,2016.

[33] 梁凤云.行政诉讼判决之选择适用[M].北京：人民法院出版社,2007.

[34] 林石猛.行政诉讼类型之理论与实务[M].台北:新学林文化事业有限公司,2004.

[35] 刘飞.德国公法权利救济制度[M].北京：北京大学出版社,2009.

[36] 刘宗德,赖恒盈.台湾地区行政诉讼制度、立法与案例[M].杭州:浙江大学出版社,2011.

[37] 芦部信喜.宪法[M].高桥和之,增订；林来梵,凌维慈,龙绚丽,译.北京：北京大学出版社,2006.

[38] 罗豪才,应松年. 行政诉讼法[M]. 北京:中国政法大学出版社,1990.

[39] 南博方. 行政法[M]. 杨建顺,译. 北京:中国人民大学出版社,2009.

[40] 彭凤至. 德国行政诉讼制度及诉讼实务之研究[M]. 台北:"行政法院"印行,1998.

[41] 社团法人台湾行政法学会. 台湾行政法学会学术研讨会论文集(1999):行政救济、行政处罚、地方立法[C]. 台北:元照出版有限公司,2001.

[42] 室井力. 日本现代行政法[M]. 吴微,译. 北京:中国政法大学出版社,1995.

[43] 王珂瑾. 行政诉讼类型化研究[M]. 济南:山东大学出版社,2011.

[44] 威廉·韦德(H. W. R. Wade). 行政法[M]. 徐炳,楚建,译. 北京:中国大百科全书出版社,1997.

[45] 翁岳生. 行政法[M]. 2版. 北京:中国法制出版社,2009.

[46] 翁岳生. 行政诉讼法逐条释义[M]. 台北:五南图书出版股份有限公司,2002.

[47] 吴庚,陈淳文. 宪法理论与政府体制[M]. 台北:三民书局,2014.

[48] 吴庚. 行政争讼法论[M]. 台北:三民书局,2005.

[49] 吴绮云. 德国行政给付诉讼之研究[M]. 台北:"司法院"印行,1995.

[50] 行政诉讼研讨会. 行政诉讼研讨(一)[M]. 台北:台湾法学出版股份有限公司,2012.

[51] 盐野宏(Shiono Hiroshi). 行政法总论[M]. 杨建顺,译. 北京:北京大学出版社,2008.

[52] 杨建顺. 日本行政法通论[M]. 北京:中国法制出版社,1998.

[53] 叶百修,吴绮云. 德日行政确认诉讼之研究[M]. 台北:"司法院"印行,1991.

[54] 应松年. 行政诉讼法与行政复议法的修改和完善[M]. 北京:中国政法大学出版社,2013.

[55] 应松年. 行政诉讼法学[M]. 北京:中国政法大学出版社,1994.

[56] 章剑生. 行政诉讼判决研究[M]. 杭州:浙江大学出版社,2010.

[57] 章志远. 行政诉讼类型构造研究[M]. 北京:法律出版社,2007.

[58] 赵清林. 行政诉讼类型研究[M]. 北京:法律出版社,2008.

(二)论文类

[1] 蔡志方. 从权利保护功能之强化,论我国行政诉讼制度应有之取向[D]. 台北:台湾大学法律学研究所,1988.

[2] 蔡志方. 行政诉讼种类与诉之声明[J]. 中律会讯,2000(4):24-33.

[3] 陈惠菊. 行政诉讼类型化之研究[D]. 北京:中国政法大学,2008.

[4] 陈敏. 课予义务诉讼之制度功能及适用可能性[J]. 政大法学评论,1999(61):159-186.

[5] 陈清秀. 公法上给付诉讼之研讨[J]. 台湾律师,1999(2):28-38.

[6] 陈思融. 论行政诉讼补救判决的请求权基础[J]. 中外法学,2016,28(1):100-115.

[7] 陈思融. 行政诉讼撤销并责令补救判决论[J]. 四川师范大学学报(社会科学版),2014,41(2):55-60.

[8] 程明修. 撤销诉讼与课予义务诉讼之选择:提起课予义务诉讼之延宕效力[J]. 法学讲座,2004(30):99-108.

[9] 程明修. 课予义务诉讼与一般给付诉讼间选择之争议问题分析[J]. 台湾本土法学杂志,2006(88):51-56.

[10] 邓刚宏. 我国行政诉讼类型的构建:以主观公权利救济为分析视角[J]. 学海,2017(2):196-203.

[11] 董巍. 行政诉讼一般给付判决适用的分析与规范:以中国裁判文书网142份一般给付判决书为样本[C]//全国法院第28届学术讨论会论文集. 北京,2017:744-752.

[12] 关保英. 论行政不作为的诉权范畴[J]. 法律适用,2010(4):48-52.

[13] 关保英. 行政主体拖延履行法定职责研究:以政府法治为视角[J]. 山东大学学报(哲学社会科学版),2017(3):33-41.

[14] 何海波. 理想的《行政诉讼法》:《中华人民共和国行政诉讼法》学者建议稿[J]. 行政法学研究,2014(2):9-39.

[15] 何君. 行政诉讼类型化标准的比较分析[J]. 山东审判,2009,25(2):17-19.

[16] 胡敏洁. 给付行政范畴的中国生成[J]. 中国法学, 2013(2): 34-42.

[17] 胡肖华. 论预防性行政诉讼[J]. 法学评论, 1999, 17(6): 91-95.

[18] 黄锴. 论给付判决的适用范围: 以《行政诉讼法》第73条为分析对象[J]. 浙江学刊, 2017(4): 68-76.

[19] 黄学贤, 吴菲. 服务型政府背景下新型行政行为的主要特征探析[J]. 江苏行政学院学报, 2012(6): 114-121.

[20] 黄学贤, 郑哲. 管窥风险预防下的行政法原则变迁: 以服务型政府为视角[J]. 社会科学研究, 2012(6): 66-72.

[21] 黄学贤. 给付行政适用法律保留原则若干问题探讨[J]. 江海学刊, 2005(6): 114-119.

[22] 黄学贤. 形式作为而实质不作为行政行为探讨: 行政不作为的新视角[J]. 中国法学, 2009(5): 41-52.

[23] 江必新, 梁凤云. 政府信息公开与行政诉讼[J]. 法学研究, 2007, 29(5): 22-36.

[24] 姜波. 行政诉讼裁判基准时研究[J]. 湖南社会科学, 2015(4): 74-77.

[25] 蒋成旭. 论结果除去请求权在行政诉讼中的实现路径 以霍菲尔德基本法律概念为视角[J]. 中外法学, 2016, 28(6): 1601-1617.

[26] 解志勇. 预防性行政诉讼[J]. 法学研究, 2010, 32(4): 172-180.

[27] 金丽, 陈雷. 论我国给付诉讼受案范围的完善[J]. 法律适用, 2017(19): 95-100.

[28] 李傲, 赵晓洁. 论我国一般给付判决的适用范围: 以231份判决书为分析样本[J]. 河南财经政法大学学报, 2019, 34(5): 1-12.

[29] 李广宇, 王振宇. 行政诉讼类型化: 完善行政诉讼制度的新思路[J]. 法律适用, 2012(2): 9-14.

[30] 李建良. 试论一般给付诉讼之适用范围[J]. 律师杂志, 2000(254): 29-51.

[31] 李蕊. 不履行法定职责案件若干问题的思考[J]. 人民司法, 2009(7): 80-85.

[32] 李晓新. 论公法性质之无因管理[J]. 公法研究, 2009(0): 134-143.

[33] 李震山. 论订定法规命令之行政裁量: "行政法院"1999年度判字第4343号

判决评释[J]. 台湾本土法学杂志, 2000(15): 71-82.

[34] 梁凤云. 不断迈向类型化的行政诉讼判决[J]. 中国法律评论, 2014(4): 152-156.

[35] 梁凤云. 关于《行政诉讼法》修改中完善判决方式的若干建议[J]. 法律适用, 2005(8): 10-13.

[36] 梁凤云. 行政诉讼判决研究[D]. 北京: 中国政法大学, 2006.

[37] 梁君瑜. 行政诉讼裁判基准时之考量因素与确定规则: 以撤销诉讼为中心的考察[J]. 河南财经政法大学学报, 2016, 31(5): 30-37.

[38] 林三钦. 公法上"结果除去请求权"之研究[C]//当代公法新论(下)——翁岳生教授七秩诞辰祝寿论文集. 台北: 元照出版有限公司, 2002.

[39] 林锡尧. 公法上不当得利法理试探[C]//当代公法新论(下)——翁岳生教授七秩诞辰祝寿论文集. 台北: 元照出版有限公司, 2002.

[40] 林昱梅. 课予义务诉讼之"应作为而不作为"之要件[J]. 法学讲座, 2004(28): 117-128.

[41] 刘飞. 变迁中的德国行政诉讼制度: 问题、对策与展望[J]. 行政法论丛, 2010, 13(0): 183-198.

[42] 刘飞. 行政诉讼类型制度探析: 德国法的视角[J]. 法学, 2004(3): 44-54.

[43] 刘建宏. 课予义务诉讼之诉讼标的与裁判之既判力: "最高行政法院"2008年十二月份第三次庭长法官联席会议决议简评[J]. 台湾法学杂志, 2008(122): 213-215.

[44] 龙非. 行政诉讼类型法定化之反思: 基于比较法分析的视角[J]. 行政法学研究, 2016(6): 120-128.

[45] 马怀德, 吴华. 对我国行政诉讼类型的反思与重构[J]. 政法论坛, 2001, 19(5): 63-71.

[46] 马怀德. 完善《行政诉讼法》与行政诉讼类型化[J]. 江苏社会科学, 2010(5): 110-116.

[47] 盛子龙. 行政诉讼法上"请求法规命令制定之诉"初探[C]//当代公法新论(下)——翁岳生教授七秩诞辰祝寿论文集. 台北: 元照出版有限公司, 2002.

[48] 谭宗泽, 杨靖文. 行政诉讼功能变迁与路径选择: 以法与治的关系为主线

[J]. 行政法学研究, 2016(4): 20-26.

[49] 王珂瑾. 课予义务诉讼研究[J]. 兰州学刊, 2012(1): 219-221.

[50] 王克稳. 论行政拒绝行为及其司法审查: 以郑广顺申请规划认定案为例[J]. 安徽大学法律评论, 2009(2): 110-125.

[51] 王涛. 基于我国行政诉讼类型的现状思考[J]. 人民司法, 2002(11): 55-57.

[52] 吴华. 行政诉讼类型研究[D]. 北京: 中国政法大学, 2003.

[53] 吴志光. 论一般给付诉讼与课予义务诉讼之关联: 以"行政法院"实务见解为核心[J]. 辅仁法学, 2007(33): 45-85.

[54] 熊勇先. 德国一般给付诉讼之考察与启示[J]. 湖南科技学院学报, 2011, 32(2): 132-134.

[55] 熊勇先. 行政给付诉讼研究[D]. 武汉: 武汉大学, 2010.

[56] 闫尔宝. 论我国行政诉讼类型化的发展趋向与课题[J]. 山东审判, 2017, 33(5): 4-22.

[57] 杨东升, 黄学贤. 论给付行政的基本原则[J]. 天府新论, 2015(3): 105-112.

[58] 杨东升, 蒋蓓. 法官阐明义务与行政诉讼类型之选定[J]. 湖北社会科学, 2016(12): 147-155.

[59] 杨东升. 论"社会权"的给付行政保障[J]. 海峡法学, 2012, 14(4): 101-106.

[60] 杨东升. 论一般给付诉讼之适用范围:《行政诉讼法》第73条评释[J]. 行政法学研究, 2015(6): 71-85.

[61] 杨东升. 行政给付程序论[J]. 上海政法学院学报(法治论丛), 2014, 29(1): 74-79.

[62] 杨伟东. 行政诉讼架构分析: 行政行为中心主义安排的反思[J]. 华东政法大学学报, 2012, 15(2): 111-117.

[63] 姚斌. "不依法给付行为"之判决适用研究: 基于《行政诉讼法》第11条第1款第6项的展开[J]. 时代法学, 2013, 11(3): 55-59.

[64] 张桐锐. 法律与社会政策作为"社会福利国"模型之建构性观点[J]. 思与言, 2006(3): 5-37.

[65] 张文郁. 浅论课予义务诉讼之判决基准时: 评"最高行政法院"2009年度判

字第 822 号判决[J]. 台湾法学, 2010(146): 255-258.

[66] 章剑生. 行政诉讼履行法定职责判决论: 基于《行政诉讼法》第 54 条第 3 项规定之展开[J]. 中国法学, 2011(1): 141-152.

[67] 章志远. 给付行政与行政诉讼法的新发展: 以行政给付诉讼为例[J]. 法商研究, 2008, 25(4): 89-96.

[68] 章志远. 行政诉讼类型化模式比较与选择[J]. 比较法研究, 2006(5): 87-101.

[69] 章志远. 行政诉讼类型化时代的开启[J]. 中国审判, 2015(10): 16-17.

[70] 章志远. 课予义务诉讼研究[C]//东吴法学(2008 年春季卷·总第 16 卷). 北京: 中国法制出版社, 2008.

二、外文资料

[1] Choudhry S. Migration As a New Metaphor in Comparative Constitutional Law[M]//Choudhry S. eds. The Migration of Constitutional Ideas. Cambridge: Cambridge University Press, 2007: 1-36.

[2] Clive Lewis. Judicial Remedies in Public Law[M]. London: Sweet & Maxwell, 2000.

[3] Clyde, Denis J. Edwards. Judicial Review [M]. Edinburgh: Edinburgh W. Green, 2000.

[4] Hans Kelsen. General Theory of Norms [M]. Oxford: Clarendon Press, 1991.

[5] Hans Kelsen. General Theory of Law and State[M]. Cambridge: Harvard University Press, 1945.

[6] Jurgen Schwarze. European Administrative Flaw[M]. London: Sweet & Maxwell, 1992.

后　记

后　记

本书代表了近几年来我对行政诉讼类型领域的研究和思考。客观上我因兼职法律实务而挤压了大量科研时间，所以，本书最终的修改定稿一直拖延至今。

我有幸以行政法为研究志趣，得益于恩师的培养、指导和提携。感谢我的博士生导师黄学贤教授。黄老师一直以宽容的胸怀鼓励并允许我以个人志趣选择行政诉讼类型作为研究方向，又以严谨的学术态度对我的研究思路提出了若干修改意见，让我受益匪浅。在读博期间，各种原因导致我没有能够做到全身心地投入学术研究，但黄老师一直对我的学术惰性给予了相当的宽容。同时，还要感谢我的硕士生导师刘小冰教授，硕士毕业至今，刘老师一直关心着我的学术成长与个人进步，亦师亦友，师恩难忘。

王健法学院的学术氛围，恩师们的治学态度对我产生了深远影响。我深受王健法学院老师们的学术品格影响和个人魅力浸染，于我终身受益。王健法学院在学界的声誉与老师们的共同努力分不开，时任法学院院长胡玉鸿教授，在保持着学术精进、成果丰硕的同时，依然能够得心应手地处理庞杂的行政事务，拼劲十足，令我敬佩。王克稳教授、上官丕亮教授、朱谦教授、孙莉教授、周永坤教授、李晓明教授、艾永明教授等老师治学严谨，对学生厚爱有加。"老师们都如此拼搏，我没有不努力的理由"。我向老师们学习到的，不止于学问本身，更有他们的敬业精神，日后一定努力践行他们的"精、气、神"。

感谢读博期间有幸结识的诸位学友和同门，有幸结缘了四川大学王浩博士、中国政法大学崔俊杰博士、山东大学赵玮博士、东南大学刘启川博士，特别感谢张牧遥、张恩典、王超锋、梁琨、王庆廷、李延舜、李延吉、江金满、刘芳等博士在学术上给予的关怀和帮助。因为有你们，曾经的博士学习生活不再孤寂，单一的科研生活充满色彩和趣味。在台湾大学访学期间，有幸与浙江大学光华法学院张亮博士同住一室，除了学业精进之外，更是增添了不少生活情趣，同时也有缘结识了林美凤博士、孙铭宗博士、自正法博士、覃慧博士、黄柏硕士等学友。

台湾地区行政法研究水平走在前列。2016年，我有机会在台湾大学法律学院交换学习,拓展了行政法的研究视野。其间,有幸结缘台湾大学法律学院蔡宗珍教授、林明昕教授、许宗力教授,台湾政治大学法学院刘宗德教授、董保城教授夫妇。博士学位论文的框架结构以及细节问题皆得到诸位老师的悉心指导与修改建议,在此一并表达诚挚的谢意!

"与智者同行,与高人为伍"。感谢季民衡先生对我们仨长辈般的鼓励、关爱与呵护,我们不仅少走了弯路,而且明白了很多事理,更懂得珍惜彼此一切美好的缘分。感谢徐金城、殷美娟夫妇,一路上顺风顺水地走过来,离不开你们的支持、提携与鼓励。

朝夕相处、相濡以沫的爱妻,一定会影响你的一生。我和爱妻李月娣相处至今 20 余年。我们为共同的理想、目标和追求而奋斗,一路上痛并快乐着。我个人的专业发展走上正轨,与爱妻的支持、鼓励、鞭策分不开。其实每个人内心深处都有那一份惰性,我亦如此,只是你愿意为她而改变,这些年,我有所体会……

感谢吾儿杨一夫给家庭带来的温暖和期待。一个人无论未来抱有什么样的理想、选什么样的专业、干什么样的工作,请记住一定要勤奋刻苦,厚德载物。依靠专业是未来最好的生存之道,我希望吾儿未来勤奋读书,能成为国家栋梁之材。选择读博的初衷,也是为了给他做榜样,希望他长大后超越吾辈,拥有更为坚韧执著的心理素质和不怕吃苦的奋斗精神。凡事不要投机取巧,懂得厚积薄发,潜心专业研究,如是,甚好!

我要感谢父母养育之恩。我是土生土长的农村人,初二第一次乘坐汽车。农村生活和劳动非常锻炼人,艰苦的农村生活、不易的求学之路,让我体会到生活的艰辛。我的悟性和经验大多来源于农村生活,这些直到现在都影响着、决定着我的为人处世和对待工作的态度。在纷繁复杂的现实世界里,我并没有忘记父母的勤劳、憨厚、纯朴与正直。我自选择学术之路以来,丝毫不敢懈怠,一直勤奋进取,工作变得异常充实;但也感觉时间不够用,近年来也极少回兴化老家看望二老,万望理解!

法律的生命在于实践。我一直在平衡理论研究与专业实践,尽量做到学以致用,为社会多做贡献。这里要感谢泰州学院所给予的宽松的教学科研环境,让我有充裕的时间做自己喜欢的事。

杨东升

2020 年 10 月 20 日于柏悦府